KSIĄDZ NA MANOWCACH

JÓZEF TISCHNER
KSIĄDZ NA MANOWCACH

WYDAWNICTWO ZNAK
KRAKÓW
2000

Projekt okładki
Maciej Sadowski

Fotografia na czwartej stronie okładki
© Wojciech Druszcz/Agencja Gazeta

Redakcja
Janusz Poniewierski

Korekta
Barbara Poźniakowa

Opracowanie typograficzne i łamanie
Irena Jagocha

© Copyright by Wydawnictwo Znak, Kraków 1999, 2000
ISBN 83-7006-884-7

ZAMÓWIENIA: DZIAŁ HANDLOWY
30-105 KRAKÓW, UL. KOŚCIUSZKI 37.
BEZPŁATNA INFOLINIA: 0800-130-082
ZAPRASZAMY TEŻ DO NASZEJ KSIĘGARNI
INTERNETOWEJ: www.znak.com.pl

Wstęp

Trzeba przede wszystkim wyjaśnić sens tytułu tej książki. Manowce? Ksiądz? Co robi ksiądz na manowcach? Manowce to szczególny rodzaj bezdroży. Nie są to – ściśle rzecz biorąc – przestrzenie bez dróg. Są to raczej przestrzenie, na których drogi wytyczali błądzący: heretycy, schizmatycy, sofiści i uwodziciele wszelkiej maści, którzy szli, pociągając za sobą naśladowców. Jedni ich naśladowali, bo inaczej nie mogli, inni naśladowali, bo wyczuwali w tym fascynującą przygodę życia, a jeszcze inni – bo w jakiejś mierze im uwierzyli.

Po takich „manowcach" wędrują zawarte tutaj przemyślenia. Niektóre z nich są typowo polskie, nasze, swojskie, tubylcze. Oto na przykład problem polskiego integryzmu i rozmaitych „żwirowisk", jakie przy tej okazji się pojawiają. Warto zatrzymać się przy tym widoku i nie zamykać oczu. On bowiem daje do myślenia. A cóż powiedzieć o myśli narodowej, która chciałaby być do tego stopnia „polska", żeby nie trzeba jej było tłumaczyć na obce języki? Ale są i inne „manowce"...

Sam jestem zaskoczony przestrzenią, jaka się tu zarysowała: od spraw konkretnych, wydarzeń politycznych, aż po kwestie związane z największymi tajemnicami Boga. Niewątpliwie ma to związek z lekturami. Po lekturach pozostawały notatki, a każda z nich mogłaby stanowić kanwę artykułu.

Drugie słowo to „ksiądz". Pozwoliłem sobie kiedyś na dowcip o samym sobie. Zapytany o to, czy bardziej czuję się księdzem, czy filozofem, odpowiedziałem: „Najpierw czuję się człowiekiem, potem filozofem, a dopiero na trzecim miejscu księdzem". Wypowiedź ta wzbudziła protesty. Mówiono: „Nie uchodzi". Gdy jednak patrzyłem na rozkład zajęć poszczególnych dni tygodnia, tak było naprawdę: rano do kościoła na niecałą godzinę, a potem kilka godzin wykładów i seminariów. Taki był urok czasów, w których trzeba mi było pracować, takie też zapotrzebowanie. Ta moja wypowiedź była jednak również jakąś prowokacją. Naprawdę pozostaje bowiem jedynie człowieczeństwo. W naturze człowieczeństwa odnajdujemy zarówno filozofowanie, jak i kapłaństwo. Filozofować to myśleć. Być kapłanem to być gotowym do poświęceń, „składać ofiarę" za siebie i z siebie. Jedno i drugie czyni w gruncie rzeczy każdy człowiek. Człowiek i filozof, który ubrany w szaty księdza chodzi po manowcach, szuka śladów poświęceń – tych sensownych i tych bez głębszego sensu. Nie idzie więc tylko o to, żeby się dowiedzieć, co słychać na manowcach, ale przede wszystkim o to, by zrozumieć te miliony małych i większych stosów ofiarnych, które stały się ołtarzami ludzi – czasem wierzących, a czasem niewierzących. Zawsze jednak ze świadomością, że na nich człowiek jakby dopełniał siebie. Jako że „...nie sobie żyjemy i nie sobie umieramy..."

Okoliczności zewnętrzne sprawiły, iż praca ta powstawała w szpitalu. Kiedy walczono o moje życie, ja walczyłem z myślami, które mnie nawiedzały „na manowcu". Pod pewnym względem sytuacja była luksusowa: nie miałem już wykładów ani seminariów, mogłem głowę zanurzyć w problemach, o których pisałem. W tym samym czasie ktoś dbał o kroplówkę, o zastrzyk, o spokojny sen. Nie, proszę się nie przerażać. Pierwszy etap choroby nie był bolesny. Wiązał się natomiast z nowym odkryciem: niesłychanego skupienia ludzkiej dobroci, która chce pomóc choremu. Wiadomo, z jakimi trudnościami boryka się polska służba zdrowia. Ale stosunkowo mało wiadomo, ile dobrej woli, wysiłków i poświęceń podejmują ludzie w bieli, by pokonać chorobę – ten przewrotny wynalazek szatana, którego celem ma być zabijanie miłości do życia. Dlatego niech mi będzie wolno złożyć tę książkę w ręce lekarzy, szczególnie moich lekarzy, moich pielęgniarek, jako wyraz hołdu i wdzięczności za objawienie starej, a przecież wciąż nowej prawdy o człowieku, który jako jedyna istota na tym świecie potrafi zło dobrem zwyciężać.

Część I

WIARA NIE Z TEGO ŚWIATA, ALE NA TYM ŚWIECIE

Wiara w godzinie przełomu

Niedawno byłem świadkiem szczególnego sporu, w którym jak w soczewce odbija się codzienne życie polskiego Kościoła. W niewielkiej parafii koło Nowego Targu wybudowano kościółek ku czci św. Brata Alberta. Świątynia ta jest wyjątkowo udana, pięknie wtopiona w krajobraz. Ale oto wyłonił się problem obrazu do głównego ołtarza. Pojawiły się dwie przeciwstawne koncepcje: duszpasterza i artysty. Duszpasterz widzi Brata Alberta trzymającego chleb, wokół niego jest wielu głodnych z wyciągniętymi rękami, tak rozmieszczonych na obrazie, by chleb znajdował się ponad ich głowami. Malarz proponuje inną scenę: pochylony Brat Albert całuje stopy ubogiemu, z którego wyłania się Chrystus. Artysta uważa, że propozycja duszpasterza ukazuje „triumfalizm Kościoła", natomiast jego wizja jest bliższa Ewangelii, w której napisano: „Cokolwiek uczyniliście tym maluczkim, mnieście uczynili".

W sporze tym można dostrzec napięcie pomiędzy dwoma punktami widzenia: urzędu i wiary. Duszpasterz jako przedstawiciel urzędu wie, że hierarchia należy do natury religii i Kościoła. Kościół jest urzędem o określonej strukturze. Struktura ta ukazuje swoistą „prawdę o dobru", które zstępuje z góry i trafia do wygłodzonych ludzi. Artysta ma inną wizję: to prawda, że istnieje hierarchia dóbr, ale wiara na tym polega, żeby odkrywać tę hierarchię poprzez spotkanie z ubogimi. Jak zakończyć ten spór? Czy można sobie wyobrazić urząd bez wiary i wiarę bez urzędu? Można. Wyobraźnia wszystko przyjmie. Ale czy życie przyjmie? A może należałoby zapytać inaczej: czy spór ten jest znakiem życia, czy też znakiem obumierania wiary i instytucji? Jak mówi Paul Ricoeur, rdzeniem języka religijnego jest język symbolu i przenośni, w którym słowa i obrazy ulegają wewnętrznemu rozdarciu i „znaczą więcej niż znaczą". Ale język ukazuje w tym przypadku tylko to, co stanowi rzecz samą. Spór i konflikt jest rdzeniem życia religijnego. Aby wydobyć na jaw głębię tajemnicy wiary, potrzeba będzie jeszcze niejednego obrazu, niejednego słowa i niejednego sporu.

Jesteśmy zatem skazani na napięcia i konflikty. Wiemy jednak, że są konflikty zabójcze i konflikty, które oznaczają rozwój. Z jakimi konfliktami ma dziś do czynienia Kościół? Od czasu do czasu dochodzą do nas głosy obwieszczające „śmierć Kościoła". Byłoby dziwne, gdyby ich nie było. Nasze czasy kochają ogłaszać śmierć. Fryderyk Nietzsche ogłosił „śmierć Boga", Michel Foucault – „śmierć człowieka", Francis Fukuyama – „śmierć historii"... Dlaczego nie można obwieścić „śmierci Kościoła"? Radziłbym jednakże ostrożność, jeśli chodzi o ogłaszanie cudzej śmierci. A poza tym... Jakaś śmierć jest wpisana w logikę rozwoju życia religijnego. Chrystus powiedział: „Jeżeli ziarno nie obumrze, nie wyda owocu". W końcu okazuje się, że umieranie jest jedynie wstępem do zmartwychwstania.

Zanim dotknę właściwego tematu, chcę złożyć pewne wyznanie. To, co powiem, nie jest w pełni usprawiedliwione, nie sądzę jednak, żeby było całkiem bezzasadne. Jakieś argumenty czy motywy można by w końcu podać. Ale w ostatecznym rozrachunku „dowodem" okazuje się wolna i nieprzymuszona decyzja, która z zewnątrz wygląda na jakąś odmianę „zakładu Pascala": decyduję, bo tak jest dobrze i tak być powinno.

Mam takie przekonanie, iż chrześcijaństwo – Ewangelię – mamy nie tyle za sobą, ile przed sobą. Dotychczasowe dzieje były trudnym poszukiwaniem tożsamości Kościoła w s p o r z e z innymi – z judaizmem, z pogaństwem, z odszczepieńcami od ortodoksji itd. Dziś stajemy przed okresem, w którym poszukiwanie i potwierdzanie tożsamości będzie się dokonywać poprzez o d k r y w a n i e p o d o b i e ń s t w. Kiedyś Cyprian Norwid napisał, że narody łączą się nie tylko przez to, co je do siebie upodabnia, ale również przez to, co je od siebie różni. To samo dotyczy chrześcijaństwa i Kościoła. Dotąd potwierdzaliśmy różnice, z których wylęgały się przeciwieństwa i krwawe sprzeczności. Nadszedł czas odwrotu. Zabitych już nie wskrzesimy, ale pokochawszy różnice, być może dojrzejemy do głębszego porozumienia.

Punktem zwrotnym w sposobie przeżywania wiary wydaje mi się skierowane do katolików wezwanie Jana Pawła II do „historycznego rachunku sumienia" z win przeszłości. Katolicy powinni przyznać się do udziału w historycznej winie: do prześladowań innowierców, pogromów Żydów, do inkwizycji, wytoczenia sprawy Galileusza, walki z prawami człowieka itp. Wezwanie do rachunku sumienia jest czymś więcej aniżeli zaproszeniem do jednego więcej przeglądu przeszłości. Jest ono wezwaniem do radykalnej przemiany wewnętrznej, której owocem będzie nowe rozumienie Kościoła, głębsza interpretacja wiary, bardziej ewangeliczne zaangażowanie w życie wspólnoty. Nie chodzi o porzucenie ideału jedności, lecz o zrozumienie, że jedność polega na pojednaniu, a pojednanie wcale nie zakłada zamazywania wszelkich różnic. I tak nazwanie błędów w dotychczasowym przeżywaniu wiary i przyznanie się do nich staje się odskocznią do nowego autentyzmu wiary.

To, co powiedziałem, wiąże się z dwoma założeniami.

Po pierwsze: nie postrzegam wiary jako stanu raz na zawsze zamrożonego, lecz widzę ją jako ogromną rzekę miotaną konfliktami i napięciami, która raz się burzy, a raz płynie spokojnie. Czasem woda w rzece natrafia na zakole i „robi sobie przystań", wtedy wydaje się, że wiara obumarła, wystarczy jednak niewielki wstrząs, by wszystko się zmieniło. Malarz maluje obraz do kościoła i wybucha spór dotyczący fundamentów chrześcijaństwa. Ktokolwiek mi mówi, że jego wiara jest skończona i skończona jest jego niewiara, ten, jak podejrzewam, nie mówi o wierze, lecz o złudzeniu wiary.

Po drugie: staram się oceniać życie Kościoła nie tyle przez pryzmat takiego lub innego sukcesu albo takiej lub innej klęski, ale przez pryzmat Ewangelii. Ewangelia jest siłą Kościoła, odejście od Ewangelii jest jego słabością. Wiem, że taka ocena nie przychodzi łatwo. Stwarza wrażenie, jakbym dokładnie wiedział, czym jest Ewangelia i na czym polegają odstępstwa od niej. Tego także dokładnie i do końca nie wiem. Nie pozostaję jednak całkiem bez drogowskazów. Wiem na przykład, że „ksiądz Jerzy Popiełuszko to jest to". Każda epoka ma świadectwa, które mówią jej, czym jest Ewangelia. Podobnie wydaje mi się, że w sporze o obraz rację ma bardziej artysta niż duszpasterz. Mam również pewne wejrzenie w „dzieje dusz". Widzę ludzi będących w – często bardzo bolesnym – sporze z Kościołem. Większość z nich stara się o pozostanie w Kościele, zachowanie jakichś związków. Gdy zapytamy, co ich trzyma przy Kościele, odpowiadają jak Piotr: „Panie, do kogóż pójdziemy, Ty masz słowa żywota". „Słowa życia" – to też ważny drogowskaz, to Mistrz Eckhart, Thomas Merton, bp Jan Pietraszko, to w końcu także tekst samej Ewangelii. Rozumieć Ewangelię oznacza nie tylko rozumieć jej słowa, ale nade wszystko uchwycić jej tajemniczą moc, z jaką potrafi przywiązać do siebie serca zagubionych. To wszystko pozwala mi powiedzieć: „Młyny Boże mielą powoli, ale można usłyszeć ich stukot, zobaczyć sypiący się strumyk mąki".

Po tym wyznaniu proponuję rozważyć, jak nazwać podstawową więź, która łączy wiernego z Kościołem jako świadkiem Ewangelii. Dopiero potem możemy porozmawiać o zagrożeniach: o tym, jakie siły mogą tę więź przeciąć.

Więź podstawowa

Przed wieloma laty odprawiałem w kościele Msze św. dla przedszkolaków. Kazanie polegało na rozmowie z maluchami. Schodziłem ze stopni ołtarza, stawiałem pytania i podsuwałem dzieciom pod nos mikrofon, aby ich poglądy na świat stały się powszechnie znane. Dowiadywaliśmy się wielu niezwykłych rzeczy, między innymi tej, że patronem święta pracy (1 maja) jest „święty Gierek". Edukacja socjalistyczno-katolicka pozostawiała w dziecięcych głowach cuda godne większego podziwu niż sklonowana owca.

Pewnej niedzieli opowiadałem o stworzeniu świata. Pan Bóg potworzył już te wszystkie płazy, gady i orangutany i trzeba było przejść do człowieka. Zapytałem więc: „Kto ze wszystkich stworzeń najbardziej się Panu Bogu udał?" I wtedy do mikrofonu podeszła pięcioletnia dziewczynka i powiedziała: „Chyba ja".

Kościół ogarnęła wesołość. Ale gdybyśmy przycisnęli do muru każdego z obecnych i wydobyli z niego szczere wyznanie, usłyszelibyśmy prawdopodobnie to samo. Człowiek niesie przez życie swoje aksjologiczne Ja – siebie rozumianego jako wartość. Jest tym, czym jest owa wartość. Pomimo wad i ograniczeń wydaje mu się, że jest wartością niezastąpioną, cenną i godną absolutnego uznania. Człowiek jest w swym aksjologicznym Ja absolutem dla samego siebie. Jest to jednak przedziwny absolut, ponieważ nie wystarcza samemu sobie. Z głębi serca domaga się absolutnego uznania ze strony innego.

Przypomnijmy w tym miejscu Hegla. Hegel poświęcił całą *Fenomenologię ducha* dziejom walk o „uznanie". W najkrwawszych wojnach nie chodziło, jego zdaniem, o chleb ani o legowisko czy jakąś tam „przestrzeń życiową", ale o „uznanie". Niewolnik chciał „uznania" pana, pan szukał „uznania" w oczach niewolnika, a wszystko inne było już tylko dodatkiem. Fundamentem demokracji jest wzajemne „uznanie" obywateli; kiedy ludziom przestanie na nim zależeć, a zapragną „uznania" ze strony królującej jednostki, wtedy demokracja zniknie.

Cofnijmy się w czasie aż do ogłoszenia Dekalogu. Jak zaczynają się przykazania? Zaczynają się one przypomnieniem o wybraniu. Przemawia Bóg, który wybrał i wyprowadził z domu niewoli: jako wybrańcy Boga „nie będziecie zabijać", „nie będziecie kraść", „nie będziecie kłamać". Nie patrzcie na innych, że zabijają i kłamią – inni nie są wybrańcami Boga. Przez pięć lat nauki w seminarium duchownym oglądałem napis umieszczony w kaplicy wokół ołtarza: „Nie wyście mnie wybrali, ale ja was wybrałem, abyście szli i owoc przynosili i owoc wasz trwał". Na zewnątrz srożył się stalinizm, a w nas trwała świadomość „wybrania". Ono było trzonem naszej aksjologii. Czy było to nasze szaleństwo, czy nasza prawda?

To, co Hegel nazwał „uznaniem", w religii nazywa się „wybraniem". Bóg „uznaje" – „wybierając". Wybrał Abrahama, wybrał Mojżesza, wybrał Maryję z Nazaretu. W doświadczeniu wybrania dane jest nam pierwsze doświadczenie wolności. Także ci, którzy nas kochają, w jakimś sensie wybierają. I my kochając – wybieramy. Uczymy się być istotami wolnymi, czerpiąc przykład z wolności, którą napotykamy u innych i która nas wybiera. Wybieramy wedle tego, jak nas wybrano. Dzięki tym wyborom nasze aksjologiczne Ja staje się aksjologicznym My. Wolność chrześcijanina wzoruje się w ostateczności na wolności Boga. Tak rodzi się „więź", czyli *religio:* człowiek wybiera wierność Temu, kto najpierw jego wybrał.

Dopiero mając na oku więź wierności płynącej ze wzajemnego wybrania, pytamy o zagrożenia. Oczywiście, zagrożenia zawsze są, były i będą. Można je podzielić na wewnętrzne i zewnętrzne. Najpierw rozważmy zagrożenia wewnętrzne: czy jest w samym człowieku jakaś siła, która byłaby w stanie zagrozić więzi wzajemnego wybrania? Potem zapytajmy o zagrożenia zewnętrzne: czy są takie siły w otaczającym nas świecie, na przykład w naszej współczesnej kulturze?

Zagrożenia wewnętrzne

Św. Paweł napisał: „Któż nas odłączy od miłości Chrystusa? Czy prześladowania, czy śmierć...?" Nie ma takiej siły, bowiem „miłującym wszystko pomaga do zbawienia". Słowa te kryją dramat. Z pewnością są wyrazem dumy człowieka z własnego człowieczeństwa, które jest wyższe niż demoniczne moce doczesności, a które odznacza się zdolnością do bezwzględnej wierności. Są jednak również przejawem tragizmu: czy miłość nie bywa złudzeniem miłości i czy nie potrafi sprowadzić człowieka na bezdroża? Czy nie lepiej byłoby niejednemu, gdyby uciekł od pewnych „miłości"? Jest tyle miłości, które wiodą na zatracenie...

Trzeba podkreślić, że naszej wierze w wybranie towarzyszy niepokój: Czy wszyscy są wybrani? Czy jest możliwe, by Bóg jednych wybrał, a innych porzucił? To był wielki problem Hioba. Hiob, tak jak przed nim Abraham, „wbrew nadziei uwierzył nadziei". Czy dobrze, że uwierzył? Czy dobrze, że powierzył się bez reszty w ręce Boga? Może gdyby nie uwierzył, że to Bóg zesłał na niego chorobę, poszedłby – jak zauważył kiedyś Leszek Kołakowski – do dermatologa, a nie czekał na Boskie zmiłowanie. Czy miłość Hioba do Boga nie była dla niego zgubą? W naszych czasach miliony ludzi znajdują się w sytuacji podobnej do sytuacji Hioba. Kiedy czytamy *Heban* Ryszarda Kapuścińskiego, książkę o głodującej i krwawiącej Afryce, przed naszymi oczami przewijają się obrazy z piekła rodem. Kto ma jeszcze odwagę mówić o „wybraniu" i „uznaniu"? Podobne sceny przychodzą ku nam z naszej własnej przeszłości: Oświęcim, Kołyma... Warłam Szałamow opisuje wrażenie, jakie zrobił na nim tomik poezji, który wpadł mu do rąk na Kołymie. Nie o to chodzi, że był to głos z innego świata, ale o to, że był to głos absurdu. W świecie, w którym zbrodnia była czymś normalnym, poezja stała się czymś absurdalnym. Czy podobnym absurdem nie jest ewangeliczna mowa o „wybraniu"? Czy trwanie przy wierności nie prowadzi do zguby?

Fryderyk Nietzsche powiedział: „Człowiek staje się ateistą, gdy poczuje się lepszy od swego Boga". Søren Kierkegaard w rozważaniach nad dylematami Abrahama dodał: po przygodach z wierzącym ojcem „Izaak stał się ateistą". Pamiętamy też, jakie owoce zrodził widok cierpienia dzieci w duszy Dostojewskiego.

Może jednak są siły, które odrywają człowieka od wiary w miłość Chrystusową? Nie muszą to być siły demoniczne. Człowiek czasami woli odebrać Bogu istnienie, niż oskarżyć Go o winę niedopełnionego wybrania. Aby nie rzucać kamieniami w niebo, człowiek postępuje tak, jakby niebo było puste. Jak długo nie ma Boga, tak długo nie ma Jego winy. Tak rysuje się jedna z dróg odejścia od Boga – nie w imię zapomnienia o Nim lub nienawiści do Niego, ale w imię miłości.

Spór o wiarę w Boga znajduje odbicie w wewnętrznym sporze człowieka z samym sobą. Rodzi się pytanie: co jest w stanie ocalić świat od złego? Praca rozumu czy modlitwa o zbawienie? Modlitwa o zbawienie oznacza otwarcie na ofiarę. Aby zbawić świat, trzeba złożyć ofiarę, i to ofiarę z życia. Kto ma złożyć tę ofiarę? Człowiek? Bóg? Bóg–człowiek? Wszystko jedno. Czy jednak samo oczekiwanie na ofiarę, dopuszczenie możliwości ofiary, a tym bardziej domaganie się ofiary, nie wydaje się zamaskowaną formą okrucieństwa? Rozum wzdraga się przed taką perspektywą, proponuje inną drogę – mówi: „Róbmy wszystko, ale nie wymagajmy od nikogo ofiar; zwłaszcza nie wymagajmy tego od naszego Boga". I tak we wnętrzu człowieka rozum spiera się z potrzebą poświęcenia, a potrzeba poświęcenia spiera się z rozumem. Czy to także nie jest odejściem od religii? Jest odejściem od „religii zbawienia", ale uznaniem dla „religii objawienia": korzystajmy ile się da z objawienia, aby poprzez nie osiągnąć zbawienie. Wszystko inne grozi popadnięciem w „religię okrucieństwa". To też wytycza drogę odejścia.

Jest jeszcze inne niebezpieczeństwo, zagrażające wierze w „wybranie", niebezpieczeństwo, na które zwraca uwagę psychoanaliza. Można rozbudzić w człowieku instynkt masochistyczny i wtrącić go w stan swoistego „rozkochania" w cierpieniu. Można uczynić cierpienie częścią aksjologicznego Ja – częścią siebie. Kim wtedy jestem? Jestem raną, jestem wielkim bólem, jestem niezagojoną blizną. Wiszę na krzyżu i mój krzyż jest moją chlubą. Można tak pokochać krzyż, że się zrezygnuje z zejścia z krzyża w dniu zmartwychwstania. Zejście z krzyża oznaczałoby bowiem odebranie człowiekowi męczeńskich „odznaczeń". Instynkt masochistyczny pozostaje jednak w ścisłym związku z sadyzmem. Wtedy ten, kto cierpi, nie znosi widoku szczęśliwych. Inni też powinni cierpieć. A jeśli chwilowo nie mają powodu do cierpień, powinni cierpieć dlatego, że męczennik cierpi, a oni nie. Ukrzyżowana „wiara" nie jest w stanie znieść obok siebie widoku krzyży, na których nie ma żadnego łotra. Bóg jeden wie, ile w dzisiejszych polskich głosach o nieprzebaczanie komunistom jest wołania o zaludnienie Golgoty.

Nie mogę i nie chcę oceniać ludzkich rozstań z wiarą. Są rozmaite rozstania, podobnie jak są rozmaite sposoby przeżywania wiary. Jest wiara bohaterów Pieśni nad pieśniami, wiara Jonasza siedzącego w brzuchu ogromnej ryby, jest wiara Maryi, wiara Piotra, wiara Pawła. Każda jest inna, wystawiona na inne pokusy. Podobnie rzecz się ma z niewiarą. Z pewnością można robić porównania, ustalać podobieństwa i różnice, konstruować typologie, ale zawsze pozostaje świadomość abstrakcji. Chcę powtórzyć: wiara nie jest spokojnie płynącym strumieniem, lecz wielkim wewnętrznym sporem człowieka o siebie, o swą miłość, o swego bliźniego i swego Boga.

Czy są jakieś znaki na ziemi i niebie, że człowiek jutra będzie wewnętrznie dojrzewał poza dramatem Abrahama i Hioba, że nie będzie mierzył swej dobroci miarą dobroci Boga, że pójdzie przez życie tak, jak go poprowadzą jego instynkty i podstawowe potrzeby? Nic na to nie wskazuje. A gdyby tak być miało, mielibyśmy przed sobą wielce żałosną perspektywę. Życie ludzkie jest dramatyczną grą. Idzie nie tylko o to, co człowiek ma robić, by nie przegrać swego losu, ale przede wszystkim o to, w jakim dramacie ma mieć udział. Chrystus jest propozycją dramatu, propozycją „gry". Nikt nie musi podjąć tej propozycji. Czujemy wszelako, że jest to propozycja niezwykła. Godność człowieka zależy od tego, w jakim dramacie bierze udział. Bez Chrystusa bylibyśmy jeszcze bardziej ubodzy, zagubieni i ślepi na samych siebie.

Niekiedy w spór o kształt wiary wtrąca się duszpasterz. Mądry duszpasterz może zrobić wiele dobrego, głupi sieje niebywałe spustoszenia. Czy jednak jakiś duszpasterz jest zdolny do tego, by podtrzymać w cierpiącym człowieku wiarę w absolutne wybranie? Nie, nie jest zdolny. Urząd natrafia tu na nieprzekraczalną granicę. Wiara jest łaską i urząd o tym wie. Cokolwiek by się krytycznie powiedziało o urzędzie, przekonanie, że ostatecznie „wiara jest łaską", stanowi zdecydowane samoograniczenie roszczeń do totalnej władzy nad człowiekiem. Trzeba to uznać i trzeba powiedzieć, że pielęgnując to przeświadczenie, Kościół dowodzi swej wielkości.

Zagrożenia zewnętrzne

Niedawno ukazało się nowe wydanie książki Leszka Kołakowskiego: *Świadomość religijna i więź kościelna*[1]. Jest to praca wielce pouczająca. Dotyczy sytuacji religijnej w Niderlandach po zwycięstwie Reformacji. Pokazuje wewnętrzne napięcia Kościołów zreformowanych: z jednej strony mówi o ucieczce od urzędu, który przypominałby Kościół katolicki, z drugiej – o budowaniu nowych urzędów, których inkwizytorskie zapędy okazują się jeśli nie większe, to co najmniej równe katolickim. Gdzieś między jednym a drugim plącze się wiara mistyków, niezależna i indywidualna, otoczona podejrzeniami wszystkich. Przed laty mówiło się, że ta książka jest metaforycznym przedstawieniem rozkładu komunizmu. Dziś może być ona potraktowana jako historyczne wprowadzenie do zrozumienia sytuacji w polskiej religijności.

Reformacja dokonała niezwykłego kroku: zakwestionowała urząd jako instytucję pośredniczącą w absolutnym wyborze. Bóg nie ogranicza swego miłosierdzia miłosierdziem „funkcjonariuszy". Bóg sam wybiera, sam się objawia, sam zbawia. Człowiek, który bierze do rąk Biblię, otrzymuje bezpośrednio światło Ducha Świętego, potrzebne do jej rozumienia i stosowania. Dzięki wynalazkowi druku i zerwaniu z monopolem łaciny Biblia mogła zna-

---

[1] Leszek Kołakowski, *Świadomość religijna i więź kościelna. Studia nad chrześcijaństwem bezwyznaniowym XVII wieku*, Wydawnictwo Naukowe PWN, Warszawa 1997.

leźć się w rękach każdego jako tako wykształconego człowieka. Oczywiście, otwarło to pole dla swawoli interpretacyjnej. Czy jednak swawola ta była większa niż przedtem, gdy interpretacje musiały służyć bezpośredniemu lub pośredniemu uznaniu władzy urzędu? Poza tym swawola miała jednak granice. Jedne z nich pochodziły z metod naukowych, które stały się nieodzownym elementem badań nad Słowem, inne – z obecności wspólnoty. Interpretacje Biblii dokonywały się mimo wszystko w ramach pewnej wspólnoty. Horyzont duchowy wspólnoty był nadal horyzontem rozumienia Słowa. I choć nie była to już wspólnota „rzymska", to jednak była to wspólnota.

Zastanawiając się nad tym, jaką rolę w zwycięstwie Reformacji odegrał wynalazek druku, można przy okazji zapytać, jakie znaczenie dla przyszłości wiary może mieć nowa, multimedialna cywilizacja. Ktoś, kto chciałby dziś budować jakikolwiek urząd w oparciu o monopol informacyjny, wcześniej czy później przegra – taki monopol jest nie do utrzymania. Ale to nie znaczy, że w naszej cywilizacji nie powstają zamknięte kręgi informacyjne, które traktują informację jak pokarm: przyswajają jedynie tę, która im smakuje. Ktoś czyta tylko gazety sportowe, ktoś inny wyłącznie „Gazetę Wyborczą", ktoś jeszcze inny z całego serwisu kilkudziesięciu telewizji wybiera samą muzykę. Dobrym przykładem jest „Radio Maryja". Tysiące ludzi żywią przekonanie, że tylko tu „mówią prawdę". Mimo postępów demokratyzacji życia społecznego, rośnie rozpiętość między „systemami względnie izolowanymi". Rozpiętość ta przenika również do Kościoła. Jedni, aby ocalić wiarę, radzą zamknąć oczy i zatkać uszy, inni – na przykład abp Józef Życiński – komputeryzują diecezję.

Nowoczesna technika jest formą, która domaga się treści. Im większa formalizacja, tym bardziej kategoryczne wołanie o treść. Wołanie to jest szansą dla tej wersji wiary, która nie uległa formalizacji.

Zapytałem: czy możliwa jest wiara poza urzędem? W zasadzie tak. Można „poczuć się wybranym" przez Boga do życia pustelniczego, uciec od świata na pustynię, zamknąć się w jaskini, wyjść na słup i czekać na kruka, który ukradnie kawałek chleba grzesznikowi, a przyniesie świętemu. Dziś nie ma już tak skrajnych wyborów, ale też trudniej o pustynię, której by nie wytropili ekolodzy. Są jednak podobne wybory na krótszy dystans. Wtedy ucieka się od niedzielnej Mszy św. w lasy i góry, nad morza i jeziora, by tam „poczuć się bliżej Boga". Nie ma tam, co prawda, Eucharystii, ale nie ma też ludzi: piskliwych dewotek, świeżo nawróconych komuchów, kandydatów na posłów z ramienia ugrupowań chrześcijańskich, którzy „muszą się pokazać", rodzin z wiecznie płaczącymi dziećmi, durnego kazania i pełnego namaszczenia zbierania składki. Dzisiejsza polska wspólnota może być czasem trudna do strawienia. Stojąc kiedyś za ołtarzem w jednym z kościołów krakowskich i mówiąc: „Przekażcie sobie znak pokoju", odkryłem w sobie brzydkie zadowolenie: „Jak do dobrze, że nie muszę przekazywać znaku pokoju tym wszystkim komuchom i kandydatom na posłów z Bożej łaski. Wystarczy, że – ot tak, symbolicznie – uściskam dłonie samym ministrantom". Wyznaję to ze skruchą, ale czy to moja wina, że nie ma we mnie ani cienia skłonności masochistycznych?

Odejście od wspólnoty religijnej może się kończyć poza Kościołem, poza religią. Jest wiele możliwości. Jedną z nich nadal stanowi romantyczny i pewny siebie indywidualizm w duchu Maxa Stirnera. Inną – indywidualizm tragiczny Alberta Camus czy wręcz rozpaczliwe osamotnienie Jeana Paula Sartre'a. Są także surogaty religijnej wspólnoty – od nacjonalistycznej po rasistowską – każda ze swoim bóstwem i swoją kapliczką. Wszystko to wymagałoby odrębnego opracowania.

Spróbujmy jednak pozostać w Polsce. Co jest dziś naszym szczególnym problemem? Jest nim wyzysk religii do celów politycznych. Idzie o to, by budować wspólnoty polityczne oparte na więziach religijnych. Religijne uznanie i wybranie ma się stać fundamentem uznania politycznego. Polityka wtargnęła do wnętrza kościołów. Podziały i spory polityczne przeniknęły w głąb religii. Ośrodkiem nieporozumień są „prawa człowieka". Prawa „Polaka–katolika" muszą być na polskiej i katolickiej ziemi większe niż „prawa człowieka". Tak rodzi się „katolicyzm polityczny" – katolicyzm, którego znaczenie określa bliżej dialektyka dążeń do władzy.

Zobaczmy, jak wygląda mechanizm powstawania i legitymizacji tej postawy.

Na początku są niezadowoleni. Niezadowolenie bierze się najczęściej z upokorzenia. Polska transformacja ustrojowa dokonywała się bez przelewu krwi, ale nie bez wzajemnego poniżania i upokarzania. Są ludzie, którzy czują się upokorzeni przez zdobywców władzy: koledzy zdobyli władzę i nie podzielili się nią. Upokorzyli ich również komuniści, którzy wprawdzie stracili władzę, ale zdobyli bogactwo i także się nim nie podzielili. Na dodatek przyszła „gruba kreska", ogłoszona przez katolickiego premiera. To także upokorzyło, ponieważ spowodowało, że „przestępcy chodzą po ulicach i się śmieją". Potem liberałowie dogadali się z komunistami i dziś razem „manipulują" mediami. Jedynym „głosem prawdy" okazuje się dla wielu zawiedzionych „Radio Maryja" i związany z nim „Nasz Dziennik" (a częściowo także krakowski tygodnik rodzin katolickich „Źródło").

Taki był początek, a jaki jest owoc?

Weźmy pod uwagę konkretny przykład. Jakiś czas temu powstał zespół wspierający poczynania „Radia Maryja" i odpierający zarzuty jego krytyków. Przewodniczący tego gremium prof. Janusz Kawecki mówił, że „Zespół liczy 23 osoby, wśród których są członkowie Akademii Nauk, profesorowie, pracownicy nauki, redaktorzy", zaś dzięki niemu przełamany został w mediach monopol jednostronności, „nie dopuszczający alternatywy lub nawet dyskusji (...). Poznaniu tego drugiego punktu widzenia z pozycji katolickiej i narodowej pomaga właśnie Radio Maryja". Szuka się więc alternatywy dla postkomunizmu i liberalizmu. Co w tym złego? Czyż nie jest to zadanie każdego polityka? Na razie wszystko w porządku. Zapytajmy jednak, gdzie się ową alternatywę znajduje. Znajduje się ją w tradycji „polskiej i katolickiej". Teraz już sypią się konkretne „rozwiązania". Prywatyzacja czy rozkradanie majątku narodowego? Reforma rolnictwa czy poszerzanie obszaru nędzy? Reforma górnictwa czy stwarzanie rynków zbytu dla górnictwa niemieckiego? Wstąpienie do Europy czy nowy rozbiór Polski? Czy zbliżenie do Zachodu, czy do Rosji? Wreszcie ostatnia „alternatywa": dlaczego w Oświęcimiu na żwirowisku ma stać tylko jeden krzyż, jeśli może ich tam być wiele?

Szczególnie godna uwagi jest nazwa, jaką się posługuje owo gremium: „Zespół Wspierania Radia Maryja w Służbie Bogu, Kościołowi, Ojczyźnie i Narodowi Polskiemu". Z samej tej nazwy wynika, że odtąd każdy, komu nie spodoba się Radio i wymyślane w nim „alternatywy", będzie miał do czynienia nie tylko z członkami „Zespołu Wspierania", ale także z Narodem, Ojczyzną, Kościołem i Bogiem.

Co jest dziś zagrożeniem polskiej religijności? Właśnie to: manipulowanie transcendentnym wybraniem do celów politycznych. Kiedyś mówiło się: „gdyby nie było religii, należałoby ją stworzyć"; ponieważ religia pomaga utrzymać w ryzach dzikie społeczeństwo. W Polsce religia jest. Skoro jest, należy jej odpowiednio użyć.

Tak oto polityczne, a nawet partyjne My zaczyna zagarniać dla siebie My Kościoła. Co w tej sytuacji robi Kościół? Oczywiście, stara się o tożsamość, o autonomię. Nie przychodzi to łatwo, ponieważ łatwiej przychodzi mu zwalczanie wrogów niż nadgorliwych przyjaciół. Kościół w Polsce przywyknął do prześladowań i nie widzi w nich dla siebie specjalnego niebezpieczeństwa. Nie zdążył jednak – z historycznych względów – przywyknąć do politycznych pieszczot, a dziś to one są jego największą groźbą.

Etyczny wymiar konfliktu

Wspomniałem o prawach człowieka. Wiemy, że dopiero Vaticanum II dokonało głębszego ich przyswojenia katolickiej nauce społecznej. Jan Paweł II nazywany jest „Papieżem praw człowieka". Wiąże się to ze zjawiskiem bardziej podstawowym: poczynając od Soboru, na pierwszy plan w życiu Kościoła wysuwają się wartości etyczne, wypierając na dalsze pozycje wartości prawne, a nawet metafizyczne. Sobór miał wyraźnie duszpasterski charakter; podobny charakter mają późniejsze encykliki papieskie. Kościół powstrzymuje się z ogłaszaniem nowych dogmatów, stara się natomiast pogłębiać świadomość etyczną wiernych oraz wszystkich ludzi dobrej woli. Ten ostatni moment jest szczególnie znamienny: Kościół adresuje swoje przesłanie do wszystkich, a nie tylko do katolików. Pragnie ożywić wspólne wszystkim odczucia i przeświadczenia etyczne. Mówi o „prawie natury", które Bóg wypisał w sercu wszystkich ludzi. W ten sposób rości sobie pretensję do duszpasterzowania całemu światu.

To musi budzić niepokój.

Czy Kościół nie szuka nowych metod rządzenia światem? Czy wyrzucony drzwiami nie chce powrócić oknem? Czy nie mogąc narzucić własnych kategorii religijnych zlaicyzowanemu światu, nie narzuca mu kategorii etycznych? Te i tym podobne pytania są wyrazem stanu podejrzliwości, w jakim wciąż znajdują się społeczeństwa po doświadczeniach wojen religijnych. Państwa bronią swej władzy. Chcą być samodzielne na dobre i na złe. A z drugiej strony dokonują się procesy przeciwne. Demokracje wchodzą w stan etycznego kryzysu. Kryzys dotyczy samych podstaw systemu. Walka o prawa człowieka pozostawiła na dalszym planie świadomość obowiązków. Jak znaleźć dziś te obowiązki? Jak je nazwać? Jak usprawiedliwić? Czy sama ideologia państwowa może sobie poradzić z takim zadaniem?

Podobne niepokoje płyną z innych stron. Kościół zgłasza swój sprzeciw wobec aborcji, eutanazji, antykoncepcji, przypomina o obowiązku wierności małżeńskiej, stara się określić granice eksperymentu naukowego, natomiast zabierając głos na temat życia społecznego, mówi o „opcji na rzecz ubogich", humanizacji pracy, wolności, która nie jest swawolą, lecz służbą. Także te słowa kieruje do wszystkich ludzi dobrej woli, a nie tylko katolików. Gdyby je kierował do samych katolików, nie byłoby problemu. Niech sobie Kościół porządkuje życie wewnętrzne swoich członków, jak chce, ale co go obchodzą inni! Jakim prawem „wtrąca się" w życie wolnych społeczeństw?

Kościół podejmuje pytania, które są realnymi pytaniami współczesnego świata; on nie wymyśla sztucznych problemów. Kościół trwa w historii. Przeżył niejedno, widział niejedno i dzieli się swymi doświadczeniami. Gdy kieruje swój głos do niekatolików, nie oczekuje niczego więcej jak wsłuchania się w argumenty, które przedstawia. Katolik może przyjmować naukę Kościoła na zasadzie wiary w Kościół, niekatolik – na zasadzie podanych argumentów. Kościół jest dla jednych „drogą Prawdy", ale dla innych jest tym, kto „daje do myślenia". Można wejść w spór, można przyjąć lub odrzucić, ale nie można nie uwzględnić proponowanego punktu widzenia.

U źródeł takiej postawy Kościoła tkwi niewątpliwie jakaś etyka. Etyka jest nie tylko treścią konkretnych propozycji, ale również ich założeniem. Jaka etyka? Nazywamy ja dziś „etyką dialogu". Kościół wchodzi w dialog ze światem, który go otacza. I rzecz znamienna: o ile konkretne propozycje Kościoła mogą być krytykowane, a nawet odrzucane, o tyle sama zasada dialogu wchodzi w społeczną świadomość świata jako podstawowy sposób rozwiązywania konfliktów społecznych. „Dialog" i „prawa człowieka" to dwa kamienie węgielne obecności Kościoła w dzisiejszym i jutrzejszym świecie.

Ciąg dalszy wyznania

Wspomniany na początku spór artysty i duszpasterza o obraz w głównym ołtarzu kościoła św. Brata Alberta ukazuje w syntetycznym ujęciu napięcia, które są udziałem współczesnego Kościoła. Czy Kościół ma służyć człowiekowi, czy człowiek Kościołowi? Gdzieś u źródeł tego pytania kryje się również pytanie o stosunek człowieka do Boga. Ze zdwojoną siłą powracają dylematy Hioba. Na ostrzu noża staje pytanie o sens zła, o dobroć człowieka i Boga, o stosunek myślenia i wiary. Maleje znaczenie ateizmu pojętego jako forma walki z Bogiem, a rośnie znaczenie ateizmu jako nowej formy uznania niepojętej tajemnicy Boga – owocu teologii negatywnej. Do tego dołączają się napięcia wynikające z nowego znaczenia etyki w życiu społecznym, z interpretacji praw człowieka, postępów nauki i spraw życia rodzinnego. Napięcia te rzucają się w oczy. Czy są oznaką życia, czy obumierania wiary i Kościoła?

Moja hipoteza jest prosta: mniej ważne są konflikty wiary, ważny jest sposób podejścia do tych konfliktów i ich przezwyciężania.

Powiedziałem na wstępie: mija czas poszukiwania tożsamości Kościoła poprzez podkreślanie różnic, a nadchodzi czas poszukiwania tożsamości poprzez podkreślanie podobieństw. To właśnie w tym kontekście szczególnego znaczenia nabrało słowo „dialog". Wyznacza ono nie tylko kierunek rozwoju, ale służy również jako zasada nowego rozumienia całej doktryny wiary. Wiara jest w swej istocie dialogiem – dialogiem Boga z człowiekiem i wzajemnym dialogiem wierzących. W dialogu różnice nie niszczą, lecz służą budowaniu pojednania.

Nie byłoby jednak tego odkrycia, gdyby nie stanęło w nowym świetle pojęcie jeszcze bardziej fundamentalne – pojęcie dobra. Dialog dlatego jest aż tak cenny, że jest wyrazem uczestnictwa w dobru i sposobem urzeczywistnienia dobra pomiędzy ludźmi. Znamy wszelkie zarzuty, jakie można wytoczyć przeciwko pojęciu dobra. Można mówić o subiektywizmie, o przesądach, o nieuleczalnym braku ścisłości, o chorobie na platonizm. Zarzuty te jednakże nie zdołały wypłoszyć tego pojęcia z naszego języka, z naszych głów ani z naszej filozofii. Współcześnie pojawiło się ono ze zdwojoną siłą w myśli Emmanuela Lévinasa; wciąż przewija się poprzez teksty Charlesa Taylora. W nauczaniu Jana Pawła II zajmuje miejsce naczelne, spychając w cień pojęcie bytu, które przez dłuższy czas służyło jako narzędzie określania istoty wiary. Znaczenie wiary określa się dziś raczej poprzez dialogiczność dobra aniżeli dialektyczność bytu. Konsekwencje tego przesunięcia są tak rozległe, że aż trudne do ogarnięcia.

Tak więc sednem naszej sprawy, także naszej wiary uwikłanej w codzienne, mniejsze lub większe konflikty, jest konkretny sposób ich rozwiązywania. Tutaj polska religijność wnosi istotny wkład we współczesne rozumienie chrześcijaństwa. „Zło dobrem zwyciężaj". To wszyscy wiemy. Pozostaje tylko pytanie: co zrobić, żeby te słowa nie były abstrakcją, lecz światłem naszej codzienności? Od odpowiedzi na to pytanie zależą losy Ewangelii pomiędzy nami.

Na drodze do Emaus, czyli Papież i jego krytycy

Przeciętny mieszkaniec Zachodu wiedział o kardynale Karolu Wojtyle, w dniu jego wyboru na papieża, przynajmniej tyle, że przychodził on ze świata komunizmu, w którym działali ludzie zdolni do najwyższych poświęceń w imię wolności i prawdy. Totalitaryzm miał swoich katów i swoich bohaterów. Na Stolicy Piotrowej stanął jeden z bohaterów. Kojarzono z nim także kard. Stefana Wyszyńskiego, a po jakimś czasie jeszcze Lecha Wałęsę. Wszyscy trzej przychodzili z „bohaterskiej Polski". Nie stwierdzam tego sam od siebie, lecz cytuję rozmówcę – Niemca, który w czasie stanu wojennego jako kierowca ciężarówki przywoził nam pomoc. Mówił: „Co wy Polacy sądzicie o naszej pomocy? Nie powinniście sądzić, że pomagamy wam, by zmazać winy ojców, zaciągnięte w czasie wojny. Te winy nie są do zmazania. Pomagamy wam za to, co dziś nam dajecie: za Wyszyńskiego, Wojtyłę, za Wałęsę". Papież przychodził ze świata, który pochłoniętemu troską o dobrobyt Zachodowi był coraz bardziej obcy, który jednak budził głęboki respekt.

Spotkanie z cudzym heroizmem wywołuje dwojakie reakcje: u jednych podziw, u innych lęk. Czy sprosta on wyzwaniom czasu? Ku czemu nas pociągnie? Czy do nas, zwykłych zjadaczy chleba, nie będzie przykładał swej własnej miary?

Wśród uczuć podziwu, wątpliwości i lęku pojawiła się jednak również szczególna nadzieja – nadzieja na zawłaszczenie. W rozpalonym napięciami świecie każda siła chciała „mieć Papieża dla siebie". Konserwatyści chcieli go mieć konserwatystą, liberałowie liberałem, demokraci oczekiwali demokratyzacji Kościoła, teologowie wyzwolenia „rewolucjonisty", rzecznicy postępu domagali się nowoczesności, ludzie zatroskani o tożsamość nawoływali do wierności dla tradycji... Byli i tacy, którzy żądali, by małżonkowie mogli się rozwodzić, a duchowni mogli się żenić. Jeśli dodamy do tego oczekiwania komunistów i wezwania przeciwników komunizmu, otrzymamy ogromne kłębowisko sprzeczności. Za każdą postawą szły ostrzeżenia i obietnice: jeśli Papież mnie nie posłucha, Kościół czeka niechybna klęska, a jeśli posłucha, świat uklęknie przed Kościołem.

Można, oczywiście, przejść obok tych sprzeczności z obojętnym wzruszeniem ramion. W końcu one same nawzajem się znoszą. Można jednak również spojrzeć głębiej i zobaczyć w nich dramat czasu. Czy kiedykolwiek w historii był taki okres, w którym by oczekiwano od Kościoła tak wiele?

Nowy Papież musiał w jakiejś mierze rozczarowywać. Nie można urzeczywistniać sprzeczności. „A myśmy się spodziewali..." – mówili uczniowie na drodze do Emaus. Rozczarowani występowali z krytyką. Jakież to były i są krytyki? Pomijając konkretną zawartość, u ich podłoża wciąż wyczuwa się pragnienie zawłaszczenia. Nie są to krytyki całkiem „obiektywne". Na ogół nie odnosi się słów Papieża do rzeczywistości i nie twierdzi, że słowa są inne, a rzeczywistość inna, ale odnosi się je do siebie, do własnej hierarchii wartości, własnych pragnień i oczekiwań, i stwierdza, że „Papież nie zadowala". Oznacza to jednak, że Papież nie jest obojętny. Jeśli ktoś przeżywa rozczarowanie, to dlatego, że gdzieś na dnie duszy niesie uznanie, a nawet podziw. W postawie rozczarowanych tkwi bolesna sprzeczność: krytyka zdradza jakiś podziw, nie określony bliżej podziw pobudza krytykę. Bezustannie powtarza się jedno: Papież nie jest „dostatecznie mój, a tak by się chciało, żeby był".

Jeśli mówię o krytyce, to nie po to, by usunąć w cień rozumienie i uczestnictwo w papieskim trudzie, które jest zdumiewająco wielkie. Wyrazem jednego i drugiego są tłumy przychodzące na spotkania z Papieżem. Owocem jest codzienny trud wokół idei pojednania religii, wyznań, narodów, wokół pokoju i praw człowieka. Dobra wola wyzwala dobrą wolę. Czy jakiś inny przywódca ludzkości wyzwala dziś tyle dobrej woli? Ale właśnie dlatego spojrzenie na pontyfikat w jego dwudziestolecie przez oczy krytyków – rozczarowanych, zawiedzionych, cierpiących na „pretensję" – może wydobyć na jaw pozostające w cieniu strony tego pontyfikatu.

Sprawa języka

Zanim podejmiemy niektóre tematy „rozczarowanych", powiedzmy kilka słów na temat języka Jana Pawła II. Sprawa jest ważna. Aby mówić do dramatycznie podzielonego świata, trzeba było znaleźć język wrażliwy na ból tego świata. Czy Jan Paweł II odnalazł wspólny język z tym światem?

Już po kilku pierwszych wystąpieniach, szczególnie po pierwszych encyklikach powtarzano: Papież mówi innym językiem. Na czym polegała inność? Nie był to język scholastyki. Nie był to jednak również język „racjonalizmu", jakim posługiwały się i wciąż jeszcze posługują intelektualne, a zwłaszcza polityczne elity Zachodu. Papież mówił własnym językiem. Zdradzał inną wrażliwość, inne otwarcie, inny świat. Proponował jakiś rodzaj medytacji pochylonego nad światem świadka wartości ponadświatowych.

Był to jednak przede wszystkim język wspólnoty – jakiegoś szczególnego międzyludzkiego „my". Nikt nie pisze i nie mówi w samotności. Pisze się nie tylko dla kogoś, pisze się również z kimś. Wiadomo, dla kogo pisze Jan Paweł II: dla ludzi dobrej woli. Z kim pisze? Z kim rozmawia? Mam nieodparte wrażenie, że pisze i rozmawia z ludźmi bliskimi: może z przyjaciółmi z teatru, może z profesorami z uniwersytetu, może z towarzyszami fizycznej pracy, może z penitentami, może z bohaterami dawnych utworów literackich i dziesiątkami innych, niemożliwych do rozszyfrowania a mieszkających w pamięci osób. Zapewne także z tymi, których spotyka podczas pielgrzymek. Mówi z nimi i dla nich, a często także zamiast nich. Mówiące „Ja" Jana Pawła II stało się mówiącym „My". Wszyscy są w końcu uczestnikami tej samej sprawy.

Pozostanie tajemnicą, jakie miejsce w tym „My" zajmuje Ten, który powiedział: „Będę z wami aż do skończenia świata".

Papież Polak

Po wyborze polskiego kardynała na papieża ukazało się mnóstwo publikacji, których celem było przybliżenie jego postaci ludziom Zachodu. Jedną z nich jest praca Horsta Herrmanna: *Papież Wojtyła – święty błazen*. Pozostawmy tytuł bez komentarzy. Zwróćmy uwagę na rozdział pierwszy: *„Pozostaniesz polskim biskupem" – ojczyzna Wojtyły i jej tradycja mesjanistyczna*. Rozdział ten odsłania „przedrozumienie", z jakim autor podchodzi do nowo wybranego Papieża. Punkt wyjścia okazuje się prosty: Wojtyła jest Polakiem i jako Polak musi nieść w sobie tradycje romantyczne i skłonności nacjonalistyczne, a jako syn umęczonego narodu musi głosić i praktykować mesjanizm. Romantyzm, nacjonalizm, mesjanizm – oto trzy kategorie przedrozumienia, z jakimi podchodzi się do człowieka z Polski.

Okazuje się zarazem, że są to trzy główne kierunki odstępstwa Papieża od ideologii Oświecenia. Sprawiają one, że Jan Paweł II pozostanie kimś obcym dla człowieka Zachodu. Autor podjął trud, by poznać bliżej dzieje Polski. Jego uwagę przykuł wiek XIX: romantyzm, powstania. Wspomina Mickiewicza, Słowackiego (wiersz o papieżu słowiańskim), Krasińskiego, Hoene-Wrońskiego, Cieszkowskiego, mesjanizm. Znalazło się też miejsce na cytat z Wincentego Lutosławskiego. Znamienne, co pominął. Nie ma mowy o kimś tak znamiennym dla myślenia Karola Wojtyły jak Norwid. Przede wszystkim nie ma ani słowa o doświadczeniach wyniesionych z czasów wojny. Notabene nie ma ani słowa o wpływach późniejszej fenomenologii i filozofii wartości, zwłaszcza zaś Maxa Schelera.

Mając taką wizję polskości i będąc przekonanym, że żaden Polak nie jest w stanie wykroczyć poza zakreślony horyzont romantycznego mistycyzmu (nie ma również mowy o pracy Karola Wojtyły na temat św. Jana od Krzyża), zobaczyliśmy na papieskim tronie postać obcą zachodniej, racjonalistycznej umysłowości. Autor przygotował czytelnika na najgorsze. Sprawił jednak tym samym, że zupełnie niezrozumiałe stało się coś, co stanowi istotny rys pontyfikatu Jana Pawła II: obrona praw człowieka. Prawa człowieka są wymysłem Oświecenia. Jak romantyk, irracjonalista i nacjonalista może być ich zdecydowanym obrońcą? A przecież kto zna jako tako dzieje recepcji idei praw człowieka przez Kościół, ten wie, że broniąc tych praw, Papież staje w poprzek nurtu, który nie tylko znamionował totalitaryzm, ale również odgrywał dominującą rolę w Kościele. Prawa człowieka u „mistyka mesjanizmu"? U nacjonalisty, który powinien śpiewać *Polen, Polen über alles*? Jak to możliwe?

Znamienne jest również to, że ani Herrmann, ani bodaj żaden krytyk pontyfikatu nie postawił pytania o skutki zetknięcia Karola Wojtyły z Oświęcimiem i Kołymą. Czy zetknięcie to nie miało żadnego znaczenia? Czy nie zaważyło na spojrzeniu na Europę?

Proszę wybaczyć osobiste wyznanie. Patrzyłem na okupację jako dziecko, widziałem stosunkowo niewiele, rozumiałem niewiele. Mimo to obrazy z tamtych czasów wciąż we mnie tkwią. Z niemieckim *raus* kojarzą mi się krzyczące postacie w brunatnych mundurach na jakichś stacjach kolejowych. Znaczenie słówka *für* poznałem z napisów: *Nur für Deutsche*. Sam zawdzięczam bardzo wiele kulturze niemieckiej, którą podziwiam. A jednak ile razy znajdę się w Niemczech, widzę twarze i słyszę niemiecką mowę, wspomnienia natrętnie wracają, a wyobraźnia mimo najlepszej woli ubiera przechodzących obok mnie nieznajomych w jakieś brunatne bądź czarne mundury. Pamiętam dreszcz, gdy odkryłem, że język niemiecki może być również językiem liturgii. Okupacja siedzi we mnie głęboko i mocno, mimo że nie byłem bezpośrednim świadkiem największych okrucieństw. Co powiedzieć o tych, którzy przeszli przez piekło? Karol Wojtyła widział więcej niż ja i więcej rozumiał. Ale pozostało coś, czego – podobnie jak my – do końca nie rozumiał: nie rozumiał, jak to było możliwe? Jak to było możliwe w kraju o tak wysokiej kulturze i tak dawnej tradycji chrześcijańskiej?

Pytanie: „Jak to było możliwe?" plącze się wśród przedstawień naszej wyobraźni, wisi nadal nad naszym obrazem Europy. Jest pytaniem o rodowód zła, o kantowskie „zło radykalne". Odpowiedzią Oświecenia jest wskazanie na „błędy doktryny". Zło nie tkwiło w ludziach, lecz w ideologii, która uwiodła ludzi. Odpowiedź ta jest utrzymana w duchu racjonalizmu: rozum przegrał, ponieważ nie był dość stanowczy w zwalczaniu przesądów.

Ale odpowiedź ta nie zadowala. Doświadczenie zła epoki krematoriów jest przez to tak tragiczne, że splata się z widokiem człowieka, który czyni zło. Nie byłoby tego zła, gdyby człowiek nie przylgnął do zła. Gdyby nie znalazł w nim jakiegoś upodobania. Gdyby widok zniszczeń nie napawał go dumą. A jeśli człowiek mógł przylgnąć do zła, to chwieje się nasza wiara w człowieka.

Jeśli więc ktoś chce zrozumieć Papieża poprzez jego „polskość", to powinien w swym przedrozumieniu umieścić widok Oświęcimia. Ten widok jest ważniejszy niż widok scen z literatury romantycznej, choć i one nie są bez znaczenia. A gdy już ktoś zdobędzie się na odwagę i zapyta o sens tamtego widoku, powinien zadać drugie pytanie: jak się to stało, że Karol Wojtyła nie tylko nie stracił wiary w człowieka, ale jeszcze ją pogłębił? Dlaczego został księdzem? Dlaczego został biskupem w komunistycznym kraju? Dlaczego działał w nim tak, a nie inaczej?

Szukając odpowiedzi na te pytania, natrafi – być może – na Ewangelię. Czy to coś rozjaśni? Jeśli nie dotrze do Ewangelii i jeśli Ewangelia niczego nie rozjaśni, lepiej niech nie szuka rodowodu. Pozorne odkrycia, jakie przedstawi, powiedzą wiele niedobrego o nim, ale nic o Janie Pawle II.

Między osobą a doktryną

Wspominając Sobór Watykański II, Eugen Biser pisał w 1996 r.: „Najważniejszy okazał się impuls, którym dla duchowości była zasada dialogu, jaką przyjął Sobór". I dodawał: „Zasada ta dotyczy nie tylko nowego stosunku papieża i biskupów, biskupów i duchownych, proboszczów i wspólnot, i nie tylko wzajemnego współżycia wyznań i religii, lecz także stosunku człowieka do Boga

Objawienia, który pozwala, by wiara rozumiana dotąd jako posłuszeństwo pojawiła się w perspektywie hermeneutycznej i ukazała jako rozwijające się rozumienie Boga". To ważne stwierdzenie: wiara nie jest aktem posłuszeństwa, ale odpowiedzią na wezwanie – odpowiedzią, która jako zaufanie i rozumienie rozwija się i dojrzewa w czasie. Inaczej wychowuje się do posłuszeństwa, a inaczej do rozumienia. Wychowanie do rozumienia preferuje doświadczenie wiary, a nie „zobiektywizowany dowód", umiejętność czekania, a nie decyzje na wyrost, zachętę, a nie „instruowanie". Autor zauważa również: „Bezsprzecznie najpiękniejszym owocem Soboru okazuje się nowe odkrycie postaci Jezusa. Dzięki niemu publikuje się wiele nowych książek, których autorami są obok chrześcijan również Żydzi i, co dziwniejsze, także ateiści".

Zainteresowanie postacią Jezusa ma sens złożony. Idzie ono pod prąd racjonalizmu, którego szczytowym przejawem było Oświecenie. Ideologia ta zawierała paradoks: z jednej strony wynosiła na piedestał człowieka i jego prawa, z drugiej – starała się opisać tajemnice świata za pomocą wzoru matematycznego, w którym człowieczeństwo zanikało, stając się prostą funkcją wielu uzależnień. Można było pięknie mówić o człowieku, ale prawdziwym zaufaniem należało obdarzyć zmatematyzowane teorie świata. To nie człowiek, lecz „słuszna doktryna", którą głosił, jest siłą dziejów. Aby uwolnić ludzkość od epidemii, głodu, chłodu i gorąca, od przemocy władzy i ucisku kapitału, nie był jej potrzebny Chrystus-Zbawiciel, lecz człowiek-odkrywca, uczony-eksperymentator, polityk otoczony gronem ekspertów.

Wiara chrześcijańska szła w przeciwnym mierunku. *Fides* – zaufanie – oznacza więź z człowiekiem, zaufanie do człowieka, zawierzenie człowiekowi. Dzieło zbawienia dokonało się przez czyn Syna Bożego, a nie przez doktrynę. Z drugiej jednak strony doktryny przekreślać nie można, bo ona opowiada o czynie. Czyn musi mieć sens, sens musi być zakorzeniony w czynie.

We współczesnym świecie odkrywamy głębokie napięcie pomiędzy dwiema nadziejami: nadzieją na „słuszną doktrynę" i nadzieją na „nowego człowieka". Napięcie to w przypadku Papieża jest szczególnie jaskrawe. Nie wszyscy są zdolni, nie wszyscy mają ochotę i warunki, by pojąć doktrynę, ale niemal wszyscy... patrzą. Papież z dzieckiem na rękach... Papież wśród chorych... Papież na nartach... Papież się modli... Jaki głos ma Papież? Jak dziś wygląda? Z kim mówi? Papież – człowiek, Papież – widzialny symbol niewidzialnych wartości, Papież – następca Piotra. Papież – namiestnik Chrystusa. Kim on właściwie jest? *Fides quaerens intellectum...* Papież – tajemnica naszego świata.

Za chwilę wspomnę o krytykach doktryny. W sprawie osoby powiem tylko tyle: strzały wymierzone w Papieża na placu Świętego Piotra w pamiętny majowy dzień nie były strzałami w doktrynę, były strzałami w Osobę.

Sprawa doktryny

Mówi się, że II Sobór Watykański miał charakter pastoralny i tym różnił się od poprzednich soborów, w których chodziło zazwyczaj o ustalenie jakiegoś dogmatu wiary. Pastoralny charakter mają również posoborowe konflikty Kościoła. Prawda wiary nie jest po to, by zaspokajać teoretyczną ciekawość, lecz po to, by być „pokarmem" na drodze zbawienia. Nie znaczy to, by wszelka teoria była zbędna. Znaczy raczej, że teoria musi się liczyć z celami, jakim służy.

Oczywiście, konsekwentne rozdzielenie praktycznego i teoretycznego wymiaru religii nie jest możliwe. Co sprawia jedność teorii i praktyki? Jedność wynika ze świadomości D o b r a. W tekstach Jana Pawła II odgrywa ono kluczową rolę. Dobro jest „teoretyczne" i „praktyczne" zarazem. Gdy mówimy, że coś „jest dobre", to dajemy tym samym do zrozumienia, że powinniśmy o to „coś" zabiegać, to „coś" praktykować. Za pomocą słowa „dobro" Papież wprowadza nas w podstawowy wymiar wiary. Jednocześnie nie pozwala nam zapomnieć o złu, które określało i wciąż jeszcze określa nasz wiek i naszą codzienność.

Dobro jest zawsze dobrem dla kogoś. Dziś, dzięki myśli dialogicznej, wchodzimy coraz głębiej w rozumienie znaczenia owego „dla". Okazuje się, że Bóg jest Najwyższym Dobrem dla człowieka; że człowiek żyje dla Boga i bliźniego; że rzetelna wspólnota jest dobrem dla jednostki, podobnie jak jednostka jest dobrem dla wspólnoty; że praca jest dla człowieka, a nie człowiek dla pracy; że wychowanie musi rozwijać się wokół doświadczenia dobra; że nauka jest poszukiwaniem prawdy, która stanowi podstawowe dobro człowieka. Podobnie podstawowym dobrem jest wolność. Nikt nie jest dobrym z konieczności, z przymusu – aby być dobrym, trzeba wybrać dobro, przyswoić sobie dobro. Wolność to jednocześnie odpowiedzialność, a odpowiedzialność to zdolność do wierności. Dobro znajduje się ponad interesem. Człowiek otwiera się na dobro dzięki wspaniałomyślności. Ono nie daje się z niczego wydedukować, lecz można je obserwować i opisać przede wszystkim w postaci Jezusa Chrystusa.

Myślenie w horyzoncie dobra wyróżnia się zarówno od myślenia scholastyki, jak i od myślenia racjonalizmu. Tamte myślenia mówią wiele o człowieku, ale nie mówią z człowiekiem. W mowie z człowiekiem ujawnia się istotny sens doktryny Jana Pawła II. Wokół tej doktryny toczą się liczne spory. Przyjrzyjmy się nieco bliżej dwóm sporom: wokół erotyzmu i wokół polityki.

Mitologia erotyzmu

Trzon papieskiej argumentacji w sprawach erotyzmu ma charakter etyczny. Argumentacji etycznej nie przysługuje zniewalająca rozum oczywistość. Pisał o tym już Arystoteles. Jej celem jest uświadomienie człowiekowi jego powinności, a nie wymuszenie konieczności. Argumentację można podważać, wskazując na trudności urzeczywistnienia czy osobisty „interes". Argumentacja kieruje się nie tylko do katolików, lecz również do niekatolików. Gdyby miała charakter religijny i konfesyjny, pozostawałaby wewnętrzną sprawą Kościoła, jak post w piątki, i nie budziłaby tak żywych protestów. Punktem wyjścia argumentacji jest dobro osoby. Erotyzm jest podstawowym dobrem osoby, pod warunkiem, że się nie przeszkadza, aby był on otwarty na to, na co otwarła go sama natura.

Guido Knopp i Christian Deick w książce pt. *Watykan. Władza Papieża* (1997) napisali na temat Jana Pawła II: „Wedle jego rozumienia użycie środków antykoncepcyjnych degraduje kobietę w sposób niedopuszczalny do poziomu przedmiotu rozkoszy". Użyte tu słowo „degraduje" – jest jednym ze źródeł nieporozumień. Co znaczy „degraduje"? Jeśli „kobieta chce" i „mężczyzna chce", to nie ma degradacji. Degradacja byłaby wtedy, gdyby ktoś kogoś do czegoś przymuszał. Rysuje się przeciwieństwo: dla stanowiska „liberalnego" nie ma innej winy, jak wina przeciw partnerskiej wolności, dla Papieża odpowiedzialna miłość nie ogranicza się do odpowiedzialności za wolność samego partnera, lecz wychodzi „ku temu trzeciemu" i obejmuje naturalny owoc miłości – dziecko, człowieka.

Przyjrzyjmy się bliżej stanowisku „liberalnemu". Błędnie je rozumiemy, gdy uważamy, że w tym ujęciu „wszystko wolno". Wcale nie „wszystko wolno". Wolno tylko to, na co pozwala wolność innego. Nie wolno natomiast naruszyć cudzej wolności. Ale wtedy konsekwencją takiego poszanowania cudzej wolności jest to, że ja, szanujący wolność, mogę czuć się zwolniony z odpowiedzialności za to, co inna wolność wybiera. Jej sprawa, jej wina. Moja wolność stała się wolnością Piłata, który „umywa ręce".

Gest „umycia rąk" jest szczytem góry lodowej, zbudowanej z mniemań i domniemań dotyczących erotyzmu, cielesności, losu człowieka na świecie. W wyniku działania wielu czynników dokonała się w czasach nowożytnych głęboka zmiana znaczenia erotyzmu. Erotyzm stał się czymś więcej niż tylko erotyzmem: przyjął na siebie znaczenia i funkcje, które „nie jego są". Stał się miejscem ucieczki od zimnego świata, zapomnienia o samotności, czułości imitującej miłość, bliskości maskującej oddalenie, otwarciem dla „monad bez okien", szczerości w świecie kłamstwa, fizyką i metafizyką jednocześnie, a także rynkiem, na którym rządzą reguły podaży i popytu. Aby uchwycić problem współczesnego erotyzmu, wystarczy rzucić okiem na erotyzm u Platona: erotyzm platoński był główną siłą pociągającą człowieka „ku górze" i umożliwiającą mu uczestnictwo w świecie idei; erotyzm współczesny, jeśli nie ciągnie człowieka „w dół", to w każdym razie „wodzi" go po płaszczyźnie od pułapki do pułapki. Na erotyzmie wycisnął swe piętno współczesny kryzys nadziei. Akceptuje się go i ubiera w wielorakie znaczenia pod warunkiem, że będzie erotyzmem bezpłodnym. Czy nie odkrywamy tutaj jakiegoś pokrewieństwa z mitem Edypa? Czy erotyzm Edypa nie został porażony lękiem przed kazirodztwem? Porównajmy Edypa z Abrahamem: dla Abrahama „nadzieja zamieszkała w ciele", dla Edypa w ciele mieszka przekleństwo kazirodczej płodności. Dziś nie mówi się o kazirodztwie, lecz o śmierci: ciało jest skazaniem na śmierć. Celem życia jest śmierć – jesteśmy rozciągniętym w czasie *Sein zum Tode*. Kto daje życie, obiecuje śmierć.

Nowożytne ujęcie erotyzmu stało się możliwe dzięki technice. Technika wkroczyła w intymność kobiety i mężczyzny. Jej głównym zadaniem jest „zabezpieczenie", czyli ochrona przed lękiem. Gdy w innych dziedzinach życia technika służy nadziei pozytywnej: utrzymania życia, zdrowia, ochrony przed głodem i chłodem, to tutaj ma jedynie cel negatywny: chronić przed tym, co naturalne. Jest narzędziem wolności, która mówi „nie". W imię czego to „nie"? Oczywiście, można podawać wiele powodów. Gdy się im jednak bliżej przyjrzeć, okazuje się, że nie dowodzą niczego więcej ponad to, że w pewnych szczególnych sytuacjach trzeba być „wyrozumiałym" dla słabości człowieka, który nie jest w stanie poradzić sobie z własnym erotyzmem. Nic ponad to, co wiemy z Ewangelii: „Twarda jest ta mowa i któż jej słuchać może".

Nazwałem wyżej opisane stanowisko „liberalizmem". Słowo to ująłem jednak w cudzysłów. Nie jest bowiem rzetelnym liberalizmem stanowisko, które troszczy się wyłącznie o to, czy „partner chce, czy nie chce", nie biorąc zupełnie pod uwagę „tego trzeciego" – jego wolności i jego oczekiwania na odpowiedzialność. Uwzględniając tę wolność, Papież okazuje się bardziej autentycznym liberałem niż jego krytycy.

Mitologia władzy

W sporze wokół polityki chodzi o nowe określenie stosunku władzy religijnej i władzy świeckiej, zapoczątkowane przez Sobór. Kościół zerwał z ideałem państwa wyznaniowego, pojednał się z zasadami demokracji, uznał prawa człowieka za fundament życia państwowego. Kościół nie chce przywilejów w państwie, chce natomiast korzystać z wolności przysługującej wszystkim, między innymi z wolności publicznego wyznawania wiary. Kluczem są prawa człowieka; nie prawa katolika czy prawa Polaka, lecz prawa człowieka. Ani katolik, ani Polak, ani nikt inny, nie mogą mieć w państwie większych praw, niż ma człowiek.

Koncepcja Jana Pawła II natrafiła na podwójny sprzeciw. Z jednej strony był to sprzeciw rzeczników radykalnej laicyzacji państwa, z drugiej – sprzeciw katolickich integrystów. Ten pierwszy dążył do usunięcia wszelkich przejawów *sacrum* ze sfery publicznej i charakteryzował m.in. czasy komunizmu. Ten drugi dążył i dąży do tego, by *sacrum* służyło jako ostateczna legitymizacja władzy państwowej (w zamian za co władza ta będzie służyć jako ochrona, a w niektórych przypadkach jako przedłużenie władzy Kościoła) i znamionuje współczesny integryzm.

Nawiązując do doktryny *Action Française* Charlesa Maurrasa abp Marcel Lefebvre pisał: „Państwo ma więc wobec Kościoła funkcję służebną, rolę sługi: realizując swój cel, państwo musi zdecydowanie, choć pośrednio, wspomagać Kościół w osiąganiu jego celu, to znaczy zbawiania dusz". Dla poparcia tej koncepcji autor cytuje między innymi papieża Leona XIII: „Kościół bez państwa to dusza bez ciała. Państwo bez Kościoła to ciało bez duszy". Abp Lefebvre broni koncepcji katolickiego państwa wyznaniowego. Państwo takie jest możliwe w krajach, gdzie katolicy stanowią większość. Ustanawia ono wyraźną różnicę między katolikami, którzy są „nosicielami prawdy", a niekatolikami, którzy „żyją w błędzie". Katolicy nie prześladują wprawdzie niekatolików, „tolerują" ich błąd, starają się jednak ograniczyć jego obecność w publicznej sferze życia i pomniejszyć wpływ na społeczeństwo. W „katolickim państwie" władza państwowa jest „przedłużeniem królowania Pana naszego Jezusa Chrystusa".

Doktryna abpa Lefebvre'a nie znalazła szerszego uznania na Zachodzie. Trafiła jednak na podatny grunt w krajach postkomunistycznych, a zwłaszcza w Polsce. Upadek komunizmu częściowo ujawnił, a częściowo pobudził do powstania integrystyczne ruchy polityczne, dla których idea katolickiego państwa wyznaniowego była czymś naturalnym. Można to rozmaicie tłumaczyć. Niewątpliwie pewną rolę odgrywała nieznajomość doktryny soborowej. Innym czynnikiem była działalność zorganizowanego „ruchu katolików społecznie postępowych Pax" i jego antydemokratycznej i nacjonalistycznej ideologii. O wiele ważniejszym powodem były jednak oczekiwania społeczne. Kościół wyszedł z komunizmu umocniony. Katolicy mieli opinię ludzi o „czystych rękach". Uważani byli za ludzi dobrze poinformowanych w sprawach „dobra wspólnego". Etykieta: „chrześcijański" lub „katolicki" dawała ugrupowaniu, które ją sobie przyklejało, większe szanse w wyborach parlamentarnych.

Główny błąd ruchu integrystycznego polegał na tym, że uczynił on z wiary religijnej środek do zdobycia władzy politycznej. W dobie Oświecenia powtarzano: „Gdyby nie było religii, należałoby ją stworzyć". W Polsce religia była, chodziło tylko o to, żeby za jej pomocą z dążenia do władzy wykluczyć przeciwników politycznych. Przeciwnik polityczny stawał się przeciwnikiem religijnym – „poganinem" lub co najmniej „gorszym katolikiem". Podziały polityczne wtargnęły do wnętrza Kościoła. Język dialogu przemienił się w język podejrzeń, oskarżeń i demaskacji. Pojawiły się ostre ataki na konkurencyjne autorytety społeczne, powstałe w czasach walki z komunizmem. Po kolei niszczono wszystkie, nie oszczędzając najbliższych. Mnożyły się ataki na wolnorynkowe reformy gospodarcze. Rozpalano płomienie dewocji. Przedmiotem krytyki stała się także – bliska Papieżowi – idea integracji europejskiej. Do głosu doszły antysemityzm i nacjonalizm. A wszystko to pod szyldem „jedynie słusznej" wersji katolicyzmu, nierzadko u stóp wizerunku Ukrzyżowanego lub Matki Bożej.

Znamienne, że nagły rozkwit katolickiego integryzmu, rozbudzenie dewocji i wyzyskanie jej w celach politycznych, nie spotkały się z żadną krytyką ze strony przedstawicieli katolickiej nauki społecznej. Teologowie milczą.

W maju 1998 r. ukazał się list apostolski Jana Pawła II *Ad tuendam fidem*, zobowiązujący teologów do przestrzegania nie tylko dogmatycznej nauki Kościoła, ale również „nauki autentycznej", która choć nie stanowi dogmatu, to jest nauką wspieraną autorytetem Urzędu Nauczycielskiego. Na Zachodzie uznano ten list za nowy przejaw „autorytaryzmu Papieża" i upomnienie dla katolickich „liberałów". Pamiętajmy jednak, że nauką taką – niedogmatyczną, ale autentyczną nauką Kościoła – jest dziś również doktryna praw człowieka. Jeśli tak, to trzeba uznać, że list jest co najmniej w równej mierze skierowany do religijnych i politycznych integrystów, dla których pojęcie praw człowieka pozostaje wciąż nie do strawienia.

Zmienność i tożsamość

Sobór Watykański II podjął dzieło reformy Kościoła. Reformy tej jednak nie zakończył. Dalsze jej prowadzenie spadło na barki papieży. Wyłonił się podstawowy problem: jak w procesie zmian ocalić tożsamość Kościoła? Żywym znakiem tożsamości jest sama postać Papieża. Ale papiestwu, które trwa w czasie, grożą dwa niebezpieczeństwa: skostnienie w świecie bez historii i zmienność gubiąca wszelki związek z historią. Aby uniknąć obu tych skrajności, trzeba było głębiej zrozumieć sens tradycji.

Zbliżymy się do rozumienia istoty tradycji, gdy określimy ją jako „wybór przeszłości, dokonywany wedle nadziei przyszłości".

Tradycja jest przede wszystkim wyborem. Nie jest to dzieło konieczności, lecz owoc wyborów: „Uczyniwszy na wieki wybór, w każdej chwili wybierać muszę". Wybór jest umieszczony w czasie: ma za sobą jakieś wspomnienia, a przed sobą jakieś nadzieje. Nadzieja jest ważniejsza od wspomnień, ona ożywia pamięć. Dzięki niej możemy odkrywać coraz to głębsze skarby przeszłości. Dobrym przykładem jest dokonany przez Sobór wybór języka narodowego w miejsce łaciny. Ewangelia to Dobra Nowina. Od jej przyjęcia zależy zbawienie człowieka. Czy można głosić Nowinę w języku, który dla słuchacza jest niezrozumiały? Gdy łacina była językiem powszechnie zrozumiałym, mogła służyć Objawieniu – gdy nim być przestała, zamieniła się w barierę. Zmiana języka okazuje się potwierdzeniem, a nie zaprzeczeniem tradycji.

Papież jest uosobieniem takiego „sięgania w głąb" – uosobieniem wolności wedle nadziei. Swą własną osobą dopełnia on wyboru Chrystusa wedle nadziei na spotkanie z Chrystusem. W tożsamości tego wyboru znajduje zakorzenienie „My" Papieża – „My" tego, kto mówi, z kim mówi, dla kogo mówi i zamiast kogo mówi.

Tożsamość buduje się wśród sprzeczności świata. Budowaniu temu towarzyszą dwa przeżycia z drogi do Emaus: „...a myśmy się spodziewali" i „Czyż serca nasze nie pałały, gdy oczy nam otwierał?" Obecność obu tych przeżyć w trwającym pontyfikacie Jana Pawła II dowodzi także – wbrew pozorom – tożsamości pierwotnego wyboru.

Tożsamość i czas

Czasy przełomów są wielką próbą dla poczucia tożsamości każdego, kto w nich czynnie uczestniczy. Gdy „przemija postać tego świata", wtedy wysycha również źródło, z którego człowiek czerpał wiedzę o tym, kim naprawdę jest. Człowiek zmienia się wraz z czasami. Święty Paweł – uczestnik i współtwórca czasu przełomu – wyraził swą przemianę zmianą imienia. Kiedy był Szawłem, zawdzięczał swoją tożsamość „Prawu", w którym szukał zbawienia; jako Paweł szukał oparcia w Chrystusie. Napisał wtedy: „Żyję ja, już nie ja, żyje we mnie Chrystus".

Poczynając od schyłku średniowiecza, Europa weszła w okres głębokiego przełomu, który stopniowo ogarnął wszystkie warstwy życia społecznego. Dawne oczywistości stały się wątpliwe, powoli krystalizowały się nowe. Nie ma już pewności, czy człowiek jest dzieckiem Boga, a jeśli nawet jest nim, to pojawia się pytanie, o jakim Bogu mówimy – o Bogu katolików, protestantów, Żydów, mahometan czy może jeszcze innym? Obalenie ustroju feudalnego podcięło korzenie tożsamości politycznej. Nie ma już w społeczeństwie stałych miejsc, do których Opatrzność z góry przeznaczała każdego. Przemiany gospodarcze wydobyły z niebytu nowe warstwy społeczne, takie jak burżuazja czy proletariat, których znaczenie rosło kosztem znaczenia arystokracji, szlachty i kleru. Upadkowi znaczenia kleru towarzyszy wzrost roli nauki i techniki.

Uniwersytety i szkolnictwo wymknęły się spod opieki Kościoła. Wieje duch antyfeudalizmu. Ideałem nowej epoki staje się równość, wolność, braterstwo. Krystalizuje się idea demokracji. Każdy powinien się teraz odnaleźć w obszarze pojęcia „obywatel". Ale pojęcie to wiąże się ściśle z pojęciem państwa. Czy nie żyjąc już jako „dziecko Boże", lecz jako „obywatel państwa", człowiek zdoła odbudować dawne poczucie godności, bez którego nie ma poczucia tożsamości?

Pytaniu o przemiany poczucia tożsamości w czasach nowożytnych została poświęcona znakomita praca Charlesa Taylora: *Sources of Self. The Making of the Modern Identity* (1989), wkrótce przełożona na język niemiecki[1]. O ile mi wiadomo, PWN przygotowuje jej polską wersję. Ta decyzja wydawnicza wychodzi naprzeciw naszym żywotnym potrzebom. Albowiem polskim przemianom także towarzyszy dramatyczne pytanie: kim byliśmy i kim będziemy jutro?

Autor bada wiele dróg, na których człowiek nowożytny tracił swoją tożsamość. Początkiem każdej drogi był rozkład h i e r a r - c h i c z n e j w i z j i ś w i a t a. W wizji tej, wiązanej najczęściej z imieniem Platona i jego następców, jedne byty stały „wyżej", a inne „niżej"; jedne były mniej, a inne bardziej „doskonałe", w zależności od stopnia uczestnictwa w najlepszym i najdoskonalszym istnieniu Boga. Czasy nowożytne są czasami bez hierarchii, a nawet walki z hierarchią. Atak nastąpił z wielu stron. Jednym z najmocniejszych uderzeń była teoria Mikołaja Kopernika, inne nastąpiły jako następstwo odkryć geograficznych, jeszcze inne wywołał fakt rozbicia chrześcijaństwa. W wyniku rozkładu hierarchii Ziemia przestała być środkiem kosmosu, Europa przestała być środ-

---

[1] *Quellen des Selbst. Die Entsehung der neuzeitlichen Identität*, Suhrkamp, Frankfurt am Main 1994.

kiem świata, a Rzym – środkiem Europy. W końcu także człowiek został strącony z piedestału. On również przestał być „środkiem", wokół którego wszystko się kręci. Jedni mówili, że jest „maszyną" pośród wielu podobnych „maszyn", a inni, że jest końcowym ogniwem ewolucji przyrodniczej, czyli dalekim kuzynem małpy.

Pozytywną stroną rozkładu jest krystalizacja nowego poczucia tożsamości. I tutaj Charles Taylor wydaje się najbardziej interesujący. Sądzi on, że krystalizacja ta dokonuje się dzięki nowemu d o ś w i a d c z e n i u d o b r a. Czytamy: „Wiedza o tym, kim jestem, jest odmianą wiedzy o tym, gdzie się znajduję. Moja tożsamość określa się poprzez więzi i tożsamości pojawiające się w ramach horyzontu, w którego obszarze od przypadku do przypadku mogę podjąć próbę określenia, co jest dobre lub wartościowe, co trzeba lub powinno się uczynić, co ewentualnie pochwalam, a co odrzucam". Propozycja Taylora jest więc podwójnie interesująca: nie tylko śledzi przemiany poczucia tożsamości, ale wnosi również ogromny wkład w rozumienie nowożytnej filozofii dobra.

Ze wszystkich opisanych przez Charlesa Taylora dróg rozkładu biorę dziś pod uwagę jedną – tę, która leży najbliżej religii i łączy się z moralnością. Chodzi o rozkład ideału „życia konsekrowanego" i pojawienie się na jego miejscu koncepcji „życia zwyczajnego" jako nowego wzorca religijnej świętości. Upowszechnienie koncepcji „życia zwyczajnego" oznacza, że to, co uchodziło dotąd za przykład „doskonałości" – życie w klasztorze, kapłaństwo, celibat, ubóstwo, posłuszeństwo – straciło nagle swój powab i człowiek zaczął szukać świętości w tym, co zwyczajne, codzienne, powszednie. Opustoszały mury zgromadzeń zakonnych, z wielu świątyń zniknęła Eucharystia, obumarł kult świętości. Jakaś ważna część hierarchicznej drabiny dóbr i doskonałości – a może nawet cała hierarchia – załamała się. Świat „spłaszczył się". Nie ma już miejsca dla tego, co mogłoby stanąć „wyżej" i „niżej".

Kto się chce orientować w nowej przestrzeni świata, pyta, co jest na „prawicy", co na „lewicy", a co znajduje się „pośrodku", ewentalnie, co jest „zacofane", a co „postępowe"; nie pyta natomiast, co stoi „wyżej", a co „niżej". Kościół, którego rozumienie wciąż wymyka się kategoriom „płaskiego świata", wprawdzie nadal istnieje, ale przesuwa się powoli poza granice zrozumiałości. Jedyne, co można o nim w sposób zrozumiały w nowym języku powiedzieć, to to, że jest „tradycjonalistyczny". Pod pewnym względem mamy do czynienia z desakralizacją świata, pod innym – z nową sakralizacją. Nowożytne *sacrum* nie ma stałego miejsca pobytu, lecz „wędruje", przenosząc się z jednego „przedmiotu" na drugi. Czym zakończą się „wędrówki *sacrum*"? Odnalezieniem stałego gniazda czy opuszczeniem świata?

Aby lepiej zrozumieć znaczenie „życia zwyczajnego", należy bliżej przyjrzeć się temu, czego jest ono zaprzeczeniem, czyli hierarchicznej wizji świata. Wizję hierarchiczną wiążemy, jak wspomniałem, z platonizmem. Myśl platońska i platonizująca splotła się dość wcześnie z chrześcijaństwem. Wynikiem tego splotu było to, że chrześcijańskie poczucie tożsamości zespoliło się ściśle z poczuciem platońskim. Zobaczmy to na jednym konkretnym przykładzie, który okazuje się niewielkim wycinkiem ogromnego problemu.

Hierarchia i dobro

Skąd się wzięło myślenie hierarchiczne i sama hierarchia? Odpowiedź brzmi: z doświadczenia dobra; gdyby nie doświadczenie szeroko pojętego dobra, nie mielibyśmy hierarchii. Hierarchia oznacza, że coś jest „dobre", „lepsze", „gorsze", „najlepsze" i „najgorsze". Tym czymś mogą być ludzie, rzeczy, przedmioty, sprawy, czynności, uczucia, nastroje, działania, niedziałania itp. Hierarchia nie jest nam jednak dana bezpośrednio, jak kamyk na dłoni, ale ujawnia się bezustannie w sposobach naszego porządkowania czasu i przestrzeni. Świadomość hierarchii wciąż „pracuje" i wciąż przynosi owoc. Czym byłoby nasze codzienne życie, gdyby sprawy, które musimy podjąć, nie układały się w określony porządek?

Według Platona budujemy hierarchię, ponieważ ponad naszymi głowami świeci idea Dobra. Ona jest słońcem naszego życia. Słońce nie tylko rzuca blaski, ale również udziela życiodajnych mocy. Moc „dobrego światła" budzi w każdym z nas siły „Erosa", które sprawiają, że miłujemy, „co w górze jest, a nie co na ziemi", i postępując wedle tych sił, stajemy się coraz bardziej doskonali. Kto jest choć trochę dobry, chciałby być jeszcze lepszy, kto jest lepszy, chciałby być najlepszy. Droga życiowa człowieka raz przypomina bieg strzały ku górze, a kiedy indziej – gdy ciążenie ciała jest zbyt wielkie – lot jaskółki po spirali.

Stosunkowo wcześnie doszło do spotkania, a następnie do wzajemnego przenikania chrześcijaństwa z myślą platońską. Louis Dupré pisze: „Nie ma sensu próbować opisywać religijnych implikacji tych filozofii, ponieważ one są z gruntu religijne. Doktryna Platona o Erosie jest zasadniczo doktryną zbawienia. A przecież motyw Erosa jest siłą napędową całej jego filozofii. Filozofia ta bowiem nie ma innego celu niż wyzwolenie duszy z jej przyziemnego stanu i wzniesienie do kontemplacji jej własnej duchowej istoty"[2]. Jedynym problemem jest to, jak głębokie było wzajemne przenikanie. Miejscem spotkania i pomostem przenikania była idea dobra. Idea ta wydaje się kluczem zarówno do platonizmu, jak i do chrześcijaństwa. Wiara chrześcijańska i myślenie platońskie

---

[2] Louis Dupré, *Inny wymiar*, Wydawnictwo Znak, Kraków 1991.

ożywia to samo pragnienie: pomóc człowiekowi, aby stał się dobry.

Ale czy „dobro" tam i tu znaczyło to samo? Zwróćmy uwagę: co robi Jahwe – Najwyższe Dobro Starego Przymierza? Przede wszystkim stwarza nakazy i zakazy. Co robi Dobro platońskie? Przede wszystkim pociąga ku górze. Gdy z jednej strony mamy dziesięć przykazań, to z drugiej mamy opis drogi Erosa. Kto przekracza Boże nakazy, ten grzeszy. Kto nie postępuje drogą Erosa, ten jest „niemądry" i błądzi. Czy to możliwe, by jedno i to samo Dobro raz wtrącało w grzech, a raz w błąd? Między błędem a grzechem jest ta różnica, że błąd świadczy o skończoności człowieka, a grzech o jego zbuntowanej woli. Czy to możliwe, by różnice między dwoma ujęciami natury dobra sprowadzić do tego, że jedno jest osobowe, a drugie nieosobowe czy ponadosobowe?

U pierwszych chrześcijańskich platoników idea dobra natychmiast rodziła obraz hierarchii. Przykładem tego jest dzieło Pseudo-Dionizego Areopagity, którego *Pisma teologiczne* otrzymaliśmy niedawno w świetnym przekładzie Marii Dzielskiej[3]. Jeden z pierwszych mistrzów myślenia teologicznego mówi przede wszystkim o dobru. To zadziwiające, jak trudno przychodzi nam dziś wczuwanie się w jego myślenie. Jak można mówić o dobru niezależnie od nakazów i zakazów? My dziś tego nie potrafimy. Ale Pseudo--Dionizy wymaga czegoś więcej: chce, abyśmy uznali, że Dobro jest „ponad bytem i niebytem". Dobra nie można opisać za pomocą zdań, w których występuje słówko „jest". „Jest" znaczy „byt", ale Dobro leży wyżej niż „byt", ponieważ określa sens bytu. Nie znaczy to jednak, że należy zastosować słówko „nie-jest". Więc

---

[3] Pseudo-Dionizy Areopagita, *Pisma teologiczne. Imiona Boskie. Teologia mistyczna. Listy*, Wydawnictwo Znak, Kraków 1997.

jak? Czy jest coś trzeciego pomiędzy bytem i niebytem? O tak – odpowiadają platonicy. – Jest „nadbyt", „prabyt", jest „Boska Zwierzchność", Dobro właśnie. „...istnienie wszelkich bytów i tego, co wieczne, pochodzi od Tego, który jest Prabytem. Z Niego wywodzi się każda wieczność i czas – pisze Pseudo-Dionizy Areopagita. – Prabyt, który poprzedza wszelki byt, jest zasadą i przyczyną wszystkich wieków, każdego czasu i jakiegokolwiek bytu. Wszystko w nim uczestniczy..." Prabyt ten jest również „ponadosobowy". On nie może być „osobą", skoro jest tym, wedle czego postępuje osoba. Co możemy powiedzieć o Prabycie? Jeśli mówić oznacza używać słówka „jest", to nic powiedzieć nie możemy. Należałoby zatem mówić tak, jakby się nie mówiło. W sprawach Boskości mówi ten, kto potrafi pozostać „niemy".

Jak się to jednak dzieje, że nasza myśl wznosi się aż do Boskiej Zwierzchności? Dzieje się tak dzięki hierarchii. Pseudo-Dionizy każe nam widzieć drabinę, której koniec ginie w chmurach. Takie „wspinanie się" po drabinie znów sprzeciwia się naszym nawykom myślowym. Bacon powiedział: „Rozumowi nie potrzeba skrzydeł, ale ołowiu". Współczesna wyobraźnia widzi zazwyczaj świat jako „strumień" wydarzeń, wypływający od Pierwszej Przyczyny i zmierzający do Ostatecznego Celu. Gdy wyobraża sobie Boga, umieszcza Go na początku lub na końcu tego strumienia. Nie tak dawno, znany, choć dziś coraz bardziej zapominany filozof ks. Kazimierz Kłósak próbował na nowo opracować pięć dowodów na istnienie Boga przedstawionych przez św. Tomasza z Akwinu. Najwięcej zastrzeżeń wzbudził w nim dowód ze „stopni doskonałości". Kłósak sądził, że platoński charakter tego „dowodu" czyni go zupełnie niezrozumiałym dla współczesnego człowieka. Jeśli człowiek ten myśli „naukowo", może jeszcze mieć przed oczyma – oprócz Pierwszej Przyczyny czy Ostatecznego Celu – obraz „wielkiego wybuchu" i Boga jako „Detonatora" tajemniczych energii.

Myślenie takie – zarówno to, które biegnie od przyczyny sprawczej do celu, jak i to, które szuka Rozumu planującego „wybuch" – odkrywa Boga jako Moc „poza dobrem i złem". Gdyby Pseudo-Dionizy Areopagita znał te poszukiwania, z pewnością uznałby je za pogańskie bluźnierstwo.

U platoników „świat" spływa z góry, jak światło słoneczne. Rozum ludzki, zapatrzony w odblaski światła rozproszone po rzeczach i sprawach, krok po kroku wznosi się ku słońcu. Pisze Pseudo-Dionizy: „Nie ma nic niedorzecznego w tym, że posługujemy się najbardziej niejasnymi obrazami, aby wznieść się do przyczyny wszystkiego i oglądać ponadświatowym okiem i całość, i to, co przeciwstawne jedno drugiemu, niepodzielnie i jednakowe w przyczynie wszystkiego". Rozum potrafi jednak odróżnić obraz od tego, co zobrazowane. I wtedy widzi drabinę „przyczynowości wzorczej": „Z tej samej przyczyny wszystkiego wyłaniają się wszelkie inteligibilne i te, które poznają intelektualnie, substancje, posiadające boską postać aniołów, i natury dusz, i natury całego świata, jak również te, o których się mówi, że posiadają egzystencjalne utwierdzenie w innych bytach lub są tylko pomyślane. W rzeczy samej, te wszystkie święte i najstarsze moce, które prawdziwie trwają, są pomieszczone – jeśli można tak powiedzieć – w przedsionkach nadsubstancjalnej Trójcy, dzięki której i w której tkwi ich istnienie i ich podobne Bogu bycie. Po tych bytach następują zarówno te byty, które są im podporządkowane, i te, które są ostatnie wśród aniołów. Te pierwsze istnieją w sposób podległy, a te drugie istnieją w sposób mniej godny; jednakże w odniesieniu do nas istnieją sposobem ponadświatowym. Zgodnie z tą samą zasadą dusze i wszystkie inne byty posiadają istnienie, i jest ono dobre. One są, i są dobre dlatego, że mają byt od Tego, który jest Prabytem, przez Niego istniejąc i z Niego czerpiąc dobro. Z Niego bierze się ich początek, w Nim są ochraniane i w Nim znajdują swój kres".

Tak wygląda hierarchia duchów. Współczesny krytyczny umysł pyta: skąd lęgły się w głowie platonika owe tajemnicze „nadbyty", „Boskie Zwierzchności", rozmaite „inteligibilności", „nadsubstancjalna Trójca" czy „chóry aniołów"? Z mitologii? Z objawienia chrześcijańskiego? Myślę, że niezależnie od tego, co było konkretnym źródłem inspiracji, Pseudo-Dionizy musiał znaleźć dla nich jakiś odpowiednik we wnętrzu duchowej dobroci człowieka i po odpowiednim przetworzeniu uczynić z niej hierarchię nieba. Szukajmy dobrze, a znajdziemy w sobie coś z „nadbytu", coś z „Boskiej Zwierzchności", coś z „inteligibilności", z „nadsubstancjalnej Trójcy" czy „chórów anielskich". Rozumienie nieba dokonuje się przez rozumienie siebie, a rozumienie siebie – przez rozumienie nieba. My dziś nie mamy już tej umiejętności. Nie tylko tamto niebo jest dla nas zamknięte, również my jesteśmy zamknięci dla siebie.

A jak wygląda hierarchia ziemska? Tu czujemy się już nieco raźniej. W ziemskich warunkach hierarchia staje się hierarchią władzy. Dobro uzyskuje dodatkową wykładnię: im wyższe dobro, tym większa jego moc, jego władza. Naprawdę tylko dobro rządzi. Czy prawdą jest jednak również teza przeciwna: im wyższa moc, tym większe dobro? Ku takiej interpretacji zmierza polityczne rozumienie dobra. Zachodzi niewątpliwe podobieństwo między neoplatońską wizją świata a obrazem państwa i dworu bizantyńskiego oraz obowiązujących na dworze rytuałów. Na dworze, jak we wszechświecie, to, co położone niżej, zawdzięcza swe istnienie temu, co położone wyżej. Podobnie jest z dobrem. Im wyższej władzy sięgamy, tym większego dobra dotykamy. Władza, która „stoi wyżej", jest dobra niejako a *priori*. Natomiast poddani są „dobrzy" wedle stopnia „uczestnictwa" we władzy, czyli wedle stopnia poddania.

Tekst Pseudo-Dionizego Areopagity jest godny podziwu. Autor widzi to, czego my nie widzimy, a jeśli nawet widzimy, to słabo.

A jednak czegoś nam w nim brakuje. Nie ma tam wzmianki o dwóch wartościach, bez których nie może się obejść żaden współczesny traktat teologiczny – mam na myśli wolność i miłość bliźniego. Nie chcę wyjaśniać, dlaczego tak się stało. Nie chcę również sugerować, że autor nie ma żadnej idei wolności, ani że cała miłość człowieka ma się zamienić w ruch powrotu do Miłości, z której wyszedł. Z faktu, że autor o czymś nie napisał, nie można wnosić, że temu zaprzeczył. Chcę tylko zwrócić uwagę na brak, który dowodzi różnicy epok.

Jednego trzeba jednak zazdrościć Areopagicie: umiejętności poruszania się w „żywiole Dobra". Może najbardziej zdumiewającym znamieniem tego myślenia jest przekroczenie wymiaru bytu w stronę „czegoś", co jest „poza bytem i niebytem". Aby myśleć byt, trzeba stanąć ponad bytem. To nam przychodzi najtrudniej. Ołów zastąpił nam skrzydła. Może to i dobre dla nauk „pozytywnych", ale czy dobre dla wiary, dla religii? Czy można odrywać religię od „żywiołu Dobra" i pragnienia polepszenia człowieka?

Godność życia zwyczajnego

Powróćmy do Charlesa Taylora i jego opisu ideału „życia zwyczajnego", który rozpowszechnił się dzięki protestantyzmowi, zwłaszcza w jego purytańskiej odmianie.

Życie zwyczajne – pisze Taylor – wiąże się z „produkcją i reprodukcją, czyli z pracą i przygotowaniem rzeczy koniecznych do życia ludzi obdarzonych płcią, a więc małżeństwa i rodziny". Świat, zwłaszcza świat społeczny, jest „płaszczyzną". Aby się zjednoczyć z Bogiem, nie potrzeba nadzwyczajnych odosobnień, specjalnych powołań, objawień i cudów. Wystarczy żyć uczciwie i spełniać obowiązki stanu. Trzeba szukać Boga w pobliżu – w codziennej wierności obowiązkom, w miłości rodzicielskiej, w służbie dla innych, w pracy i modlitwie pośród braci. Bóg „uniża się" i jest blisko. Bliski Bóg kocha przysłowia, które są mądrością zwyczaju, na przykład: „Kto rano wstaje, temu Pan Bóg daje". Gdy zapytano św. Jana Chrzciciela, co należy robić, skoro Mesjasz jest blisko, odpowiadał wskazując na „zwyczajność": celnicy mają pozostać celnikami, żołnierze żołnierzami, a „kto ma dwie suknie, niech jedną da temu, co nie ma". Bez nadzwyczajności, wystarczy uczciwa normalność.

Rehabilitacja życia zwyczajnego łączy się z rozkładem systemu feudalnego. Rozkład ten będzie się ciągnął przez wieki, obejmując coraz to nowe warstwy życia społecznego. Niewątpliwie, sferą najważniejszą będzie sfera świadomości, zwłaszcza świadomości dobra. Następuje jakby odwrócenie hierarchii: „dobre" nie jest już to, co „na górze", ale to, co „na dole". Nawet słońce – symbol wszelkiego dobra – nie świeci samemu sobie, lecz świeci ziemi: kwiatom, zwierzętom, ludziom. Aby znaleźć Boga, trzeba naśladować Boga w Jego samopoświęceniu i służbie ziemi. W postawie tej nie ma zaprzeczenia dobra, jak sądzą zwolennicy feudalizmu, lecz nowe jego rozumienie. Choć trzeba przyznać, że pojęcie dobra jako zbyt abstrakcyjne przestało służyć do opisu religii.

Uznanie dla wartości „życia zwyczajnego" pociąga za sobą daleko idące konsekwencje. Ich widownią jest przede wszystkim protestancki purytanizm.

Najpierw dochodzi do odrzucenia „hierarchii" pośredniczącej między Bogiem a ludźmi. Ofiarą pada Kościół katolicki. Dla Kościoła wszelkie dobro, łącznie z prawdą, zstępuje „z góry", poprzez władzę papieża, biskupów, kapłanów. Natomiast zło wyłania się od dołu, od strony poddanych. Zbawienie jest w ostatecznym rozrachunku wyłącznie dziełem Boga, który działa bezpośrednio w duszy każdego człowieka. Wraz z hierarchią upada również nauka o sakramentach. „Nie chodzi przy tym tak bardzo o grzeszność kapłanów – zauważa Taylor. – Właściwym przedmiotem sporu jest przekonanie, że Bóg jest w jakimś sensie związany z czynnością, mianowicie z Mszą, której spełnienie zależy od człowieka". Z tego samego tytułu muszą upaść odpusty, pielgrzymki do „miejsc świętych", kult relikwii i wiara w cuda. Istnieje tylko jeden cud – cud nieskończonego miłosierdzia Bożego, pochylającego się nad każdym wybranym człowiekiem.

Pisze Charles Taylor: „Tam gdzie znika pośrednictwo zbawienia, najwyższego znaczenia nabiera osobiste związanie wierzącego. Myśl o zbawieniu przez wiarę jest nie tylko wyrazem teologicznej tezy o bezsensowności uczynków ludzkich, lecz również odbiciem nowego odczucia, że znaczenie decydujące przysługuje związaniu osobistą decyzją. Do grona zbawionych nie przynależy się już poprzez więź z uświęconym sakramentalnie porządkiem, lecz przez to, że się wiąże z nim osobiście całym sercem". W sprawach Boga i dobra więcej znaczy „serce" niż zewnętrzne hierarchie. Nie idzie o to, by chwalić Boga ustami, ale o to, by sercem być przy Bogu. Nie jesteśmy pasażerami „łodzi Kościoła", ponieważ wspólnej łodzi nie ma. Każdy steruje swoją własną łódką.

Wydawałoby się, że przekonanie o tym, iż zbawienie dokonuje się przez wybranie, a nie na zasadzie dobrych uczynków, będzie prowadzić do bierności. Po co się wysilać, jeśli wszystko zależy od wybrania? Tak jednak nie jest. Protestancki purytanizm nie tylko nie wyrzeka się „uczynków", ale tworzy szczególny „czyn" podejścia do świata. Nie chodzi o to, by się wyrzekać świata, lecz o to, by nie dać się zniewolić światu. Wciąż trzeba mieć oczy otwarte na Boga. „Używajcie, jakbyście nie używali". Otwierający się na Boga ludzie próbują budować taki świat, by oczy Boga nie odwracały się od niego ze wstrętem. Nie ma lepszego znaku wybrania, niż dobre uczynki obowiązkowości i pracowitości.

Czytamy na innym miejscu: „Michael Walzer z pewnością ma rację, gdy zwraca uwagę, iż do sił napędowych kalwińskiej, a szczególnie purytańskiej Reformacji należy wstręt do nieporządku: nieporządku społecznego, w przypadku którego stałym zagrożeniem pokoju społecznego są niezdyscyplinowani władcy wraz z bezrobotnymi i wykorzenionymi robotnikami, jak również podziemie złożone z oszustów, żebraków i wagabundów; nieporządku w obszarze życia osobistego, gdy rozpasane pożądania i wpływ niepohamowanych praktyk uniemożliwiają wszelką dyscyplinę i prowadzenie solidnego życia; a także wstręt do połączenia obydwu nieporządków i podtrzymywania jednego przez drugi".

Rozkładający się feudalizm gorszył przykładami nieporządku w łonie hierarchii i z winy hierarchii. Alternatywą miał być porządek bez hierarchii. Znaczyło to, że obraz dobra zmienił znaczenie. Zamiast tego, co „wyżej" i „niżej", mamy to, co „ważne" i „mniej ważne", co „pilne" i co „może poczekać", co „bliskie" i „dalekie", co „kluczowe" i co „pochodne". Wszystko, co istotne, mieści się w horyzoncie „bytu". Byt świadomości określa świadomość bytu. Dobro i zło zostają uwikłane w relacje rządzące naturą bytu. „Prawo naturalne" nie jest naturą prawa, lecz naturą bytu. Przeznaczeniem człowieka jest działanie na byt przy pomocy bytów. Działać to dostawiać, przestawiać, odstawiać, nadstawiać byt do bytu, byt przeciw bytowi, byt nad bytem. Nie ma innego dobra, jak harmonia między bytami. Jesteśmy po to, by harmonizować zwichrowany świat.

Kim jest w tym świecie człowiek? Kim jest ten, kto uzyskał świadomość swej wolności i swej jednostkowości jako niezbywalnej podstawy poczucia tożsamości i kto niezachwianie wierzy, że ujednostkowiona wolność jest jego dobrem? Charles Taylor twierdzi: podstawą tożsamości jest zawsze to, co człowiek uważa za swoje dobro. Kim zatem jest człowiek, który uznał, że jego dobrem jest jego ujednostkowiona wolność? Nie zamazując wielu różnic, trzeba jednak otwarcie powiedzieć: jest tobą, jest mną.

Religia Dobra i dobroci

Nasz współczesny dramat tożsamości ma wiele twarzy. Dla jednych wiąże się z wyjściem z czasów zniewolenia. W czasach tych ludzie budowali swój heroizm, podejmując walkę o wolność. Czym stała się ich heroiczna tożsamość w czasie, gdy wolność stała się faktem? Dla innych świadomość tożsamości obraca się wokół lęków europejskich. Kim będę, gdy mój kraj stanie się częścią wspólnoty europejskiej? Dla jeszcze innych sprawa tożsamości to sprawa polskości: kim będę, gdy Polska nie będzie już „Polską dla Polaków", ale dla całego świata? Do tego wszystkiego dochodzą jeszcze inne rodzaje tożsamości: zawodowej w czasach grożącego bezrobocia, religijnej w czasach desakralizacji, etycznej w czasach pokus relatywizmu. Idąc za sugestią Charlesa Taylora, mogę powiedzieć: kimkolwiek będę, będę kimś w horyzoncie doświadczeń dobra i zła.

Spory o tożsamość stwarzają wiele problemów. Jeden wydaje mi się wyjątkowo ważny: tożsamość a wiara religijna. Jest faktem, że bodaj głównym źródłem poczucia tożsamości człowieka europejskiego była wiara religijna. „Żyję ja, już nie ja, żyje we mnie Chrystus" – napisał św. Paweł. Pseudo-Dionizy Areopagita szukał siebie w relacji do „Nadbytu". Purytanizm proponował naśladowanie Chrystusa w Jego życiu ukrytym, bo „kto w małym jest wierny, ten i w wielkim wierny pozostanie".

Aby jednak można było odnajdywać w religii fundament tożsamości, potrzeba jednego: trzeba odkryć religię jako źródło dobroci człowieka. Religia musi pokazywać człowiekowi, co ma robić, by stawać się „dobrym człowiekiem". Człowiek „zły" musi wiedzieć, że znajduje się poza religią. Ale co to jest „dobry człowiek"? Co znaczy „zły człowiek"? Pisał Mistrz Eckhart: „Nie próbujmy opierać świętości na działaniu, budujmy ją raczej na bytowaniu, bo nie uczynki nas uświęcają, ale my mamy je uświęcić".

Poza tym nie mam gotowych recept. Widzę otwartą drogę refleksji nad syntezą wielu doświadczeń. Charles Taylor dał mi do myślenia, a ja przekazuję to dalej.

Mit samopoświęcającego się Bóstwa

Pragnę wyrazić wdzięczność pani Helenie Eilstein za przysłanie mi swej niewielkiej, ale ważnej książeczki: *Uwagi ateisty o micie Ukrzyżowania*[1]. Jeśli się nie mylę, autorka należy do pokolenia, które doznało kiedyś „ukąszenia" przez komunizm. Jednak prawdą jest również, że pokolenie owo – czasem wiedzione ciekawością, a czasem zmuszane przez siły polityczne do zajmowania się sprawami religii – doznało także „ukąszenia" przez religię, przez chrześcijaństwo. Z pierwszego „ukąszenia" jakoś się pozbierało. A z drugiego? Z drugiego zbiera się po dziś dzień. Nie wiem, co dziś jest bardziej godne uwagi: tamta przygoda z komunizmem czy przygoda z chrześcijaństwem? W każdym razie warto popatrzeć, co dzieje się w duszach ludzi, w których „mit komunizmu" zwarł się w jedynym w swoim rodzaju starciu z „mitem Ewangelii".

Chcę jednak z góry ostrzec. Dla katolików, a zwłaszcza dla duszpasterzy, którzy mają w pamięci tamte czasy, obraz katolicyzmu w duszach byłych komunistów będzie zdumiewająco różny od ich obrazu tegoż katolicyzmu. Zdumienie może przejść w zakłopotanie, a zakłopotanie w odrazę. A jednak trzeba przyjąć ten obraz jako fakt; jest tak jak jest. I tak jak tamci ludzie usiłują zro-

---

[1] Wydawnictwo Fundacji Humaniora, Poznań 1997.

zumieć wiarę, podobnie katolicy – a zwłaszcza duszpasterze – powinni czynić wysiłki, by zrozumieć ich niewiarę. Wszyscy jesteśmy nawzajem dla siebie wielkim, codziennym wyzwaniem.

"Ukąszenie" przez Ewangelię

Chrześcijaństwo – pisze Helena Eilstein – wymaga rozumienia. Nie krytyki, nie "przezwyciężenia" ani tym bardziej "wyeliminowania", lecz rozumienia. Od wymogu rozumienia nie może się uchylić żaden "ateistyczny humanista". W końcu chrześcijaństwo jest rodzajem klimatu duchowego, którym wszyscy oddychamy, określając tym sposobem formę naszego człowieczeństwa. Żaden myślący człowiek nie uniknie pytania o prawdę chrześcijaństwa. Czy Ewangelia to jakiś rodzaj baśni? Czy może kryje się w niej kawał rzeczywistości?

Na pytanie to autorka daje następującą odpowiedź: "Oczywistą jest dla mnie rzeczą, że na treść ewangelicznej opowieści o życiu i śmierci Chrystusa ogromny wpływ wywarła mitologia, zarówno starotestamentowa, jak i spoza judejskiego kanonu; o modelującym wpływie na nią literatury profetycznej starotestamentowej wiadomości czerpiemy z samych Ewangelii. Nie usprawiedliwia to jednak bynajmniej lansowanej, przynajmniej w swoim czasie, przez pewnych ateistycznych autorów teorii «historyzacji mitu» rozumianej jako teoria o próbie osadzenia w określonym miejscu i czasie, za pomocą datowania oraz wrzucenia do tekstu garści realiów i pseudorealiów, pewnej opowieści czysto mitycznej. Nie znam powodów do zaprzeczania temu, że nieakceptowalna dla mnie, jako dla ateisty, w swym brzmieniu literalnym opowieść o samopoświęceniu Boga dla zbawienia ludzkości czy też Bogu, który w jednej ze swoich osób złożony zostaje w ofierze przebłagalnej w celu pojednania ludzkości z Bogiem w innej jego osobie, jest mitologizacją jakichś rzeczywistych wydarzeń. Przeciwnie, o tym, że opowieść ta ma autentyczne podłoże, świadczy, jak mniemam, jej analiza wewnętrzna, wykazująca miejsca, gdzie mit ugina się, a nawet kruszy, pod naporem rzeczywistości, z której wyrasta.

Epizodem, gdzie stykamy się, o ile sądzić mogę, z jakąś nieodparcie autentyczną rzeczywistością historyczną, jest przede wszystkim słynny, przekazany w Ewangeliach »Mateusza« (Mt 27, 46) i »Marka« (Mk 15, 33), przejmujący krzyk umierającego Jezusa: »Boże, czemuś mnie opuścił?«".

Ewangelia „daje do myślenia". Z jednej strony jest w niej coś, czego autorka zaakceptować nie jest w stanie – „mit samopoświęcającego się Boga". Z drugiej strony są liczne znaki i świadectwa tego, że „wydarzenie" Chrystusa rzeczywiście miało miejsce w konkretnym czasie i konkretnej przestrzeni. W ten sposób coś niepojętego łączy się z tym, co rzeczywiste i wręcz dotykalne. Nie można twierdzić, że w „Jerozolimie nic się nie stało". Stało się coś wyjątkowego. Nie można jednak przyjąć, że to sam Syn Boży umarł wówczas za ludzkość.

Pomińmy tutaj całą sprawę dzielenia Ewangelii na część „realistyczną" i „mitologiczną". Pomińmy, skądinąd bardzo interesujące, refleksje nad tymi fragmentami Ewangelii, w których odbija się „samo życie". Może temat ten podejmie ktoś bardziej ode mnie w tych sprawach kompetentny. Zatrzymajmy się przy „micie" – „micie samopoświęcającego się Boga". Oto główny szkopuł, który – powiem więcej – ukazuje się autorce jako skandal intelektualny i moralny. Jak zagniewany Bóg może domagać się od Syna, by swą śmiercią uśmierzył Jego „obrazę"? Cały człowiek buntuje się przeciwko takiej wizji. Autorka mówi więc: mit. A przez „mit" rozumie baśń. Chce dać do zrozumienia, że zaproponowana w Ewangelii idea Boga jest nie do utrzymania. Nie trzeba jednak źle sądzić o tej krytyce. Dokonana interpretacja idei samoofiarującego się Boga jest w końcu próbą obrony Boga przed samym Bogiem. Bądźmy „normalni" i nie wymagajmy od nikogo, by oddawał za nas swe życie. Przede wszystkim zaś nie wymagajmy tego od Boga.

Autorka nie jest pierwszą, która protesuje przeciwko takiej interpretacji wiary w odkupienie. Przypominam gwałtowny sprzeciw Nietzschego. Mówił on: „Człowiek staje się ateistą, gdy poczuje się lepszy od swego Boga". Oto punkt, w którym człowiek „czuje się lepszy od swego Boga". Wyobraźmy sobie ojca, który został „śmiertelnie obrażony" przez osoby trzecie. Czy ojciec ten domagałby się jako warunku przebaczenia aktu jakiejś samoofiary od własnego syna? Nietzsche pisał o „chorej wyobraźni", która podsuwa teologom tak niedorzeczne pomysły. W tym przypadku głównym pomysłodawcą okazuje się św. Anzelm z Canterbury. Rozumuje on tak: obraza Istoty Nieskończonej jest obrazą nieskończoną i może być wymazana jedynie przez ofiarę zadość czyniącą innej Istoty Nieskończonej, która poza tym musi też być człowiekiem, ponieważ to w końcu człowiek obraził Boga. Rozumowanie to miało przynieść odpowiedź na pytanie: dlaczego Bóg stał się człowiekiem? Syn Boży stał się człowiekiem, aby zadośćuczynić Bogu Ojcu za grzech ludzi – zadośćuczynić zadośćuczynieniem ludzkim i zarazem Boskim, nieskończonym.

Czy przytoczona spekulacja teologiczna naprawdę nie jest niczym więcej, niż produktem chorej wyobraźni?

Mit samopoświęcenia

Doskonale rozumiem intelektualne i emocjonalne trudności Heleny Eilstein. Z drugiej jednak strony chciałbym powiedzieć, że religia jest światem paradoksów, spiętrzenia przeciwieństw, teologicznych precyzji i dziecięcych naiwności, opowieści, które budzą zachwyt i grozę. Wiele z nich przy pierwszym spotkaniu odstręcza. Trzeba dopiero dłuższego obcowania z nimi, by zobaczyć ich „drugie dno". Radziłbym dobrze przyjrzeć się temu, co na pierwszy rzut oka naiwne, odstręczające czy gorszące w mowie religii. Nie odrzucać tego zbyt pośpiesznie. Może się bowiem okazać, że jest tam coś, co jest „mądrzejsze od mądrości i rozumniejsze od rozumu". To wielka przygoda – zmierzyć się z wyzwaniem „naiwności" religijnej.

Podstawowy zarzut, jaki daje się sformułować pod adresem rozumowania Heleny Eilstein w sprawie „mitu samoofiary", jest taki: autorka pomija kilka istotnych czynników, nadających „głębszy sens" tej idei. Wymieńmy niektóre: najpierw nie uwzględnia ona w sposób dostateczny swoistości języka religijnego; język, jakiego słucha i jakim mówi o „micie", jest językiem skrajnie „uprzedmiotowionym", w którym „ludzie i bogowie" obracają się jak na zewnątrz siebie leżące przedmioty. Po wtóre: autorka nie uwzględnia faktu, że „mit samoofiary" nie jest niczym innym, jak próbą wykładni tajemnicy miłości i tylko w perspektywie miłości nabiera właściwego znaczenia. Po trzecie: „mit" nie ma za zadanie głosić pochwały samoudręczenia, lecz ma pokazać człowiekowi drogę wyzwolenia od zła; kto żyje i umiera z Chrystusem, dla tego śmierć jest zmartwychwstaniem, a klęska zwycięstwem. „Zaplecze" mitu stanowi określona koncepcja zła i związana z nią koncepcja wolności od zła.

Rozważmy przede wszystkim dwie pierwsze tezy. Teza trzecia – niezwykle istotna – niech pozostanie jedynie wskazówką jeszcze jednej perspektywy. Oczywiście, ograniczając się nawet do dwu pierwszych spraw, nie jesteśmy w stanie wyczerpać tematu. Przyjmijmy jednak, że nie chodzi nam o przedstawienie pełnej doktryny usprawiedliwienia, lecz o otwarcie horyzontu dla namysłu nad interpretacją tajemnicy, która przy pierwszym spotkaniu może głęboko niepokoić. Zacznijmy zatem od sprawy języka.

Nie wyobrażam sobie, by dziś można było powiedzieć na temat mitu i języka religijnego coś naprawdę ważnego bez znajomości fundamentalnych prac Paula Ricoeura. Autorka najwidoczniej nie uwzględnia tych prac. Wielka szkoda. Gdyby je uwzględniła, nabrałaby głębszego szacunku dla tego, co w mowie religijnej pozostaje niewysławialne. Język religijny – stwierdza Ricoeur – jest w swym rdzeniu językiem symbolicznym. Język ten bierze jako punkt wyjścia doświadczenia i pojęcia życia codziennego i nadaje im dodatkowe znaczenie, każąc opisywać treści, które nigdy nie mogą się stać przedmiotem bezpośredniego doświadczenia. Symbol jest „wehikułem", który pozwala przejść od tego, co widzialne, do tego, co niewidzialne. Widzialna flaga biało-czerwona staje się znakiem niewidzialnej Polski. Ricoeur mówi: „Symbol daje do myślenia". On nam coś daje, coś zadaje, coś nam „podrzuca" i „narzuca". Ale daje „do myślenia", aby myślenie „coś z tym zrobiło". Język religii Boga nazywa „Ojcem", wiadomo jednak, że jeśli Bóg jest „Ojcem", to w zupełnie innym sensie, niż ojcem jest człowiek. Podobnie dzieje się z innymi wyrażeniami: „zadośćuczynienie" religii nie jest tym samym, co zadośćuczynienie w sądzie; „obraza" nie jest tą obrazą, jaką jedna pani obraża drugą panią; także „samoofiara" nie jest tą samoofiarą, jaką człowiek stara się pomóc innemu człowiekowi. W sumie więc wszystko jest zarazem takie samo i inne. Zdarzyć się jednak może, że symbol ulegnie „zaflegmieniu". A wtedy opowieść staje się dosłowna, przyziemna i absurdalna. Widać szmatę białą i czerwoną, ale Polski nie widać. Zamiast otwierać nowe drogi, „zaflegmiony symbol" stawia barierę refleksji. W moim mniemaniu obecny w myśleniu Heleny Eilstein symbol „samopoświęcającego się Boga" uległ zupełnemu „zaflegmieniu". Nie jest już drogą, lecz blokadą.

Nie zwracałbym takiej uwagi na sprawę języka, gdyby nie to, że autorka odwołuje się w pewnym miejscu do naszych z Jackiem Żakowskim telewizyjnych „rozmów o katechizmie". W rozmowach tych poświęciliśmy stosunkowo wiele miejsca sprawie języka religijnego. Mówiliśmy o symbolu religijnym i o telogii negatywnej, która każde twierdzenie o Bogu obarcza przeciwtwierdzeniem. To są ważne kwestie. Odwołując się do audycji telewizyjnej, autorka nie zauważa jednak zapisów tych rozmów, które najpierw – i to stosunkowo szybko – ukazywały się w „Tygodniku Powszechnym", a potem zostały wydane w formie książkowej. Jak z tego widać, Helena Eilstein korzystała dość selektywnie z moich przemyśleń. Skąd ta selekcja? Trudno pojąć.

O czym – mając wciąż na uwadze swoistość języka religijnego – należy pamiętać, myśląc o idei „samopoświęcającego się Boga"?

Nie przybliżymy właściwego sensu idei Syna Bożego, który „złożył zadośćuczynienie Bogu Ojcu", jeśli nie przypomnimy, że jest ona jedną z prób eksplikacji słów św. Jana ewangelisty: „Bóg jest miłością". Zadośćuczynienie jest wyrazem miłości. To pierwsza wskazówka. Bez uwzględnienia wymiaru miłości, lepiej zapomnieć o tym temacie. Ale czy to już jest rozwiązanie? A czym jest miłość? Miłość nosi człowiek w swej duszy. Człowiek na ogół dobrze wie, czy kocha, czy nie kocha. Wie też jednak, że wciąż musi „dorastać", „podciągać się" do swej miłości. Człowiek niby wiele wie o miłości, gdy jednak przychodzi potrzeba opisu miłości, wysłowienia jej, a jeszcze bardziej dania dowodu miłości, jest całkiem bezradny. Tymczasem teza: „Bóg jest miłością" sugeruje mu, że jedynie poprzez własne doświadczenie miłości może zrozumieć Boga i jedynie poprzez „miłość Boga" może zrozumieć własną miłość. Słowo „miłość" urasta do rangi podstawowego symbolu określającego tajemnicę religii.

Czy jest możliwa do pomyślenia miłość bez poświęcenia? Miłość sama przez się chce się poświęcać. Ona umiera przez poświęcenie, ale również przez poświęcenie zmartwychwstaje.

Istnieje jakaś paralela między „mitem samopoświęcającego się Boga" a codzienną rzeczywistością poświęceń człowieka. Lekarz, który „poświęcił się" i leczy chorego na dżumę, pielęgniarka, która „poświęciła się" i czuwa przy nieprzytomnym pacjencie, Matka Teresa, która „poświęciła się" i poszła spotkać Boga na dnie ludzkiej nędzy, ojciec, który „poświęcił" karierę dla rodziny, uczony, zakonnica, zakonnik – w końcu każdy „coś poświęca". Symbol „samopoświęcającego się Boga" ma swe korzenie w „poświęceniach" człowieka. Ludzie naprawdę „się poświęcają". Poświęcenie naprawdę jest wyrazem ich miłości. Co nam chce powiedzieć symbol „samopoświęcającego się Boga"? Chce powiedzieć: „Bóg też...". Także Bóg w poświęceniu umiera i przez poświęcenie zmartwychwstaje. Aczkolwiek Jego „poświęcenie" jest inne – doskonalsze – niż ludzkie.

Uwzględniając analogię między poświęceniem człowieka a poświęceniem się Boga, mając ponadto na uwadze przeżycie miłości jako źródła wszelkich poświęceń, należy poddać rewizji pojęcie „mitu", jakim operuje Helena Eilstein. Przeciwstawia ona „część realistyczną" Ewangelii jej części „mitologicznej". Jedynie w „części realistycznej" – mówi – można doszukiwać się „prawdy". Część „mitologiczna" jest baśnią, fantazją, produktem swawolnej wyobraźni. Autorka kontynuuje w tej kwestii wielce uproszczone przesądy pozytywizmu. Ale dziś droga refleksji nad mitami poszła w kierunku zdecydowanego przezwyciężenia tamtego stanowiska. Mit wyraża i opisuje językiem symbolicznym najgłębsze treści ludzkiego doświadczenia, starając się dać odpowiedź na podstawowe niepokoje człowieka – niepokój miłości i cierpienia, dobra i zła, początków i końca wszystkiego. Nie odchodzi on od zobowiązania narzucanego człowiekowi przez ideał prawdy. Wyznacznikiem ideału nie jest jednak to pojęcie prawdy, którym operują nauki pozytywne. Bliższe jest mu pojęcie prawdy jako „osadzenia w istnieniu", jako świadomości fundamentalnego „bycia sobą" wedle ogólnego sensu wyszukiwanego przez mit. Nie wchodząc w szczegóły, jedno trzeba z naciskiem podkreślić: utożsamienie opowieści mitologicznej z baśnią jest niedopuszczalnym uproszczeniem.

Zadośćuczynienie

Idea św. Anzelma w sprawie zadośćuczynienia była mniej więcej taka. Najpierw pyta on: *Cur Deus homo?* Dlaczego Bóg stał się człowiekiem? Rzecz w tym, że Bóg nie musiał stawać się człowiekiem. Czy oznacza to, że wcielenie było zupełnie irracjonalne? Czy był to „kaprys Bóstwa"? Wiadomo, że wcielenie było aktem wolnym; w chrześcijaństwie nie ma emanacji człowieka z Boga. Syn Boży stał się człowiekiem, bo tak chciał, tak wybrał. Ale czy wolny akt wyklucza wszelkie uzasadnienie? Czy poza wyborem wcielenia nie kryje się jakaś racja? Tradycja teologiczna rozwija naukę, że aby zbawić świat, nie trzeba było Bogu umierać na krzyżu. Niektórzy teologowie mówią nawet: wystarczyła zwykła prośba. Jeśli tak, to tym bardziej trzeba pytać: dlaczego? Między dwiema skrajnościami – między tezą o konieczności wcielenia a tezą o kaprysie wcielenia – należy szukać racji przynajmniej trochę wyjaśniającej.

To „*cur?*" – dlaczego? – ma szczególne korzenie. Wychodzi z ulubionej przez św. Anzelma zasady, która głosi: „Wiara szuka rozumienia". Wierzymy, że Chrystus jest wcielonym Synem Bożym. Chcielibyśmy jednak z r o z u m i e ć. „Zrozumieć" znaczy tu „zrozumieć Innego" – „zrozumieć Boga". Nie chodzi o „rozumienie" zachowań przedmiotu, rzeczy. W ogóle nie chodzi o opisanie stosunku między przedmiotami. Chodzi o rozumienie Innego *w* Jego miłości. Rozumienie pragnie uchwycić to, co można nazwać „miłosną racją" wcielenia. Dlaczego miłość wolnego Boga poszła w tym, a nie w innym kierunku? Dlaczego wybrała śmierć, i to śmierć hańbiącą?

Można iść tropem, którym częściowo szedł Albert Camus. Wszystko dokonało się z uwagi na miłość do człowieka. Chrystus umarł, aby odsłonić przed człowiekiem „drugie dno śmierci". Śmierć prowadzi do zmartwychwstania. Największy wróg człowieka został pokonany. Umieranie Chrystusa dzieje się więc dla człowieka, przez człowieka, ze względu na człowieka. Wyjaśnienie biegnie wzdłuż promienia miłości Boga do człowieka. Bóg tak umiłował człowieka, że zechciał stać się człowiekiem.

Wyjaśnienie św. Anzelma przyjęło inny kierunek. Oprócz miłości do człowieka jest jeszcze – obecna we wnętrzu Trójcy Świętej – miłość Syna do Ojca. Czy znieważonemu Ojcu – znieważonej przez grzech ojcowskiej miłości – nie „należy się" jakieś „zadośćuczynienie"? Bóg umiłował, a człowiek wzgardził. Wyobraź sobie, Czytelniku, że chodzi o Ciebie. Pokochałeś i ktoś odrzucił Twoją miłość. Wyobraźmy sobie, że Ty „wszystko rozumiesz", nie szukasz odwetu, usiłujesz być „wspaniałomyślny". Czy jednak, mimo to, wszystko jest w porządku? Jak można gardzić miłością? Bóg Ojciec jest przecież nieskończoną, ojcowską Miłością. Zło człowieka – zło grzechem zwane – ugodziło w Miłość. Czy nie wypadałoby zatem, ażeby Miłości tej dać jakieś możliwie doskonałe zadośćuczynienie? Jak to zrobić? Syn Boży znajduje rozwiązanie: oto sam stanie się człowiekiem, by stało się to, co stać się powinno.

Wyjaśnienie, jak widać, biegnie wzdłuż promienia miłości Syna do Ojca. Syn Człowieczy bierze na siebie winy świata i swą ludzką i zarazem Boską ofiarą daje jedyne w swoim rodzaju zadośćuczynienie...

Obydwa wyjaśnienia zakładają miłość. Zakładają również wolność. Toczy się jakaś „gra o wartości", jakiś dramat wartości. Oczywiście, to Bóg ustanawia wartości. Ale ustanawia tak, że się im w wolny sposób poddaje.

Mamy więc dwie intencje wyjaśniające: jedna idzie w kierunku człowieka, druga w kierunku Boga. Na pierwszy rzut oka wygląda to na sprzeczność. Czy jednak te dwie intencje miłości rzeczywiście są sprzeczne? Czyż nie można jednocześnie tak miłować człowieka, żeby się stać człowiekiem, i tak miłować Ojca, by dopełnić pragnienie zadośćuczynienia Ojcu? Czyż w miłości do Ojca nie zawiera się również miłość do tego, co miłuje Ojciec, a więc miłość do ludzkości? Czyż w miłości do ludzkości nie kryje się również miłość do Stwórcy ludzkości? Słowo „zadośćuczynienie" tym się wyróżnia, że łączy w jedno obydwa kierunki wyjaśnień.

Tak oto stoimy wobec potrzeby pogłębienia naszego rozumienia słowa „zadośćuczynienie". Przyjrzyjmy się temu słowu.

Wyobraźmy sobie sytuację, w którą być może sami byliśmy uwikłani. Jaś wybił szybę w oknie sąsiada, zanosiło się na niezłe lanie, ale wujek Jasia wezwał szklarza i sprawę załatwił. Gdy przenosimy tę sytuację na relację do Boga, słyszymy najpierw protesty: „Pan Bóg nie powinien się przejmować wybitą szybą i nie powinien wymagać zadośćuczynienia". Pomińmy jednak te protesty. Powiedziałem wyżej, że wzgardzenie Miłością domaga się jakiegoś „przepraszam". Zwróćmy raczej uwagę na inny moment znaczeniowy pojęcia „zadośćuczynienia". Co robi wujek Jasia?

W jakimś sensie „zniża się" do poziomu Jasia. Staje się jego „adwokatem", jego „przedstawicielem", jego „zastępcą" wobec sąsiada. Co w tym czasie czuje Jaś? Jaś czuje, że został „podniesiony" z upadku, „wywyższony", można nawet powiedzieć: spłynęła na niego cząstka godności wujka. Kto się wstawia za nami, ten „podnosi nas" wzwyż – dźwiga do swego poziomu. Gdy Syn Boży „zadość czyni" za grzech człowieka, to sam ów akt zadośćuczynienia nie jest niczym innym jak początkiem p r z e b ó s t w i e n i a człowieka.

Tak więc nie można zrozumieć idei „równowartościowego zadośćuczynienia", jeśli się nie zrozumie, w jakim kierunku zmierza jej podstawowa intencja – jeśli się nie uchwyci splecionej z nią i za nią podążającej intencji przebóstwienia.

Muszę wyznać, że sam miałem wiele kłopotów z „przetrawieniem" koncepcji „równowartościowego zadośćuczynienia". Gdy usłyszałem o niej przed laty na wykładach dogmatyki, coś mną szarpnęło. Wydało mi się, że scholastyka „przesoliła", poddając Boga regułom arytmetyki. Jak skończony człowiek może obrazić Istotę Nieskończoną? Jak obraza dokonana przez istotę skończoną może mieć charakter nieskończony? Jak można poddawać Miłość kalkulacjom, w których „oblicza się" ciężar obrazy i ciężar zadośćuczynienia? Teoria ta nie jest dogmatem, co najwyżej próbą wyjaśnienia dogmatu, nie wymaga więc bezwzględnego aktu wiary. Mimo to sprawa ta wciąż we mnie siedziała. Dopiero zapoznanie się ze źródłami, z myślą samego Anzelma, uwzględnienie elementów teorii wartości i teorii świadomości, a przede wszystkim – czego nie chcę już rozwijać – odkrycie, że zaproponowane wyjaśnienie jest częścią filozofii Dobra, a nie bytu, otwarło drogę rozumieniu. Nie twierdzę, że wszystko stało się już jasne. Rozumiem jednak kłopot. Wiem też, że za ów kłopot ponoszą odpowiedzialność również ci dogmatycy, którzy chcą uprawiać dogmatykę wedle wzorca... matematyki. Kombinują, kalkulują, przeliczają, a zapominają, że zasadą interpretacji nie jest ekonomia, lecz miłość.

Sprawa wolności

Na koniec jedna uwaga dotycząca mojej własnej wypowiedzi z audycji telewizyjnej. Helena Eilstein pisze: „Według oświadczenia autora [tzn. Józefa Tischnera] w jednej z jego pogadanek telewizyjnych owa niekonieczność Krzyża do zbawienia jest elementem dogmatyki katolickiej. Nie udało mi się znaleźć żadnego odzwierciedlenia tego dogmatu w Katechizmie, gdzie natomiast o odkupieńczym znaczeniu męki i śmierci Chrystusa mowa jest wielokrotnie, w ustępie 555 zaś mówi się, że Jezus, »aby wejść do swej chwały m u s i [podkreślenie H. Eilstein] przejść przez Krzyż w Jerozolimie«" (dz. cyt., s.76).

Trzeba rozróżnić dwojakie „musi". Jedno „absolutne", które pojawia się w emanacyjnej koncepcji Boga i stworzenia. Wedle tego „musi", Bóg nie może nie rodzić z siebie kolejnych eonów, a kolejne eony nie mogą nie podlegać logice zmniejszającej się doskonałości. Wedle drugiego „musi", Bóg, który stał się człowiekiem, nie może nie jeść, nie sypiać, nie męczyć się, nie umierać. Chrystus „musiał" pójść do Jerozolimy, skoro uprzednio wybrał taki. a nie inny sposób odkupienia świata. To drugie „musi" nie ma charakteru absolutnego, lecz relatywny. U jego podstaw stoi wolny wybór. Chrystus najpierw chciał, a następnie musiał wedle tego, jak chciał.

Wolność Boga w stosunku do stworzenia i wolność człowieka wobec Boga jest podstawową zasadą rozumienia dziejów zbawienia. W dziejach tych niczego się nie „musi". Jest raczej tak, że

„wszystko się może". Dlatego zbawienie nazywa się często „wyzwoleniem". Oznacza to, że każde dostatecznie podstawowe słowo opisujące bliżej takie czy inne wydarzenie w dramacie zbawienia musi być opatrzone słowem „wyzwolenie". Dotyczy to również słowa „zadośćuczynienie". Zadośćuczynienie jest wyzwoleniem.

O tym jednak, jakie światło rzuca pojęcie wyzwolenia na dzieje zbawienia i jaki jest związek wyzwolenia i miłości, spróbujemy powiedzieć przy innej okazji.

Odkrywanie Ewangelii

Kiedy patrzę na książkę bpa Jana Pietraszki: *Spotkania*[1], widzę kościół św. Anny w Krakowie, niewielką grupę słuchaczy ściśniętych wokół ołtarza i wysmukłą postać w czarnej sutannie ze stułą, ale bez komży, wygłaszającą cotygodniową konferencję do studentów. Ksiądz ten mówi o Ewangelii. Gdzieś poza kościołem żyje miasto początków lat stalinowskich. Wciąż giną ludzie, szaleje cenzura, sowiecki generał zostaje marszałkiem Polski, czerwone krawaty manifestują nienawiść do sił reakcji i imperializmu. Niedawno Prymasem został bp Stefan Wyszyński. Wkrótce umrze legendarny kardynał Adam Stefan Sapieha. Polski katolicyzm i Kościół wchodzą w czas dziejowej próby.

W takich czasach duszpasterz akademicki w kościele św. Anny w Krakowie mówi prawie wyłącznie o Ewangelii. Czy to przypadek, czy świadomy wybór? A przecież Ewangelia jest słuchaczom znana. Tak się im przynajmniej wydaje. Znają przypowieści, osiem błogosławieństw, opisy cudów, męki i zmartwychwstania. Skąd się to bierze, że słuchają tak, jakby dopiero teraz spotkali Dobrą Nowinę?

W życiu religijnym jest sprawą niesłychanie ważną, by s ł o w o zaspokajało ludzki g ł ó d. „Nie samym chlebem żyje czło-

---

[1] Wydawnictwo Znak, Kraków 1997.

wiek". Są rozmaite mowy religijne, ale nie każda zaspokaja głód. Tajemnica ks. Jana Pietraszki polegała na tym, że zamieniał z i a r n o Ewangelii na c h l e b dla wygłodzonych. A głód był wtedy ogromny.

O fenomenie Pietraszki można by w nieskończoność. Chcę tutaj jedno podkreślić: ks. Jan Pietraszko wnosił w nasz świat nowy sposób rozumienia wiary. Adresował go wyraźnie do człowieka wchodzącego w dziejowe doświadczenie zniewolenia. To, co mówił, nie było tylko pięknym i często poetyckim wysłowieniem ewangelicznych treści, lecz była to swoista koncepcja teologiczna. Trzy właściwości wybijają się w niej na plan pierwszy: odkrycie Ewangelii jako bezpośredniego źródła wiary, zogniskowanie życia wiary na Eucharystii, odkrycie Kościoła jako wspólnoty przed-(a w pewnym sensie nawet nie-)instytucjonalnej. Napisałem, że była to nowa koncepcja. Czy naprawdę nowa? Odkrycia te doskonale przecież harmonizowały z tradycją, a zwłaszcza z późniejszym Soborem Watykańskim II. Dlatego „nową" koncepcję można równie dobrze nazwać koncepcją „tradycyjną" w sensie: sprawdzoną przez czas.

Koncepcja ks. Jana Pietraszki stanowiła odpowiedź na ówczesny kryzys wiary. Trzeba bowiem wiedzieć, że studenci przychodzili do kościoła św. Anny z podwójnym balastem. Jedną połowę głowy mieli wypełnioną atakami na religię i Kościół – tezami, że religia jest „opium ludu", a Kościół jest „wrogiem praw człowieka" i „skrytym sojusznikiem faszyzmu", zaś drugą połowę zajmowały schematy ówczesnych katechizmów – lęk przed „grzechem świata", wrogość do „heretyków" i „innowierców", indeks ksiąg zakazanych, liturgia, która z niezrozumiałego języka czyniła model religijnej tajemnicy. Na dodatek w obu tych mózgowych „półkulach" można było napotkać uprzedzenia do Ewangelii: jedni uważali, że Ewangelia jest mitem, zaś drudzy – że jest źródłem groźby protestantyzmu. U stóp ołtarza w kościele stały dzieci kryzysu. To nie bunt przeciw komunizmowi ich tam przygnał. Komunizm był tylko jedną z wielu okoliczności.

Nie będę tutaj bliżej charakteryzował istoty prezentowanej koncepcji teologicznej. Pragnę zwrócić uwagę na szczegóły, które pozornie są mniej istotne, ale dziś wydają się szczególnie godne uwagi. Najpierw chcę powiedzieć kilka słów o odwadze.

Są dwa rodzaje duszpasterskiej odwagi: jest odwaga, która śmie wytknąć człowiekowi jego grzech, i jest odwaga, która śmie pokazać grzesznikowi wielkość miłości Boga. Najczęściej spotykamy w kościołach tę pierwszą odwagę. Jakżeż pięknie potrafi ona rzucać podejrzenia, demaskować i krytykować! Jest pewna, że odda chwałę Stwórcy wtedy, gdy przeprowadzi pryncypialną krytykę dzieła stworzenia. U ks. Jana Pietraszki spotykamy inny rodzaj odwagi – odwagę mówienia o dobroci Boga. A przecież jego świadomość zła i grzechu świata nie ma sobie równej. Pietraszko był świadkiem wojny, jest świadkiem stalinowskiego terroru, świadkiem zdrad i upadków wielu. Ponad niezwykłym „krajobrazem grzechu", jaki w sobie nosi, góruje wizja Boga miłości, który unicestwia grzech.

Weźmy pod uwagę fragment komentarza do wydarzeń w Ogrojcu. Chrystus cierpi i krwawy pot pojawia się na Jego skroniach. Czytamy: „Chrystus nie może stać się grzesznikiem, ale Jego człowieczeństwo może wziąć na siebie brzemię wszystkich win i może przyjąć odpowiedzialność za te winy przed Ojcem. To jest Chrystusowa komunia Ogrojca. Komunia Chrystusa z człowiekiem, która człowiekowi przynosi życie, a Chrystusowi śmierć. Ktoś musiał bowiem za grzech odpokutować, tak jak tego wymaga wielkość zniewagi wyrządzonej Bogu. Grzech zaś jest tak wielkim złem, że jeżeli za jego zgładzenie daje się życie, to daje się jeszcze za mało".

Każdy z nas patrzy na zło tego świata. Są ludzie, którzy patrzą i popadają w rozpacz. Ilu takich zrozpaczonych przychodziło wtedy do kościoła? Jeden Bóg wie. Ks. Jan Pietraszko patrzy w zło oczami Chrystusa. Każe nam współ-widzieć, współ-odczuwać. Co widzimy? Widzimy związek człowieka z Bogiem – komunię, która „człowiekowi przynosi życie, a Chrystusowi śmierć". Komunia ta – komunia wzajemności – jest istotą spotkania. Na długo przed nowym Katechizmem ks. Jan Pietraszko mówi, że istotą wiary jest spotkanie, zaś istotą spotkania – wzajemność. Spotkać Chrystusa znaczy spotkać Go również w Ogrojcu i wejść z Nim „we wzajemość". Jest w tej wzajemności coś wstrząsającego: On umiera, a my żyjemy.

Ten sam wątek odnajdujemy w komentarzu do słów wypowiedzianych z krzyża: „Boże mój, Boże mój, czemuś mnie opuścił?" Kto nie staje w osłupieniu wobec tych słów? Gdyby Ewangelia była mitem, słów tych by w niej nie było. Ale te słowa są. Czy nie znaczą wielkiej przegranej Jezusa? Czytamy: „...»czemuś mnie opuścił?« – Opuściłem Cię dlatego, żeś wziął na siebie wszystek grzech świata i widzę Cię tam, gdzie chcesz być – między grzesznikami. Widzę Cię jako jednego z nich. Jako tego, który zasłania ich swoją miłością przed moją sprawiedliwością. Opuściłem Cię dlatego, że Ty jeden jedyny potrafisz powrócić. Nikt inny nie potrafiłby sam wrócić do Domu. Tylko Ty, Syn mój Jedyny – odrzucony i opuszczony aż do śmierci, ponieważ jesteś obciążony grzechem Twoich braci – Ty jeden jedyny potrafisz o własnych siłach wrócić, a wraz z Tobą mogą wrócić i oni, Twoi bracia, którzy zasłużyli na odrzucenie i byliby odrzuceni na wieki, gdyby im Twoja ofiara nie otworzyła drogi powrotu. Z powodu nich pójdziesz na śmierć.

Tylko w stosunku do Chrystusa wyrok Boga jest absolutny i nieodwołalny. Nie ma miłosierdzia. Dla każdego z nas ten wyrok jest upomnieniem: Jeżeli nie chcesz być odrzucony, uchwyć się przez wiarę i ufność Syna mojego jednorodzonego, który jako Syn człowieczy przyjął za ciebie odrzucenie i śmierć. A potem powstał i wrócił, byś i ty mógł powstać i wrócić..."

Oto niezwykła śmiałość mówienia o Bogu: „Tylko w stosunku do Chrystusa wyrok Boga jest absolutny i nieodwołalny. Nie ma miłosierdzia". Bóg jest miłosierny dla wszystkich, ale nie jest miłosierny dla siebie. Myśl taka mogła zaświtać w głowie człowieka, który lepiej i głębiej niż inni poznał złość zła. Poznał i jednocześnie odkrył, że zło to tylko „nicość", bowiem „Bóg jest wszystkim we wszystkich". Odkrycie to zamienił w słowa i zaadresował do ludzi, którzy czuli zło jako swe osobiste, codzienne upokorzenie. Posłuchajcie ludzie: Bóg tylko dla siebie nie ma miłosierdzia, ale dla was ma! Cenniejsi jesteście niż wróble!

Ludzie, którzy stali wówczas w kościele św. Anny, byli polonistami, fizykami, matematykami, pisarzami, studentami itp. Ks. Jan Pietraszko podsuwał im chleb. Tym chlebem karmił ich nadzieję. Nadzieja miała wiele wydań i przybierała wiele twarzy. Prawdą jest bowiem, że nadzieja jest jedna i że zarazem jest wiele nadziei. Chcesz wiedzieć, jak jedna nadzieja ewangeliczna tworzy wiele ludzkich nadziei? Poczytaj Pietraszkę. Chcesz wiedzieć, na czym opierają się „prawa człowieka"? Poczytaj Pietraszkę. Chcesz wiedzieć, czym jest spotkanie? Poczytaj Pietraszkę. Chcesz wiedzieć, co znaczą „słowa życia"? Jeszcze wnikliwiej przeczytaj Pietraszkę.

Ks. Jan Pietraszko unikał polemik. Wolał „robotę pozytywną". Jeśli miał inny pogląd na daną rzecz, przedstawiał go, rozwijał i uzasadniał. Kto miał rozumieć, rozumiał. Ks. Jan Pietraszko nigdy nie użył na określenie wiary słowa „niewolnictwo". A wiemy, że słowo to padało, i to z ust najwyższego polskiego autorytetu w owych czasach. Oczywiście, można się było bawić w ekwilibrystykę słowną i tłumaczyć, że „niewolnictwo Maryi" to naprawdę nie jest niewolnictwo, zaś brak niewolnictwa to właśnie jest niewolnictwo, ale taka zabawa słowami była sprzeczna z jego odczuciem „substancji słowa". Swą wizję wiary bez niewolnictwa ks. Pietraszko wykładał między innymi w komentarzu do Zwiastowania: „Przyszła Matka Zbawiciela nie jest tylko posłusznym ślepo narzędziem; Bóg potrzebuje od Niej rozumnej i wolnej decyzji. Tok rozmowy wskazuje na to, że Najświętsza Maryja Panna zastanawia się głęboko i trzeźwo nad całą sytuacją. (...) Bóg pozwala Jej bronić się przed Jego decyzjami. Wobec tak ukształtowanej sytuacji nie możemy mieć nawet cienia podejrzenia, jakoby to spotkanie z Bogiem mogło być równoznaczne z pójściem w niewolę. Boimy się bardzo niewoli; mamy poczucie wolności, niezależności i własnej godności, danej nam przez Pana Boga".

Bóg jest tym, który wyzwala. Bóg nie ma upodobania w niewolnikach. Ani w tych rzeczywistych, ani tym bardziej w tych udawanych. A ze słowami też nie należy igrać i zmuszać je do tego, aby znaczyły coś przeciwnego niż znaczą.

Powiedziałem: to była koncepcja wiary na czas niewoli. A jaka jest koncepcja wiary na czas wolności? Pozostawmy to pytanie w zawieszeniu.

Życie wewnętrzne Boga

Ciekawe rzeczy dzieją się dziś w teologii Trójcy Świętej. Z teologią sprawy miały się zawsze tak, że obficie czerpała ona pomysły z filozofii, by po odpowiedniej przemianie spożytkować je w myśleniu o Bogu. Ale śladów ziemskiego pochodzenia pojęć teologicznych nie dało się zamazać. Można powiedzieć, że teologia trynitarna – zwłaszcza taka, jaką znajdujemy u św. Augustyna – nie jest niczym innym, jak odniesioną do Boga, opatrzoną cytatami z Biblii, zamaskowaną filozofią człowieka.

Nie inaczej było z filozofią – przynajmniej z niektórymi jej nurtami. Te sięgały po inspiracje do Biblii, by – również po odpowiedniej przeróbce – uczynić z niej budulec myślenia o człowieku. Tak wędrowały pojęcia: jedne z ziemi ku niebu, a inne z nieba ku ziemi. Pojęciem, które odbywa dziś taką wędrówkę, jest pojęcie „dialogiczności Boga". Bóg w Trójcy Jedyny jest „rozmową". Początki pojęcia „dialogu" („rozmowy") tkwią w Biblii. Filozofowie, którzy czytali Biblię, wymyślili „filozofię dialogu" jako słowo o człowieku. Współcześnie filozofia dialogu odrywa się od człowieka, wzlata ku górze, staje się pojęciem teologicznym i świeci w głąb tajemnicy Trójcy Świętej.

Należałoby w tym miejscu powiedzieć kilka słów o rozmowie, o dialogu. Najlepiej zacząć od przykładu. Pamiętamy scenę z Ogrojca. Chrystus rozmawia ze swoim Ojcem: „Ojcze, jeśli to możliwe, niechaj odejdzie ode mnie ten kielich, ale nie moja, lecz Twoja niech się dzieje wola". Ta „rozmowa" – ten „dialog" – raczej nie przypomina dialogów Platona. Nie chodzi w niej o wymianę poglądów. Chociaż wyraża się słowami, to jej rdzeniem jest „poddanie woli". Chrystus j a k o człowiek poddaje swą skończoną wolność Nieskończonej wolności Boga. Można tu mówić o „wymianie wybrań". Wybraniec Boga odpowiada na wybranie przez Boga i czyni Boga swoim wybrańcem. Właściwy, najbardziej podstawowy dialog jest „wybieraniem wybrania". Ale Chrystus-człowiek jest również Synem Bożym. W pewnym więc sensie modlitwa w Ogrojcu jest „rozmową wybrania", dziejącą się we wnętrzu Trójcy Świętej. Osoba wybiera Osobę, mówi do Osoby, słucha Osoby. W tym punkcie rodzą się niepokoje: czy Osoba nie jest okrutna dla Osoby? Czy Ojciec nie skazuje niewinnego Syna na śmierć? Jak można żądać od Syna ofiary przebłagania za grzechy, które popełnił ktoś trzeci? Niezależnie od tego, co na te pytania odpowiemy, modlitwa w Ogrojcu otwiera nas na koncepcje dialogików: Bóg wybiera i mówi, a ponieważ wszystko, co jest w Bogu, jest Bogiem, Bóg jest „rozmową", czyli wiekuistym „wybieraniem wybrania".

Czy jednak takie „wybieranie wybrania" nie narusza obrazu jedności Boga? Czy nie skłania do stwierdzenia, że Bogów jest trzech? Co o tym mówi teologia trynitarna?

Dwa nurty trynitarnego myślenia

Od samego początku na teologię trynitarną kładł się cień niepokojów filozoficznych. Dwie sprawy okazały się tu szczególnie ważne. Pierwsza związana była z pojęciem Dobra, druga z pojęciem jedności Absolutu. Chrześcijanie wierzyli, że Bóg jest dobry. Ale jakie treści podkładali pod pojęcie „dobry"? Hans Urs von Balthasar twierdzi, że przede wszystkim takie, jakie dostrzegał Plotyn – właśnie bardziej Plotyn niż Platon. Teologia trynitarna musiała więc zmierzyć się w pierwszym rzędzie z myślą Plotyna. Po wtóre: filozofia narzucała teologii ideę jednego Boga. Bóg jest jeden, bo nie może być dwóch jednakowo doskonałych Absolutów. Tymczasem teologia odnajdywała w Biblii Ojca, Syna i Ducha. Jak pogodzić jedno z drugim? Teologia będąca pod wpływem filozofii broniła przede wszystkim idei jedności Boga przed pokusami trójboskości. Z kolei teologia bardziej otwarta na głos Pisma broniła troistości Osób. I tak toczył się i nadal toczy filozoficzno-teologiczny dyskurs o Dobru i Bycie.

Rzućmy krótkie spojrzenie na obie te kwestie.

Dobro jest tym, co najwyższe, pełne, doskonałe. Co do tego wszyscy się zgadzali. Ale powstaje pytanie: czy Najwyższe Dobro jest dobrem dla kogoś, czy wyłącznie dla siebie? Otóż, wedle Plotyna, najwyższe i najdoskonalsze Dobro nie potrzebuje być dobrem dla kogoś innego, ponieważ wszystko, czego potrzebuje, znajduje w sobie. Na tym właśnie polega jego doskonałość. To my ludzie, będący mieszaniną ducha i ciała, dobra i zła, doskonałości i niedoskonałości, patrzymy w górę, by przejąć w siebie coś z tamtej Dobroci. Lecz Dobro Najwyższe nie zna tych potrzeb. Ma wystarczająco wiele bogactw w sobie, jest więc zamknięte i w tym zamknięciu w pełni szczęśliwe.

Ale Ewangelia mówi: „Bóg jest miłością". Tutaj Dobro Najwyższe nie zamyka się w sobie, lecz wychodzi w stronę ludzkiej biedy i – jak dobry pasterz – szuka zagubionej owcy. A nawet więcej, bo – jak powiada św. Paweł – „On nawet własnego Syna nie oszczędził, ale Go za nas wszystkich wydał". Myśl chrześcijańska musiała podjąć plotyńskie wyzwanie i zaszczepić człowiekowi takie pojęcie dobroci, w którym zmieściłaby się miłość do człowieka – istoty niedoskonałej i z pewnością niewartej uwagi, a co dopiero miłości.

Podobnie było z jednością i troistością. Ewangelia nie miała problemu z koncepcją jedności Boga. Nie zaprzątały jej problemy greckich metafizyków. Szło jej o z b a w i e n i e, a nie o zaspokojenie teoretycznej ciekawości. Objawienie dokonywało się pod kątem – jak się dziś mówi – „ekonomii zbawienia"; ono podsuwało człowiekowi do wierzenia te prawdy, które były i są mu potrzebne jako „pokarm" do osiągnięcia „żywota wiecznego". Refleksja teoretyczna przychodziła później i była swoistym luksusem. Kierunek refleksji teologicznej szedł pod prąd ruchu filozofów. Teolog miał przed oczyma teksty Pisma, w których była mowa o Ojcu, Synu i Duchu, i zastanawiał się, jak w tej Trójcy odkryć i z niej wydobyć jedność. Jedność jawiła się bardziej jako pojednanie, niż jako formalna spoistość bytu podniesionego do poziomu Absolutu.

Dwa podejścia do sprawy jedności i różnicy podzieliły teologię Wschodu i Zachodu. Teologia Wschodu walczyła z pokusą „teogonii" – koncepcji szczególnego „wyłaniania się" Syna i Ducha z Boga Ojca, który był jak plotyńskie Dobro. Teologia zachodnia walczyła z pokusą traktowania Osób jako sposobów działania jednego Boga w świecie poza Bogiem. Harnack powiadał, że ci ze Wschodu troistość mieli za „skałę, a jedność za tajemnicę", natomiast ci z Zachodu „jedność za skałę, a troistość za tajemnicę". Współczesna refleksja nad Trójcą wyraźnie nawiązuje do teologii wschodniej. Stąd na drugi plan schodzą w niej takie pojęcia jak „substancja" czy „relacja samoistna", a na plan pierwszy wysuwają się: „dobro", „miłość", „ofiarowanie siebie" itp. W miejsce pojęcia „jedyności" wchodzi pojęcie „pojednania". Zmienia się też kierunek szukania „śladów" troistości w stworzeniu. Święty Augustyn szuka ich we wnętrzu pojedynczej osoby, stworzonej na obraz i podobieństwo Boga; dziś poszukuje się ich w relacjach międzyludzkich, szczególnie rodzinnych, łączących człowieka z człowiekiem – ojca z matką, matkę z ojcem, rodziców z dzieckiem, dziecko z rodzicami. Nie jestem, oczywiście, w stanie przedstwić tutaj wszystkich problemów związanych z teologią trynitarną. Chciałbym dotknąć tylko jednego wątku – wątku ofiary, poświęcenia czy samopoświęcenia Boga. Ale i ten wątek trzeba potraktować wybiórczo. Skupię się więc na kilku pojęciach, pochodzących z filozofii dialogu, które mogą rzucić nowe światło na „wewnętrzne życie Boga". Spróbuję obejść się bez całej aparatury technicznej, którą wypracowała teologia zachodnia. Moimi przewodnikami po złożonej problematyce i ogromnej literaturze są: Gisbert Greshake oraz Hans Urs von Balthasar. Ten pierwszy opublikował niedawno pokaźne dzieło poświęcone teologii trynitarnej[1], drugi jest autorem wielotomowych prac[2], w których problem Trójcy powraca kilkakrotnie. Do tego dochodzi również niebagatalne studium habilitacyjne Martina Bielera, poświęcone „wolności i łasce"[3], w którym szuka on między innymi śladów „dialogiczności" w „monologicznej" konstrukcji myśli św. Tomasza.

„...inny i całkiem inny..."

Jest w filozofii dialogu słowo, którego rozumienie otwiera nowe horyzonty myślenia: „inny". Używamy go jako odpowiednika łacińskiego *alter*, francuskiego *l'autre*, niemieckiego *der Andere*. Niestety, nie jest to dobry odpowiednik. Albowiem polskie słowo „inny" ma zastosowanie także do przedmiotów i rzeczy, natomiast

---

[1] G. Greshake, *Der dreieine Gott*, 1997.
[2] Np. *Theologik i Theodramatik*.
[3] *Freiheit als Gabe*, 1991.

przytoczone tu słowa obcojęzyczne odnoszą się przede wszystkim do osób. Rzeczy różnią się od siebie, osoby są inne. Najlepiej uwidoczni to przykład. Czy stanęliśmy kiedyś zdumieni przed fenomenem „inności"? Przypomnijmy sobie dokładnie, jak to wyglądało. Spójrzmy oczami rodziców – matki lub ojca – na dzieci. Dzieci są „inne" – każde inne, zarówno w odniesieniu do rodziców, jak i do siebie. Inne... Właściwie wszystko inne: wiek, wzrost, cera... A jednak, mimo całej tej inności, w jakimś miejscu, zachowaniu, sposobie mówienia, myślenia są podobne, a nawet „takie same" jak ojciec czy matka. Inność wyciąga na światło dzienne podobieństwo, a podobieństwo ujawia inność. Zauważmy: widok inności „wciąga" nas jak jakiś czar. Gdy widzimy, że jedna rzecz różni się od drugiej, ani nas to nie dziwi, ani nas to nie wciąga, ale gdy natrafiamy na inność, trudno nam oczy oderwać. Inność nie tylko zaskakuje, ale obiecuje nowe zaskoczenia.

Spróbujmy przenieść nasze pojęcie „inności" do wnętrza Boga. Syn jest i n n y, Ojciec jest i n n y, Duch jest i n n y – a nawet c a ł - k i e m   i n n y. *W* tradycji teologicznej istnieje pewna zasada, określająca sens owej wewnątrzboskiej inności; poznałem ją dzięki św. Bonawenturze, jednak – wedle Ursa von Balthasara – swymi korzeniami sięga ona pierwszych wieków refleksji nad tajemnicą trynitarną: w Bogu n i e s k o ń c z o n a   i n n o ś ć łączy się z n i e - s k o ń c z o n y m   p o d o b i e ń s t w e m   Osób. Nieskończona inność *i* nieskończone podobieństwo... To brzmi jak sprzeczność. Są jednak sprzeczności, które otwierają niezwykłe horyzonty. Gdy Ojciec „wpatruje się" w Syna, którego zrodził, widzi nieskończoną inność i zarazem nieskończone podobieństwo, prowadzące aż do tożsamości. Podobnie, gdy Syn wpatruje się w Ojca. Nie inaczej jest z Duchem Świętym. To bowiem, co przeżywamy na ziemi, napotykając inność, jest jedynie dalekim odbiciem tamtej Inności.

Sięgnijmy do Ewangelii. Gdy Syn staje się człowiekiem, staje się całkiem po ludzku inny niż Ojciec i Duch. Ale to nie przeszkadza w wyznaniu: „Ja i Ojciec jedno jesteśmy" ani: „..kto widzi mnie, widzi Ojca". *W* modlitwie w Ogrojcu dramat inności narasta. Ojciec inny, Syn inny. Ale zaraz potem następuje: „Nie moja, lecz Twoja wola". Wreszcie przychodzi doświadczenie krzyża. Czym są słowa: „...czemuś mnie opuścił"? Są wysłowieniem nieskończonej inności – inności aż do opuszczenia. A przecież w tej inności kryje się nieskończone podobieństwo, jedność. Ten, kto kocha, cierpi cierpieniem ukochanego. Bóg opuścił, ale wezwany zaraz powrócił i okazał swą moc w zmartwychwstaniu. Wewnętrzna jedność – jedyność – Boga nie ukazuje się tutaj jako jedność czystej formy. Jest jednością nieskończonego jednania.

Pójdźmy krok dalej. Jakim słowem określić tego, kto jest inny, *a* przecież w jakimś punkcie taki sam jak ja? Urs von Balthasar mówi: on „posiada siebie". Na tym właśnie zasadza się tajemnica „inności", że inny jest „posiadaczem siebie". Chociaż jest to, na przykład, „mój syn", to nie „ja go mam", lecz on „ma siebie". Po polsku mówimy: „samodzielny", czyli „on-sam-jest-dzielny". *W* Bogu każda osoba „ma", „posiada siebie", „jest-sama-dzielna". Tak właśnie definiuje się wolność. Czytamy u Bergsona: „Być wolnym, to brać w posiadanie siebie". Wypowiedź ta dotyczy przede wszystkim człowieka, ponieważ człowiek wciąż musi „brać siebie w łapy", nie dotyczy jednak Osób w Bogu, ponieważ każda z nich odwiecznie „posiada siebie". Odniesienie słów o „posiadaniu siebie" do Osób Trójcy oznacza, że każdej z Osób została przyznana wolność. Znakomicie pisze o tym Urs von Balthasar, choć nie on jedyny. Wolność okazuje się wewnętrznym wymiarem Boga. Nie o to chodzi, że Bóg jest wolny w stosunku do stworzeń, bo jak mogłoby być inaczej? Chodzi o to, że Bóg jest „wewnętrznie wolny": Ojciec wobec Syna, Syn wobec Ojca,

Duch w stosunku do Ojca i Syna, Ojciec i Syn w stosunku do Ducha.

Odkrycie to rzuca snop światła na nasze ziemskie sprawy. Czy nie zastanawialiśmy się czasem, skąd na ziemi wzięła się wolność? Właściwie ziemia mogłaby się bez niej obejść. Nie ma wolności wśród kamieni, wód, deszczów i gradów, trzęsień ziemi i wichrów. Nie ma wolności w pięknym świecie motyli i w groźnych gniazdach węży. A u człowieka? Czy to nie paradoks, że człowieka nawiedza idea wolności? Skąd przychodzi? Jedni biją się o wolność, drudzy uciekają od wolności, ale wolność wciąż jest problemem. Czy wolność na tym świecie może być z tego świata? Ona jest przeciw naturze. Jeśli jednak Bóg jest wewnętrznie wolny, to wszystko ulega zmianie. Stworzony na obraz i podobieństwo Boga człowiek musi nieść w sobie ten wiatr, który wieje we wnętrzu Trójcy Świętej. Eugen Rosenstock powiedział, iż „rzeczy to metafory, które spadły z nieba na ziemię". Czyż nie dotyczy to przede wszystkim wolności?

„...inny, a jednak podobny..."

Jest jeszcze jeden argument za tym, że wolność jest wewnętrznym wymiarem Trójcy – argument „z daru". Kim jest Syn? Jest d a r e m Ojca. Kim jest Ojciec? Jest d a r e m wdzięczności Syna. Kim jest Duch? Jest d a r e m Miłości Ojca i Syna. Dar możliwy jest wyłącznie tam, gdzie jest wolność – gdzie darujący i przyjmujący dar „są w posiadaniu siebie". Przymus wyklucza dar. Wiadomo jednak, że aby był dar, potrzeba czegoś jeszcze: dobroci i miłości.

Wspomniałem już o różnicy między plotyńskim a chrześcijańskim ujęciem idei Dobra. Spróbujmy zgłębić tę różnicę. Istota sprawy jest prosta: Dobro chce darować siebie. I to nie z przymusu, lecz z wolności. Ono nie jest jak słońce, które „świeci, bo świeci". Dobro „świeci", bo chce. Zaś tajemnica jego natury na tym polega, że w dawaniu się nie wyczerpuje, lecz pomnaża i pogłębia. Gdy człowiekowi przychodzi coś z siebie dać, wyczuwa pewne niebezpieczeństwo; lęka się wkroczyć na drogę dobra, bo mówi sobie: „Dziś dam palec, a jutro zażądają ręki". W Bogu nie ma tego lęku. Chrystus powiedział: „Kto chce zachować siebie, ten straci siebie". Słowa te trafiają w sedno tajemnicy Dobra, które żyje, bo się daruje. A daruje się temu, kto tego najbardziej potrzebuje. Daruje się bezgranicznie, jako że samo jest bez granic.

Ale natura Dobra na tym również polega, że nie chce być dobrem nieświadomym. Ono wie i chce wiedzieć. Musi być samoświadome. Nie gwoli samozadowolenia, ale gwoli celności. Idzie o to, by celnie dać. Czy widział kto rzetelną dobroć „mimo woli"? Śmiejemy się czasem: „Jest dobry, gdy się zapomni". Nasz śmiech stąd właśnie się bierze, że dobro nie może płynąć z „zapomnienia". Augustyńska interpretacja tajemnicy Trójcy zwraca uwagę na to, że Syn jest Słowem – Logosem – Ojca. Ojciec „wypowiada" w tym Słowie wszystkie swe bogactwa. Wypowiadając je, „rodzi" Syna i w Nim doskonale „poznaje siebie". Nic jednak nie staje na przeszkodzie, abyśmy powiedzieli, że Syn jest przede wszystkim „wysłowieniem" Dobroci Ojca; w nim Dobro Najwyższe „uzyskuje" świadomość Dobra. Ojciec patrzy w Syna i widzi, jaki jest – On i Syn. Widzi, że jest Dobrem, które nawet „Syna swego daje, aby człowiek nie zginął". Ojciec, dając siebie w Synu i poprzez Syna, daje celnie – daje to, czego człowiekowi naprawdę potrzeba, a czego człowiek nie jest w stanie osiągnąć własnymi siłami.

Świadomość dobroci skierowanej ku innemu jest miłością. Aby była miłość, musi być inny. Nie wystarczy po prostu „różny", lecz potrzeba „innego", bo tylko w innym jest i podobieństwo, i różnica. I tylko inny otwiera horyzont nieskończoności. Miłość między Ojcem i Synem, Synem i Ojcem – miłość, która pochodzi od Obu – jest jednoczącym Ich Duchem Świętym. Także Duch jest inny. I On też „posiada siebie". I jest wolny. Dlatego „wieje, kędy chce". On przede wszystkim sprawia, że gdy Bóg działa na zewnątrz, to działa „jako Bóg", a nie jako poszczególna osoba.

W tym punkcie wyłania się interesująca kontrowersja między teologami. Czy w Trójcy Świętej można mówić o trzech Ja poszczególnych Osób – Ja Ojca, Ja Syna i Ja Ducha? Czy Syn jest dla Ojca i Ojciec dla Syna – Ty? I czy można powiedzieć, że razem z Duchem tworzą międzyosobowe My? Karl Rahner odpowiada: nie. We wnętrzu Trójcy nie ma przeciwstawnego Ty. Czy jednak Rahner nie pozostaje mimo wszystko pod wpływem tradycji zachodniej, która ogląda troistość niejako „od góry" poprzez pryzmat jedności? Inni teogowie, do których trzeba zaliczyć także Hansa Ursa von Balthasara, dopuszczają jednak możliwość Ja-Ty-My i to – co ciekawe – opierając się pośrednio na pryncypiach myśli św. Tomasza. Gisbert Greshake tak przedstawia ich poglądy: „Wprawdzie w Bogu istnieje jedna świadomość, jedno poznanie, jeden wolny czyn, ale wszystkie te akty nie są spełnieniami natury Boga, lecz osobowych podmiotów. Znaczy to: nosicielami tych aktów--spełnień są trzy samoświadomości (trzy »Ja«), trzy ośrodki poznania, trzy wolności, trzy poruszenia miłości; owe akty-spełnienia są takie, że charakter [*Art und Weise*] aktów jednej Osoby nie jest charakterem innej, aczkolwiek na zasadzie istotowej jedności trzy te różniące się jakościowo spełnienia »rosną razem«".

Bóg jest „rozmową". Oznacza to, że jest wiekuistym wybieraniem wybrania, w którym Dobro wybiera własną swą dobroć i w doskonałej miłości obdarowuje nim Innego. Ale jeśli Bóg jest „rozmową", to taką, do której kluczem jest dar. Do daru dołącza się wdzięczność za dar, ale ona w końcu także jest darem.

Zwróćmy teraz oczy na nasz świat. Gdzie możemy znaleźć w nim „odbicie" tajemniczej Trójcy? Święty Augustyn szukał tego odbicia w sobie. Dziś – nawiązując zresztą do starej tradycji – odkrywa się je w rodzinie ludzkiej. „W rodzinie – pisze Greshake – każda jednostka mimo swoistości swej roli (nie tylko w sensie biologicznym, ale także w szerszym sensie duchowym) jest zapośredniczona przez inne osoby: ojciec jest ojcem, ponieważ ukonstytuowały go do tego dzieci i matka; matka jest matką, ponieważ matką »uczyniły« ją dzieci; dzieci są dziećmi, ponieważ i o ile mają oboje rodziców. Rzeczywiście więc, jak zauważa von Balthasar, rodzina jest, »pomimo widocznych różnic, najbardziej wymownym, osadzonym w stworzeniu *imago trinitatis*«".

„Czemuś mnie opuścił?"

Osoby są dla siebie nawzajem darem. *A* świat, na którym żyjemy, jest darem Ojca oddanym na własność Synowi. Jesteśmy własnością Syna, dlatego „nie sobie żyjemy, nie sobie umieramy". Mówimy, że Syn Boży „wykupił" sobie ów dar z rąk Złego. Zły zepsuł bowiem Boże dzieło. Zepsuł dlatego, że człowiek dopuścił go do siebie i w jakiejś mierze stał się jego narzędziem. Zły zepsuł i zawłaszczył. Syn Boży wykupił i odkupił, składając dar ze swego życia. Składając ów dar, zawołał do Innego: „Czemuś mnie opuścił?" Czy nieskończenie inny Ojciec jest nieskończnie tym samym Bogiem co Syn?

Skupmy uwagę na wydarzeniu daru, czyli ofiary. Jak można zepsuć widok ofiary, zamazać jej sens, sprawić, że staje się niezrozumiała, wręcz niewidzialna? Psujemy widok ofiary, gdy zachowujemy obraz samego zniszczenia, a zamazujemy istotny sens wydarzenia. Widzimy wtedy, że ktoś niesie krzyż, ktoś inny bierze gwoździe i przebija nimi ręce, ktoś zbliża się i przebija włócznią bok, a potem jacyś inni ludzie zdejmują ciało z krzyża. Wszystko widzimy, ale niczego nie rozumiemy. Co właściwie się dzieje? W najlepszym przypadku mówimy: okrucieństwo. Kto zbił, był okrutny. Jeszcze bardziej okrutny był ten, kto „nie przepuścił, lecz wydał na śmierć".

Okrucieństwo... Przenieśmy spojrzenie na otaczający nas świat. Zwróćmy oczy na jego okrucieństwo. Do brzegu morza przypływa ławica małych ryb. Za nią ciągnie ławica większych ryb, które pożerają małe rybki. Za większymi nadciągają jeszcze większe, które zjadają te średnie. Przyroda jest pełna takiego „pożerania". Wilk pożera owce, owca skubie trawę, życie rośnie na nawozie, który stwarza śmierć. Czy jest w tym jakiś sens? Czy życie istnieje dla triumfu śmierci? Nie inaczej jest wśród ludzi. Silny mocuje się ze słabym i spycha go w grób z miejsca, które sam zdołał zająć. Tak wygląda świat, z którego wymazana została świadomość ofiary. Po takim zabiegu wymazania nie pozostaje nic innego jak widok panoszącego się wokół okrucieństwa, które nie odsyła do żadnego sensu.

Ale to, co się dokonało na krzyżu, jest o f i a r ą. Ofiara to coś więcej niż samo okrucieństwo. Ona świeci dodatkowym blaskiem i rzuca światło na poświęcenie, które stało się wielką możliwością człowieka. Ofiara to ból i śmierć – z sensem. Sens sprawia, że ofiara wyrasta ponad okrucieństwo. Człowiek jest istotą zdolną do ofiary. Właściwie tylko on. Kto wie, może właśnie dlatego Syn Boży stał się człowiekiem, że „pozazdrościł" człowiekowi zdolności do ofiary? Składając swą ofiarę, Syn Boży okrzykiem na krzyżu („Czemuś opuścił...?") ukazał nie tylko to, jak bardzo Inny jest inny. Jednocześnie odsłonił, jak wielka siła tkwi w ofierze, którą składa się z miłości. Od takiej ofiary pustoszeje piekło i otwierają się bramy nieba. W akcie miłosnej ofiary ukazuje się również to, jak bardzo Inny nie jest inny, lecz taki sam i ten sam co Syn: „Kto widzi mnie, widzi Ojca". Gdzie okrucieństwo dzieli, tam ofiara łączy.

Ale idea ofiary to także jeszcze nie wszystko. I na niej ściele się cień Złego, który zepsuł dzieło stworzenia i nie pozwala widzieć rdzenia rzeczywistości. Istotą ofiary nie jest bowiem to, że boli, że jest na krzyżu, że się od niej umiera. Istotą ofiary jest dar. Idzie o to, by darować siebie i w darze tym odzyskać siebie. Albowiem „...kto straci siebie, ten ocali siebie...". Dziewczyna, która daruje siebie, staje się matką, podobnie mężczyzna, który daruje siebie, staje się ojcem. Darowania te są dalekim odbiciem wewnętrznego życia Trójcy Świętej. Logiką tego życia jest wolna i pełna miłości wzajemna wymiana darów. Trzy Boskie Osoby są darem dla siebie. W takim darowaniu nie ma już bólu, nie ma ofiary, nie ma okrucieństwa, lecz najgłębsze szczęście. Dla Boga, który jest Dobry, nie ma większego szczęścia niż darowanie siebie.

Coś z tego szczęścia przenika także do duszy człowieka. Z tym, że w człowieku poczucie szczęścia jest zawsze wystawione na działanie Złego, który sprawił, że wszystko się nam zamazało: nie widzimy daru ani ofiary, jedynie okrucieństwo. Święty Paweł zachęca nas, abyśmy odwrócili to spojrzenie narzucone nam przez Złego. Pisze, że „całe stworzenie jęczy w bólach rodzenia, oczekując objawienia się synów Bożych". Ból pożeranej owcy to ból rodzenia „nowej ziemi". Ból rodzącej matki to ofiara dla dziecka. Rodzenie to jeszcze jeden ślad podobieństwa między darem z obszaru wewnętrznego życia Boga a naszymi darami. Kto jednak chce znaleźć więcej podobieństw, niech wytropi smak szczęścia, który snuje się u podłoża każdej naszej sensownej ofiary. Wtedy zrozumie, że Bóg w Trójcy Jedyny jest inny, ale przecież nie całkiem inny.

O Duchu Świętym

„Bo coś w szaleństwach jest młodości
Wśród lotu wichru skrzydeł szumu
Co jest mądrzejsze od mądrości
I rozumniejsze od rozumu"

Leopold Staff

Jeszcze nie tak dawno bez słowa „duch" nie można było powiedzieć nic istotnego o człowieku i czasach, w których żyje człowiek. Mówiło się więc o „duchu czasów", o „duchu praw", o „duchu narodu", o traceniu i odzyskiwaniu „ducha" przez pojedynczego człowieka. Nie było gorszego nieszczęścia niż to, gdy człowieka „opuścił duch". W czasach udręki powtarzano: „ducha nie tracić". A kto dziś pamięta o „duchu"? Słowo to wyparowało z literatury, historiografii, polityki i pozostało jedynie w języku religii, gdzie pędzi żywot wygnańca. Słyszymy więc o „odnowie w Duchu Świętym", o „charyzmatykach" obdarzonych „darami Ducha Świętego", o tym, że Jan Paweł II poświęcił rok 1998 Duchowi Świętemu. Czy jednak na tym naszym „bezdusznym" świecie jasno widzimy, co te słowa znaczą?

Jak doszło do tego, że duch „wyparował"?

Z naszego polskiego świata wypłoszyły go rozmaite sprzężone ze sobą moce. Materializm dialektyczny głosił, iż „duch" jest pojęciem nienaukowym, natomiast naukowe jest pojęcie „wysoko zorganizowanej materii". Ekonomia polityczna wydobyła z mroku pojęcie „interesu" społecznego. Okazało się, że to nie „wartości duchowe" nami władają, ale „interesy" ciała. Psychoanaliza odsłoniła potęgę podświadomości, poddanej niepodzielnie władzy *libido*; „duch" jest kłamliwą sublimacją erotyzmu. Fryderyk Nietzsche dowodził, że u źródeł szlachetnych ideałów miłości bliźniego działa prymitywny instynkt zemsty, który „odwraca porządek wartości" i wywyższa przegranych, a poniża zwycięzców. Największe spustoszenia pozostawiło odejście ducha w codziennej mowie. Wszak „litera zabija, a duch ożywia". Kiedy „ożywczy duch" opuści mowę, te same słowa znaczą coś innego. Najwznioślejsze hasła stają się martwe. „Ojczyzna" nie jest już ojczyzną, „życie" nie jest życiem, „miłość" nie jest miłością, bohaterowie stają się tchórzami, a tchórze bohaterami. Mowa, która jest wielkim wynalazkiem ducha, staje się szkieletem bez ducha.

Czy pozbawieni perspektyw ducha potrafimy jeszcze zrozumieć nasz świat? Aby zrozumieć, trzeba się wznieść ponad to, co zadane do rozumienia. Jak zdołamy wznieść się ponad bezduszność świata, jeśli duch nie przypnie nam skrzydeł?

W chrześcijaństwie „duch" łączy się z wydarzeniem Pięćdziesiątnicy. Dopiero potem, w miarę rozwoju chrześcijaństwa, przyszły skojarzenia z platonizmem. W platonizmie, aby znaleźć ducha, należało porzucić ten świat; w chrześcijaństwie, aby znaleźć Ducha, trzeba było wrócić do świata i dobrze się przyjrzeć jego dziejom. W platonizmie duch łączył się z odwieczną ideą Dobra. W chrześcijaństwie Duch objawił się w wydarzeniu: było to zesłanie Ducha Świętego.

Przypomnijmy znane obrazy. Po ukrzyżowaniu, a nawet jeszcze po zmartwychwstaniu, apostołowie tkwili zamknięci w wieczerniku. Byli przerażeni i porażeni. Rozwiały się ich życiowe nadzieje. Strach przysłonił im widok tego, co otrzymali. A otrzymali skarb z niczym nieporównywalny – Dobrą Nowinę. Groziło im niebezpieczeństwo, że pozostaną z tym skarbem w zamknięciu przez całe życie. Że swym lękiem będą karmić żale do Jezusa, do siebie, do zabójców i tak zejdą ze świata jako jedni z tych, co zakopali otrzymany talent, by go mieć wyłącznie dla siebie. Gdy się ma jakiś skarb, ale się o tym nie wie, to jakby się niczego nie miało. Zesłanie Ducha Świętego było wielkim otwarciem oczu i uszu. „Czyż serca nasze nie pałały, gdy oczy nam otwierał?" Nie chodziło o to, by oznajmić apostołom coś, czego by zupełnie nie wiedzieli, ale o to, by zrozumieli to, o czym wiedzą. I o to, by zrozumiawszy, przyjęli odpowiedzialność za skarb.

Dziełem Ducha była przemiana świadków w „szafarzy tajemnic Chrystusowych".

Refleksja platońska szła w innym kierunku. Kazała szukać doświadczenia ducha w spotkaniu z ideą Dobra. Idea Dobra musi mieć i rzeczywiście ma sobie właściwe „mieszkanie". Gdzie „mieszka" idea Dobra? Wrażenia „mieszkają" w zmysłach, wspomnienia „mieszkają" w pamięci, myśli „mieszkają" w rozumie... Gdzie „mieszkają" idee? Idee „mieszkają" w duchu. Innymi słowy: duch jest świadomością idei. Im jaśniejsza świadomość Dobra, tym większy duch; im większy duch, tym jaśniejsza świadomość Dobra. Dobro tym się odznacza, że, aby być Dobrem, musi widzieć, że jest Dobrem. Nie można być dobrym nieświadomie. Dobro, żeby zaistnieć między ludźmi, musi zostać rozpoznane i w rozpoznaniu wybrane. Kto rozpoznał i wybrał Dobro, ten dąży do tego, by „być coraz lepszym". W ten sposób myśl platońska odpowiadała na pytanie, skąd się w człowieku bierze dążenie do doskonałości.

Myśl ta była jednak od początku elitarna. Mógł ją pojąć jedynie człowiek „uduchowiony". Dlatego Platon nie widział wokół siebie nikogo, komu mógłby przekazać najgłębsze doznania w spotkaniu z Dobrem.

W pewnym momencie teksty biblijne i platońskie spotkały się i po wielu sporach przyniosły owoce. Owocem tego spotkania było między innymi rozwinięcie idei Boga w Trójcy Jedynego. Teologia Trójcy Świętej okazuje się wielkim dziełem biblijnej wiary i filozoficznej spekulacji. Bóg jest jeden w trzech Osobach. Wiara w jednego Boga pochodziła z Biblii. Z Biblii wyłoniła się również wizja troistości Boga. Pojęcie osoby, podobnie jak idea Dobra, wywodziło się z myśli greckiej. W powstałej koncepcji Boga w Trójcy Jedynego szczególnie interesująca jest myśl dotycząca Ducha Świętego. Myślenie o Duchu Świętym rozwijało się pod znakiem syntezy. Pamiętamy, ile herezji rodziło się w bezpośrednim lub pośrednim związku z Osobą Syna Bożego. Inaczej było w przypadku koncepcji Ducha: nie licząc jednego czy drugiego epizodu, szło w tej myśli przede wszystkim o przezwyciężenie podziałów, jakie rodziły rozmaite chrystologie, mariologie czy eklezjologie. To nie przypadek, że większość modlitw o jedność chrześcijan kieruje się właśnie do Ducha Świętego. Idea pojednania jest jednym z głównych drogowskazów myślenia o Duchu Świętym.

Wspaniałomyślność

Pojednanie przychodzi jako owoc myślenia o Duchu Świętym. Za chwilę do tego wrócimy. Tymczasem zapytajmy o coś innego: co jest początkiem myślenia o Duchu? Co jest jego podstawą – glebą, z której wyrasta? Chodzi przy tym nie tylko o myślenie teologii, lecz również filozofii – jeśli rozróżnienie to jest w ogóle w tym przypadku zasadne.

Myślenie o Duchu zakłada postawę w s p a n i a ł o m y ś l n o ś c i. Bez świadomości tego, czym jest wspaniałomyślność, i bez postawy wspaniałomyślności droga do Ducha pozostanie zamknięta. Czym zatem jest wspaniałomyślność?

Gdy rozważamy wspaniałomyślność od strony negatywnej, rozumiemy ją jako bezinteresowność. W bezinteresowności człowiek wznosi się ponad „interesy", które posiada i które jego posiadają na tym świecie. Gdy rozważamy wspaniałomyślność od strony bardziej pozytywnej, natrafiamy na podziw i wdzięczność. Jesteśmy wdzięczni i pełni podziwu dla dobra, piękna i prawdy, które są wokół nas. Arystoteles mówił o metafizyce, że zrodziła się „z podziwu wobec otaczającego nas świata". O wdzięczności mówi cała klasyczna teologia. Myślenie teologiczne ma być jedną wielką pieśnią wdzięczności za potrójny dar Boga – dar stworzenia, dar objawienia i dar zbawienia. Granice między podziwem a wdzięcznością są płynne. Jedno łączy się z drugim, jedno drugie przenika. Płaszczyzną wzajemnego przenikania jest wspaniałomyślność.

Czy można pomyśleć filozofię bez wymiaru wspaniałomyślności? Czy można bez wspaniałomyślności pomyśleć wiarę? Jeśli nawet można, to tylko jako twory ułomne.

Wspaniałomyślność jest ucieleśnieniem paradoksu. Wszystko wskazuje na to, że jest ona darem, który przychodzi „z góry". Jak to możliwe, że człowiek wyzwala się z przemocy interesów, ze strachu o chleb i legowisko, z przymusu podejmowania codziennej walki o jakąś tam wygraną? Czy nie jest to sprzeczne z naturą istoty żywej? A poza tym: nawet jeśli przyjąć, że wspaniałomyślność jest „darem z góry danym", to czy człowiek mógłby przyjąć ten dar, gdyby już wcześniej w jakiejś mierze nie był wspaniałomyślny? Do wspaniałomyślności dochodzi się jak do tego, co już się posiada, ale posiada tak, jakby się nie posiadało. Podobnie zresztą dochodzi się do Dobra.

Prawdziwe dzieje człowieka są dziejami dojrzewania do wspaniałomyślności.

Niekiedy mówi się w tym przypadku o miłości. Słowo to jest jednak obciążone takimi wieloznacznościami, że konieczny jest dodatek: „prawdziwa miłość". Tylko „prawdziwa" miłość potrafi być wspaniałomyślna; miłość „nieprawdziwa", iluzoryczna i zakłamana zawsze skrywa jakiś „interes". Wspaniałomyślność miłości polega na tym, że wybiera i uznaje dobro dlatego tylko, że jest dobrem, bez pytania o korzyści. Dlaczego jesteś prawdomówny? Jestem, bo prawdomówność jest dobrem. Dlaczego jesteś miłosierny? Jestem miłosierny, bo jakieś dobro jest narażone na zgubę. Nic mniej i nic więcej. Do wspaniałomyślnej miłości dobra wystarczy jego widok.

Znakomity ks. Konstanty Michalski mówił: „Trzeba mieć miłość w myśleniu". Ale – zdaniem młodego Hegla – myślenie i miłość tak czy owak utożsamiają się. Miłość już jest w myśleniu, a myślenie w miłości i nie trzeba ich w siebie wprowadzać. Obecność miłości w myśleniu wyraża się postawą wspaniałomyślności. To widać: myślenie dąży do poznania tego, co jest, a poznać to, co jest, to pozwolić być; to samo przynależy do istoty miłości – ona także pozwala być. Myślenie może jednak popaść w zależność od obcego dla siebie żywiołu, przede wszystkim żywiołu władzy. Wtedy zaczyna „igrać" prawdą: ceni tylko taką prawdę, która może utrwalić panowanie. Jeśli „pozwala być", to tylko temu, co podtrzymuje jakiś „interes". Wyobcowane myślenie współtworzy nasz bezduszny świat.

Dojrzewanie wspaniałomyślności wymaga czasu. Możemy to obserwować na przykładzie Ewangelii. Piotr był rybakiem i w łowieniu ryb widział swój „interes".W pewnej chwili usłyszał: „Odtąd już ludzi łowić będziesz". Człowiekowi wydaje się, że nie jest w stanie żyć bez sieci, za pomocą której łowi ryby. Mały chłopiec nie widzi siebie bez konia na biegunach. Dziewczynka wiąże całe swe szczęście z prześliczną lalką z wystawy sklepowej. Co z nimi będzie, gdy stracą sieć, konia na biegunach, lalkę? Naruszona zostanie ich tożsamość. W ciągu życia zmieniają się warunki tożsamości, ale strach pozostaje. Dopiero wspaniałomyślność może wyzwolić od strachu. Jedynym „interesem" człowieka staje się bezinteresowne uznanie Dobra. W każdej chwili można odejść od ryb i łowić ludzi, jeśli takie jest wołanie Dobra. Duch nadaje upływowi czasu właściwy sens. Chroni człowieka przed zagubieniem w czasie. Łączy wewnętrzne przeżycia w jeden spójny wątek dramatu. Uczy, że „na wszystko przychodzi czas".

Powiedział Hölderlin: „Albowiem rozumny Bóg nienawidzi niewczesnego rozkwitu".

To, o czym dotąd mówiliśmy, dotyczy sfery Ducha. Przypomnijmy. Duch wzięty w sobie samym jest samowiedzą Dobra. Samowiedza absolutnego Dobra jest Bogiem. W Trójcy Świętej, która jest Duchem, Duch jest Duchem Świętym. W naszym ludzkim doświadczeniu duch jest wymiarem wspaniałomyślności. Jest tym myśleniem, które „pozwala być". Jest „mądrością mądrzejszą od mądrości i rozumnością rozumniejszą od rozumu". Jest także bezustannym szukaniem pojednania. Widzimy to przede wszystkim w rzeczywistości czasu; duch staje się dotykalny w zjawisku dojrzewania – dojrzewania pojedynczych osób, dziejowego dojrzewania ludzkości. Duch jest pierwszy w działaniu, ale ostatni w rozpoznaniu. Dopiero refleksja nad już zaistniałym działaniem Ducha może prowadzić do Jego poznania i rozumienia.

Poznanie Boga, który jest Duchem, jest życiowym zadaniem chrześcijanina. Pisał Hegel: „Bóg nie chce jako dzieci ludzi o ciasnych sercach i pustych głowach, lecz takich, których duch, sam przez się ubogi, bogaty jest poznaniem Boga, i którzy w poznaniu Boga widzą najwyższą wartość".

Pojednanie

Powróćmy do idei pojednania. Myśl religijna widzi w Duchu Świętym „Ducha pojednania". Duch Święty jest pojednaniem i wszystkim tym, co warunkuje pojednanie. Nie byłoby jednak pojednania, gdyby nie było rozdarcia. Pisze Hegel: „...duch jest sam w sobie swym własnym przeciwieństwem; musi on przezwyciężyć sam siebie jako prawdziwą, wrogą sobie przeszkodę. Rozwój, który w przyrodzie jest spokojnym procesem powstawania, w dziedzinie ducha jest twardą, nieskończoną walką z sobą samym. Tym, czego chce duch, jest osiągnięcie własnego pojęcia, ale on sam zasłania je przed sobą, dumny i rad z tej alienacji".

To głęboko dramatyczne słowa. Prowadzą nas w rejony pełne tajemnic. Hegel mówi o „przeciwieństwie", a nawet „wrogości". Znamy przeciwieństwo jako przeciwieństwo duszy i ciała. Znamy wrogość jako wrogość między cnotą a niecnotą. Czyżby te przeciwieństwa stanowiły rozdarcie ducha? Hegel pisze o „duchu", czy mamy prawo odnieść te słowa do Ducha? Czy w przypadku Osób w Trójcy Świętej mamy prawo mówić o „przeciwieństwie? Czy Syn jest przeciwieństwem Ojca? Czy Ojciec jest przeciwieństwem Syna? Czy są dla siebie „wrogą przeszkodą do przezwyciężęnia"? Wzdragamy się przed takimi przypuszczeniami. Ale czy bez założenia przeciwieństwa Duch Święty może być „Boskim pojednaniem"?

O różnicy między Ojcem i Synem już pisałem[1]. Wyszedłem od pokazania radykalnego sensu słowa „inny". Syn jest inny w stosunku do Ojca i Ojciec jest inny w stosunku do Syna. Ze szczególnym naciskiem podkreśliłem znaczenie tradycyjnej tezy teologicznej, wedle której Osoby Boskie są w stosunku do siebie zarazem

---

[1] Por. s. 82–94. Zob. również *Spór o istnienie człowieka*, Wydawnictwo Znak, Kraków 1999, s. 319–351.

nieskończenie inne i nieskończenie takie same. Im większe różnice, tym większa tożsamość; im większa tożsamość, tym większe różnice. Gdyby coś podobnego przydarzyło się bytowi skończonemu, byt ten by „eksplodował". Tylko nieskończony byt Boga „wytrzymuje" tę sprzeczność. Pisałem również o tym, że symbolicznym obrazem Trójcy Świętej jest rodzina. Symbolem Ducha Świętego w ludzkiej rodzinie jest dziecko – żywy owoc miłości i podstawa wzajemnego pojednania.

Zauważmy bliżej: początkiem rodziny jest „inność" między kobietą a mężczyzną. Żartowałem kiedyś, że różnice między kobietą a mężczyzną są tak wielkie, iż jedynic poczuciu humoru Pana Boga należy zawdzięczać połączenie ich na całe życie, „na dobre i na złe". Nie będę się dziś spierał o poczucie humoru Pana Boga, ale przy tej inności obstaję. Istotna jest inna wrażliwość. Taki sam rozum i taka sama wola zostały umieszczone w głęboko różnej wrażliwości na świat. Nie jestem pewien, czy ten sam czerwony kolor, widziany okiem kobiety i okiem mężczyzny, jest tak samo czerwony. „Inność" pobudza ciekawość, ale rodzi również ból. Czy ktoś potrafi zliczyć ilość bólu, który zadają sobie mimo woli i całkiem bezwiednie obydwie płcie? Czy ktoś dodał do tego ból zadawany świadomie, z lęku lub w imię panowania jednej strony nad drugą?

A jednak gdyby nie różnica, nie byłoby miłości. Na tym polega miłość, że „pozwala być" temu, co „inne". Powtórzmy: symbolem jednania jest dziecko. Zrodzone z miłości pomiędzy innymi, ono samo jest inne. Dziecko jest jednaniem i podtrzymywaniem „inności".

Symbolika rodzinna jest pewnym przybliżeniem do rozumienia „przeciwieństwa" i „wrogości", które są rozdarciem ducha. Jest to jednak przybliżenie tylko do pewnego stopnia. Nieco dalej prowadzi nas wewnętrzna dialektyka miłości, w której kluczową rolę odgrywa doświadczenie „mieć-nie-mieć". Ten, kto kocha, chciałby „przyswoić sobie" i „mieć" tego, kogo kocha. Ale takie „przyswojenie" i „posiadanie" oznacza unicestwienie samodzielności innego. Miłość jest sprzecznością między pragnieniem posiadania i nieposiadania – miłość to pozostające w wiecznym sporze „mieć" i zarazem „nie mieć". Jak można „mieć", by „nie mieć", i jak można „nie mieć", by „mieć"?

Sprawy tej dotknął Søren Kierkegaard. Pisał: „Istniał kiedyś lud, który miał dobre zrozumienie tego, co boskie; sądził, że ujrzenie Boga oznacza śmierć. Któż pojmie tę sprzeczność zmartwienia i niepokoju: nie objawiać się jest równoznaczne ze śmiercią miłości, a ujawnić się oznacza śmierć ukochanej. Och, ludzki rozum tak często pragnie być potężny i silny, a ponieważ jego myśli nieustannie do tego dążą – zupełnie jakby osiągnięcie tego celu miało rozstrzygnąć wszystkie problemy – nawet nie przeczuwają, że w niebie panuje z tego powodu nie tylko radość, ale i zatroskanie: jak ciężko bowiem jest odmówić ukochanemu tego, ku czemu dąży z całych sił swej duszy, i odmówić mu właśnie dlatego, że jest tym ukochanym".

Ostatnie słowa możemy odnieść do wydarzenia Ukrzyżowania. „Czemuś mnie opuścił?" Nie tylko Ojciec opuścił Syna, również Syn opuścił Ojca i „uniżył samego siebie". Oto, co znaczy Boska inność. Czy chodzi tu o wrogość? Czy chodzi o przeciwieństwo? Ale jaka wrogość, jakie przeciwieństwo? Jaki ból? Ten Boski ból jest innym bólem – „jakościowo" innym niż przeżywane przez nas bóle wrogości, przeciwieństw, sprzeczności. Jeszcze nie umiemy czytać sensu bólu miłości. Jeszcze nie poznaliśmy dogłębnie tajemnicy Dobra, które pragnie być sobą, a staje się sobą przez poświęcenia dla innego. Znamy pojednanie przede wszystkim jako kompromis. Pojednanie przez poświęcenie przejmuje nas grozą.

Pochodzenie Ducha

Kluczową sprawą dla teologii jest kwestia pochodzenia Ducha Świętego. O Synu Bożym mówi się, że jest „zrodzony". Syn rodzi się z Ojca jako nieskończenie t a k i e s a m o i zarazem nieskończenie i n n e odbicie Ojca. Jak pojąć pochodzenie Ducha? Gdybyśmy nadal trzymali się symboliki rodzenia, mielibyśmy Ducha bądź jako brata Syna, bądź jako wnuka Ojca. Doprowadziłoby to nas zapewne do emanacyjnej koncepcji Boga, a więc do odrzucenia dogmatu Trójcy Świętej. Trzeba więc zrezygnować z „rodzenia". W miejscu „rodzenia" pojawia się słowo „pochodzenie". Co to bliżej znaczy? Spróbujmy to rozważyć.

Szczególnie cenną okazuje się tu propozycja św. Bonawentury. Rozróżnia on dwojakie pochodzenie: „pochodzenie z natury", które polega na rodzeniu, i „pochodzenie z wolności", które polega na miłości. Duch Święty – jak dziecko w rodzinie – pochodzi z w o l n o ś c i Ojca i Syna. Ojciec i Syn „bezustannie", czyli odwiecznie, wybierają siebie. Na tym polega miłość, że Inny wybiera Innego. Komentując ów pogląd, Martin Bieler pisze: „»Liberalitas« oznacza więc dobrowolność i wolne ofiarowanie miłości, która Ducha czyni darem po prostu. Duch jest miłością, którą Ojciec miłuje Syna i Syn Ojca, jest wspólnotą obydwu, w której obydwaj odnoszą się do siebie i wiążą ze sobą. Tchnienie zostało określone przez Bonawenturę jako wzajemna miłość, tak więc Duch pojawia się jako wynik wzajemnego, zmierzającego ku pojednaniu skierowania Ojca i Syna".

Język, którym Bieler opisuje tajemnicę Trójcy Świętej, nie jest językiem ontologii, lecz językiem dialogu. Jedność w ontologii – jedność dwu przedmiotów, bytów – oznacza tożsamość, która wyklucza wszelką różnicę: jakościową, ilościową, różnicę czasu i miejsca; dwie liczby „jeden" są jedną i tą samą liczbą. Ale jedność między osobami jest inna, ona nie wyklucza różnic. Sprawia raczej, że pewne różnice przestają być ważne, a inne są wręcz warunkiem jedności, tak jak różnice płci w rodzinie. Jedność międzyosobową nazywamy pojednaniem lub jednaniem. Pojednanie i jednanie zakładają Dobro. Pojednanie w Dobru jest ważniejsze od tożsamości bytu. Miłość przewyższa byt. Prawdziwą doskonałością Boga jest Dobro i Miłość.

Co to znaczy, że Duch „pochodzi" z wolności, która jest miłością?

Znaczy to, że Duch pochodzi ze wzajemnego poświęcenia Ojca i poświęcenia Syna. Naturą Ojca jest „bycie-dla-Syna". Naturą Syna jest „bycie-dla-Ojca". „Być-dla-kogoś-innego" – oto sedno sprawy. Jak dziecko jest owocem „bycia-dla-innego" ojca i matki, tak Duch jest owocem „bycia-dla-Innego" Ojca i Syna.

Nie można pominąć wspaniałomyślności. Kto mówi o wolności, miłości i ofierze, ten mówi także o wspaniałomyślności. Duch Święty okazuje się wyrazem wielkiej wspaniałomyślności nachylonych ku sobie Ojca i Syna. Aby podkreślić wspaniałomyślność, język biblijny używa słów: „na chwałę". Gdy człowiek czyni coś wyłącznie „na chwałę Boga", jest jak artysta zatopiony w muzyce, którą gra i która „nim gra". Można powiedzieć, że Duch Święty jest zarazem „dziełem" i „artystą" wewnętrznej muzyki Boga. Wkracza On między Ojca i Syna jak jakaś łącząca Ich muzyka. Kto gra tę muzykę? Gra Ojciec i Syn. Można jednak również powiedzieć: „muzyka gra" Ojca i Syna, pozwalając każdej ze stron pozostać sobą, mimo nachylenia ku Innemu.

Pobożność wedle Ducha

Wiele wspólnot powołuje się dziś na inspirację Ducha Świętego. Nazywają siebie wspólnotami „charyzmatycznymi". Mówi się o nich, że są „nadzieją Kościoła". Jednocześnie niektóre takie wspólnoty znalazły się poza strukturami Kościoła. Jak widać, ruch charyzmatyczny nastręcza wiele problemów. Mówi o tym bliżej dzieło: *Przyjdź Duchu Święty*, zredagowane przez promotora odnowy charyzmatycznej kard. Léona J. Suenensa[2]. Nie miejsce i czas, by wchodzić w szczegóły tej sprawy. Spróbujmy jedynie sformułować w formie wniosku kilka zasad ogólnych, dotyczących „chrześcijańskiej pobożności wedle Ducha Świętego".

Teologia głosi, że Bóg, działając „na zewnątrz siebie", działa jako Bóg w Trójcy Jedyny. Jedynie „wewnętrzne" działanie Boga jest działaniem poszczególnych Osób. Mimo to, ze względu na nasz sposób doświadczania Boga, możemy poszczególnym Osobom przypisać poszczególne dzieła. I tak Ojcu przypisujemy dzieło stworzenia, Synowi dzieło odkupienia, a Duchowi Świętemu dzieło objawienia. Trzymając się zasady „przypisania", powiedzieliśmy: Duch jest pierwszy w działaniu, ale ostatni w rozpoznaniu. Każdy człowiek jest „prowadzony" przez Ducha „mądrzejszego od mądrości i rozumniejszego od rozumu", ale dowiaduje się o tym – jeśli w ogóle się dowiaduje – o wiele później. To On uczy rozumieć sens daru. Uczy bezinteresowności i wspaniałomyślności, i pojednania w miłości. Uczy, jak tracić siebie, by odzyskiwać siebie. Uczy wspaniałomyślnej wiary, z której dopiero wypływa pobożność.

Kluczem do tej pobożności pozostaje wspaniałomyślność. Pobożność wedle Ducha zaczyna się od wspaniałomyślności. Wspaniałomyślności dotyczą również winy wobec Ducha Świętego. Można je podzielić na dwie grupy: grzech przeciw Duchowi Świętemu i odstępstwa niedojrzałości, czyli marnowanie darów Ducha.

Teologowie nie są zgodni w interpretacji grzechu przeciw Duchowi Świętemu, który – wedle słów Chrystusa – „nie może być

---

[2] *Przyjdź Duchu Święty – Dokumenty z Malines*, Wydawnictwo „m", Kraków 1998.

odpuszczony". Można jednak zasadnie założyć, że grzechem tym jest świadomy wybór nienawiści jako odpowiedź na miłość. Mówiąc inaczej: bezinteresowna nienawiść do „bezinteresowności", złość zwrócona ku wszelkiej wspaniałomyślności dlatego tylko, że jest wspaniałomyślnością. Skutkiem takiej złości jest niszczenie wszelkiego piękna, prawdy, dobra. Mówiąc jeszcze inaczej: demoniczna perwersja, która potwierdza siebie w niszczeniu każdej nadziei, nawet nadziei na własne zbawienie.

Druga grupa win to winy niedojrzałości: brak mądrości, rozumu, roztropności, właściwej bojaźni Bożej. Niedojrzałość oznacza uleganie „interesom" i wyłaniającym się z nich lękom. Wśród owych „interesów" mogą pojawić się emocje i nastroje, które budują chwilowe „ciepło" równie chwilowej wspólnoty. Człowiek „grzeje się" przy człowieku, „zagrzewa" go i „podgrzewa", razem z innymi, znajdującymi się w podobnym nastroju, buduje „gniazdo" na bezdusznym świecie. Zarazem jednak odcina się od reszty świata, traci wymiar prawdy, pozbywa się krytycyzmu i samokrytycyzmu. Prawdopodobnie idąc tą właśnie ścieżką, niektóre grupy charyzmatyczne znalazły się poza Kościołem. Można jednak znaleźć inny przykład. Niedojrzałość może dotyczyć porządku władzy. Uczuciem, które łączy człowieka z człowiekiem jest „interes władzy", w którym człowiek stara się odnaleźć własną tożsamość. Jednak zarówno w pierwszym, jak i w drugim przypadku wspólnota, która w ten sposób powstaje, jest ograniczona, a nawet przeciwstawiona innym wspólnotom. Emocje i dążenia do władzy łączą jednych, ale dzielą innych. Grożą powstaniem sekt i partii religijnych. Sprawiają, że naśladowanie Chrystusa staje się „udawaniem" Chrystusa.

Przeżycie wspaniałomyślności jest rdzeniem „wiary wedle Ducha Świętego". W nim wyraża się najpełniej obecność świadomości Dobra w akcie wiary. Wiara jest wyborem wybrania, jest odpowiedzią na dar, jest wspaniałomyślnym powierzeniem siebie Temu, który powierzył się jako pierwszy. Wszystko dopełnia się w sposób wolny, bez przymusu. Wolność obdarowania sobą jest spełnieniem miłości.

Pisze Mistrz Eckhart: „Gdy człowiek otrzymuje dar, musi się uczyć rezygnowania z siebie samego i nie zatrzymywać ani nie szukać nic własnego: ani korzyści, ani przyjemności, ani serdeczności, ani słodyczy, ani nagrody, ani królestwa niebieskiego, ani własnej woli. Bóg nigdy się nie udziela ani nie udzielał obcej woli, On się oddaje tylko swojej własnej. Gdzie zaś tę znajdzie, tam daje się i udziela ze wszystkim, czym jest. My zaś, im bardziej przestajemy być sobą, tym prawdziwiej się sobą stajemy. Dlatego też nie wystarczy raz tylko wyrzec się siebie samego oraz wszystkiego, co mamy i możemy, lecz musimy często się odnawiać i tym sposobem we wszystkim osiągać prostotę i wolność".

Część II

INTEGRYZM I AUTENTYZM

Duszpasterze: charyzmatycy i sekciarze

Zazwyczaj nazywa się ich „charyzmatykami" a ruchy religijne, którym dają oni początek, określa się – w tym przypadku bardzo ogólnie – mianem „ruchów charyzmatycznych". Członków owych ruchów możemy dziś spotkać w lasach, nad jeziorami, wokół krzyży i kapliczek przydrożnych. Czasem widzimy ich również w kościołach, jak modlą się za zamkniętymi drzwiami. Najwidoczniej nie lubią, kiedy ktoś „obcy" na nich patrzy i wolą pozostawać „we własnym gronie". Nierzadko, kiedy się modlą, wznoszą ręce do góry, padają na twarz, wypowiadają – a nawet wykrzykują – niezrozumiałe słowa. Mówią, że „Duch ich nawiedza". Mają przewodnika, który staje się ich „charyzmatycznym przywódcą". Wierzą mu i naśladują go. On jest ich „mistrzem", oni jego „uczniami".

„Charyzmatycy" stają się często założycielami zgromadzeń zakonnych. Zgromadzenie takie „pielęgnuje duchowość" założyciela, jednocześnie poddając życie codzienne regułom uznanym przez Kościół. W regułach tych indywidualność religijna „ojca założyciela" („matki założycielki") splata się ze zdrowym rozsądkiem Kościoła. Wyklucza się w ten sposób wszelkie skrajności. Celem „wewnętrznego życia" nie jest samo „życie wewnętrzne" ani tym bardziej kult założyciela (założycielki), lecz konkret: modlitwa za świat, opieka nad bezdomnymi, chorymi, katechizacja, nauka itp. Poprzez „ruchy charyzmatyczne" możemy domyślać się istnienia mnogości aniołów, których mieszkaniem jest wiara.

W pewnej bliskości „ruchu charyzmatycznego" pozostaje „sekta". O przywódcy sekty także się mówi, że „ma jakąś charyzmę". Poza tym jednak wiadomo, że jego „charyzma" prowadzi wiernych na manowce. Przede wszystkim niszczy ona wspólnotę Kościoła, zamieniając ją na coś w rodzaju zgromadzenia „wokół kapliczki": zamiast Kościoła mamy zatem „kapliczkę". W „kapliczce" nie tyle czci się Boga, co „mistrza", „ojca założyciela", „proroka" – wyłącznego interpretatora woli Boga. Związek uczuciowy z „ojcem" sekty jest przeżywany jako właściwy i rzeczywisty związek religijny. Co dla wyznawców sekty ma charakter „właściwej" religii? „Religią", czyli dosłownie „więzią", jest uczucie, jakie pojawia się przy okazji spotkania z „nim" – „ojcem założycielem ruchu" – oraz z nami, innymi wyznawcami. „On" wtrąca w „pobożny nastrój", „on" podnosi na duchu, „on" pociesza, „on" przywraca do życia, poza „nim" wszelka mowa o Bogu jest „pusta". Stąd płynie zasada posłuszeństwa „ojcu". „Wyznawca" słucha tego, kogo „on" słucha, słucha dlatego, że „on" słucha i o tyle, o ile „on" słucha. Posłuszeństwo to przybiera niekiedy skrajną formę samobójstwa.

Znana z czasów Reformacji zasada: *Cuius regio eius religio* dość dokładnie odzwierciedla religijność sekty. Najpierw jest *regio* – obszar poddany władaniu „ojca". Dopiero potem obszar ten wypełnia się określonym *religio* – religijnością szczególnej emocji. „Duch sekciarstwa" otwiera przed nami demoniczną stronę religii: okazuje się, że religia, której zadaniem jest walka z demonami, sama może stać się gniazdem demonów.

Zapytajmy: gdzie przebiega granica między świadomością charyzmatyczną a świadomością sekciarską? Jak rozróżnić rzetelną religijność od religijności „podrabianej"? Myślę, że pytania te są dziś chlebem powszednim duszpasterstwa. Myślę również, że właściwym polem sporu między duchem charyzmy a duchem sekty jest wnętrze duszy człowieka, który pragnie stać się człowiekiem autentycznie religijnym. Nie ma dnia, by duszpasterz nie natrafiał na ludzi, którzy niosą w sobie ten problem.

Patrząc od strony najbardziej podstawowej, trzeba rzec tak: z religijnością „sekciarską" mamy do czynienia wszędzie tam, gdzie człowiek żywi przekonanie, iż dzięki udziałowi w życiu sekty już osiągnął zbawienie. Kluczem do świadomości sekciarskiej są słowa: z b a w i e n i e   b e z   o b j a w i e n i a; członkowie sekty czują się na tym świecie tak, jakby już byli zbawieni. „Uczucie zbawienia", jakie włada sektą, wynika z samej przynależności do „rodziny" – do religijnej „elity zbawionych". A ponieważ uczucie to budzi w ludziach „ojciec rodziny", członkowie sekty widzą w nim właściwego twórcę ich „zbawienia". Konsekwencją tego podstawowego przeświadczenia są wszystkie inne właściwości religijności „sekciarskiej", łącznie z jej stroną demoniczną.

Co oznacza „zbawienie bez objawienia"?

Zapytajmy wpierw, czym jest objawienie. Objawienie przede wszystkim kieruje się do r o z u m u człowieka. Nawet jeśli objawienie przekracza rozum, to dlatego, że najpierw budzi go ze snu. Czytamy, że trzeba „zrozumieć Pisma"; trzeba się wznieść od tego, co widzialne, do tego, co niewidzialne; trzeba roztropnie – jak panny mądre – pokierować życiem; trzeba nauczyć się „czytania znaków czasu". To w końcu rozum ma pomóc w rozróżnieniu Boga od bożka, Kościoła od „kapliczki", religii od „religijności". Dziełem rozumu jest „teologia negatywna", która uczy, że o Bogu wiemy raczej to, czym nie jest, niż to, czym jest. Rozum przywołuje także świadomość tajemnicy: mówi, że tym, co znajduje się ponad rozumem, jest Tajemnica.

W religijności sekciarskiej jest inaczej. Tam rozum znika pod ciężarem uczucia. Tam głosi się wyższość uczuć nad rozumem –

przede wszystkim uczucia przynależności do „rodziny zbawionych". Gdy w religijności charyzmatycznej ponad rozumem jest już tylko tajemnica, to w religijności sekciarskiej ponad rozumem jest uczucie, które odsłania tajemnicę i zawsze „mówi coś więcej" niż rozum. Stąd gdy religijność charyzmatyczna „wie, że nic nie wie", to religijność sekciarska „wie, że wszystko wie". A skoro wszystko „wie" najlepiej, nie potrzebuje niczego zgłębiać. Pozostaje jej tylko głoszenie gotowej „prawdy". To znamienne: wszystkie teksty sekciarskie powtarzają, że „mówią prawdę, samą tylko prawdę". „Prawda" jest im już dana – dana w uczuciu przynależności – i nie ma potrzeby, aby jej szukać. Nie jest tu też możliwa żadna krytyka ich wiary – nawet ta, której celem jest lepsze rozumienie wiary. Albowiem, gdy przeżycie wiary utożsamia się z przeżyciem zbawienia, sama myśl o wewnętrznej krytyce wiary staje się bluźnierstwem. Jakie „objawienie" śmiałoby twierdzić, że „zbawienie", które noszą w swym sercu „dzieci tej samej rodziny", jest ich słodkim złudzeniem?

W ten oto sposób religijność sekty – głosząc, że służy prawdzie i tylko prawdzie – staje się początkiem niebywałego, a często wręcz krwawego kłamstwa.

Religijność sekciarska daje człowiekowi pewność. Pewność jest w niej miernikiem prawdy. Biada niepewnym w czas próby! Kto z niepewnego świata wchodzi w świat religijności sekciarskiej, uzyskuje jedno: już wie, „czego się trzymać". Nie zauważa jednak, że to jego własna pewność stała się dlań największym wrogiem prawdy. Jako jeden ze „zbawionych", nie potrzebuje już żadnego „objawienia": on wie, „kto jest kto". Czy jednak wie, kim sam jest?

Innym rysem wyróżniającym wiarę charyzmatyczną od religijności sekciarskiej jest swoiście rozumiana miłość bliźniego. Kto jest moim bliźnim? Bliźnim – odpowiada mentalność sekciarska –

jest przede wszystkim członek tej samej „rodziny", uczestnik tych samych „przeżyć", nosiciel podobnych „uczuć", czciciel tych samych „bóstw", mieszkaniec m o j e g o *regio*. Cała reszta to „wrogowie wiary": celnicy, poganie, „samarytanie" rozmaitej maści. Zarysowany tu schemat jest schematem emocji. Uczucie, jak to uczucie, ma swoje *regio* – to właśnie ono określa sens *religio*. *Regio* może być „nasze", bądź „ich". „Ich *regio*" jest wrogiem „naszego *regio*". Oczywiście, nazwy się zmieniają, ale schemat trwa. To, czy „celnika" zastąpi „liberał" lub „komunista", nie ma tu większego znaczenia; znaczenie ma jedynie to jedno: zaspokojenie potęgi uczuć, które „odsłoniły tajemnicę". Dla religijności sekciarskiej liczą się „rodziny" jako „obozy", a nie konkretni ludzie. Dlatego łatwiej jej przychodzi atakowanie rozmaitych „masonerii" – „obcych rodzin" – niż głoszenie Dobrej Nowiny Jasiowi Kowalskiemu czy Marysi Kwiatkowskiej. W ogóle główną formą sekciarskiego apostolstwa jest atak – atak na „obce *regio*". Stąd potrzeba nienawiści, pogardy, lęku zmieszanego z agresją i bólu z powodu bezustannej klęski „cnotliwych" (to znaczy „naszych"). Gdy spowiednik staje wobec konkretnego penitenta i nie wie, czy ma jeszcze do czynienia z religijnością charyzmatyczną, czy już sekciarską, zawsze pyta o stosunek do bliźnich: religijność, która budzi spory, niesnaski, wznieca nieprzyjaźń, a nawet nienawiść, z pewnością nie jest religijnością rzetelną, lecz znajduje się na drodze do jakiejś „sekty".

A wszystko jest wyrazem miłości. Bo są dwa rodzaje miłości i paralelne do nich dwa rodzaje nienawiści. Jest nienawiść, która wypływa z miłości (np. miłość ojca do dziecka i... nienawiść do tego, kto krzywdzi ukochane dziecko), i jest miłość, która płynie z nienawiści do świata (miłość „sekciarza" do „swoich", miłość, która bierze się z bezsilnej złości na świat). To bardzo ważna sprawa: umieć rozróżnić miłość z nienawiści i nienawiść z miłości. W religijności sekciarskiej cała miłość jest w gruncie rzeczy formą istnienia nienawiści. Kto to zrozumiał, ten zrozumiał wiele z tajemnic życia religijnego.

I kolejna sprawa: posłuszeństwo. O posłuszeństwie mówi się dziś źle, zwłaszcza o posłuszeństwie Kościołowi. Padają pytania: dlaczego mamy słuchać Kościoła, czyż człowieka nie obowiązuje przede wszystkim posłuszeństwo wobec własnego sumienia? Ale obowiązek posłuszeństwa Kościołowi wygląda zupełnie inaczej, gdy rozważymy go poprzez zjawisko „sekciarstwa". Czyż w przypadku religijności sekciarskiej posłuszeństwo Kościołowi nie jest jedynym ratunkiem przed upiorami, które wiją sobie gniazdo w religii? W każdym razie jedno jest pewne: religijność charyzmatyczna, świadoma niebezpieczeństw, jakie wiążą się z „chodzeniem własnymi drogami", jest o wiele bardziej otwarta na słuchanie autorytetu Kościoła niż religijność sekciarska, która ma swój własny autorytet i swoją własną władzę. Dramat sekt na tym polega, że w pewnym momencie nie chcą już słuchać, a nawet więcej – one już słuchać nie mogą. Jest w nich coś, co unicestwia samą zdolność słuchania. Tym czymś jest sama ś w i a d o m o ś ć z b a w i e n i a. Czy zbawieni potrzebują słuchać tych, którzy stoją daleko od zbawienia? Czy słyszący mają się zwracać do głuchych? Czy widzący ma pozwolić na to, by prowadził go ślepy? Czy mówiący mają czekać, co do nich powiedzą niemi? Dopiero w tej sytuacji – w sytuacji religijności sekciarskiej – widać, czym jest cnota posłuszeństwa. Doprawdy, nie została ona wymyślona w Kościele po to, by podcinać skrzydła Kopernikowi czy Galileuszowi, ale po to, by nie wpuszczać pomiędzy ludzi upiorów, jakie rodzą się w środku religijności sekciarskiej.

We współczesnym świecie natrafiamy na przedziwny paradoks: ludzie pragną religii i jednocześnie boją się religii. Mają wrażenie, że religia to zarazem coś najpiękniejszego i coś najgroźniejszego – to mieszkanie aniołów i demonów człowieka. Ale czy to coś nowego? Chrystus umarł na krzyżu. Kto krzyczał: „Ukrzyżuj Go"? W ogromnej większości krzyczeli ludzie religijni – nie jacyś tam sceptycy, ateiści czy relatywiści, ale ludzie religijni, nawet bardzo religijni. Ten, kto chciał odnowić religię, sam stał się ofiarą religii. Czyż sam Krzyż nie ukazał nam wielkości religii i zarazem nędzy „religijności". To powinno dawać – i daje – do myślenia.

O kapłaństwie i złym świecie

Mamy w Biblii dwie sceny odsłaniające tajemnicę kapłaństwa, które znalazło się w sporze ze złem tego świata, a w jakimś stopniu także z Bogiem, Panem świata.

Oto Abraham spiera się z Bogiem o prawo do życia Sodomy i Gomory. Biblia mówi, że były to „piękne miasta" – piękne i zarazem złe. Bóg chce zniszczyć złe miasta. Abraham staje jakby gdzieś pośrodku między Bogiem a tymi miastami i perswaduje: „A jeśli znajdę tam pięćdziesięciu sprawiedliwych? A jeśli znajdę czterdziestu? A jeśli dziesięciu? A jeśli pięciu?" Bóg za każdym razem odpowiada: „Nie zniszczę". W sporze tym ujawnia się głęboka niewspółmierność świata dobra i zła, której wynikiem jest proste „nie warto": nie warto wypalać kąkolu, jeśli miałby ucierpieć na tym choć jeden kłos pszenicy.

Scena druga jest opisana w Ewangelii: Chrystus rozsyła swoich uczniów do miast i miasteczek, a ci wracają – jedni z dobrymi, a drudzy ze złymi nowinami. Okazuje się, że są takie miejscowości, które nie przyjmują apostołów. Rozżaleni uczniowie mówią: „Rzuć ogień na te miejsca"; miejmy odwagę zniszczenia nawet całego łanu pszenicy, jeśli przy tej okazji pozbędziemy się kąkolu. Ale Bóg ognia nie rzuca.

Prawdy zawarte w obu tych biblijnych obrazach dają się przenieść na człowieka. Biblijne miasto – to człowiek. Człowiek jest mieszaniną pszenicy i kąkolu, dobra i zła. Kapłan, który widzi tę mieszaninę, może wołać: „Rzuć ogień!" Może też wołać: „Boże, powstrzymaj swój gniew. Być może jest tam dziesięć albo pięć procent uczciwości?" Nie ma dnia, by kapłan nie stawał przed takim wyborem. Kapłańskim losem jest szczególne „albo-albo": albo być oskarżycielem, albo obrońcą człowieka.

Skąd bierze się taka różnica kapłańskich postaw? Bierze się ona z określonego przedrozumienia człowieka, a także z przedrozumienia natury zła, które uwiło sobie gniazdo w człowieku. Przyjrzyjmy się nieco bliżej temu przedrozumieniu.

Kto mówi: „Rzuć ogień", ten widzi w człowieku przede wszystkim nosiciela zła. Człowiek jest niewyczerpalną wylęgarnią kąkolu, wyposażoną w niezwykły talent podstępu. Potrafi ukryć zło pod pozorami dobra. Człowiek jest kłamcą, któremu niekiedy przydarzy się powiedzieć prawdę; jest zdrajcą, któremu czasem przydarza się dochowywanie wierności; jest mistrzem skrywania i przeinaczania pożądań. Jest również „gorszycielem maluczkich" – wciąga w zło innych, aby przez ich grzech usprawiedliwić siebie. Z takiego przedrozumienia człowieka rodzi się w kapłanie postawa „demaskacji" – zrywania zasłon i obnażania „prawdziwej twarzy kłamców i gorszycieli". Trzeba przyznać, że postawa ta ma głębokie korzenie, sięga dawnej tradycji manichejskiej, wedle której dobro człowieka nie jest niczym innym, jak tylko z ł u d z e n i e m, wytwarzanym przez tkwiące w człowieku zło. Na tym bowiem polega inteligencja zła, że potrafi doskonale naśladować dobro. Człowiek jest żywym wcieleniem takiej inteligencji. Nie ulegajmy zatem iluzjom. To sam szatan pozwala na istnienie pszenicy. Po co? Po to, by mógł na niej pasożytować jego kąkol.

Nietrudno wyobrazić sobie przeciwną wizję człowieka i jego zła. Tylko dobro jest „substancją", a zło stanowi „iluzję dobra". Człowiek jest z natury prawdomówny, a jeśli kłamie, to w jakimś stopniu wbrew sobie; człowiek jest z natury wierny, a jeśli czasem bywa niewierny, to właściwych źródeł niewierności trzeba poszukać poza nim. Owszem, to prawda, człowiek przybiera maski, ale maski te, jeśli się dobrze przyjrzeć, są wyrazem jego najgłębszych pragnień, wśród których na pierwszym planie znajduje się pragnienie dobra. Kiedy więc idąc drogą koło pszenicznego pola, widzimy, jak wśród ziaren pszenicy zagnieździł się kąkol, musimy zrozumieć: to nie zło stwarza złudzenie dobra, lecz dobro *w* pewnych szczególnych okolicznościach staje się fundamentem „zjawy zła".

Postawa wobec zła stała się kiedyś dramatycznym problemem św. Augustyna. Święty Augustyn wyszedł z manicheizmu, od którego przejął głęboką i konsekwentną wizję wszechmocy zła. Podjął ogromny wysiłek, aby tę wizję przezwyciężyć. Przezwyciężył ją w chwili, gdy odkrył, że zło nie istnieje samoistnie, lecz jest brakiem dobra. Zło zawsze pojawia się jako „pasożyt" na „dobrym organizmie", ono jest tylko cieniem „prawdziwej rzeczywistości". Jeśli więc napotkamy na naszej drodze „złego człowieka", to powinniśmy wytężyć uwagę, by zobaczyć, że u źródeł jego zła kryje się coś dobrego – jakieś dobre pragnienie. Niestety, na drodze dobrych pragnień wyłaniają się przeszkody, głównie słabość i ślepota. Słabość, bo: „duch wprawdzie ochoczy, ale ciało mdłe". Ślepota, „...bo nie wiedzą, co czynią". Stąd bierze się to, o czym napisał św. Paweł: „Dobra, którego chcę, nie czynię, a czynię zło, którego nie chcę".

Zwolennicy pierwszej postawy wobec zła – ci od „rzucania ogniem" – ostrzegają przed niebezpieczeństwem relatywizacji zła. Nie wolno relatywizować zła. A poza tym, jak sądzą, ono w gruncie rzeczy nie daje się relatywizować. Czyż nie niszczy kłosów pszenicy? Czy nie oznacza to, że ma ono charakter absolutny?

Zwolennicy drugiej postawy twierdzą: tylko dobro ma charakter absolutny, natomiast zło z natury rzeczy jest relatywne, ponieważ jest „brakiem", rodzajem pasożyta, cieniem prawdziwej rzeczywistości. Nie znaczy to jednak, by zło nie było rzeczywiste. Zło staje się o tyle rzeczywiste, o ile człowiek udziela mu czegoś ze swojej własnej rzeczywistości. Kłamstwo staje się rzeczywistością w osobie kłamcy, zdrada w osobie zdrajcy, zabójstwo w osobie zabójcy. Z drugiej strony w tym samym kłamcy, zdrajcy i zabójcy jest przecież jakaś cząstka dobra, bo wszyscy „czynią zło, którego nie chcą, a nie czynią dobra, którego chcą".

Jeśli tak, to powstaje praktyczny problem duszpasterski: jaki ma być stosunek kapłana do człowieka, który stał się nosicielem zła?

Najpierw trzeba dotknąć kwestii zgorszenia. Czy stosunek do grzesznika ma być taki sam jak do „sprawiedliwych"? Jeśli będzie taki sam, ludzie będą się „gorszyć": oto kapłan, który nie odróżnia wrogów Boga od Jego przyjaciół! Czyż nie powinien przywiązać grzesznikowi kamienia młyńskiego u szyi i zatopić go w głębi morza? Ale z drugiej strony można pytać: a jeśli jest w tym człowieku dziesięć albo pięć procent dobra? Czy można, niszcząc kąkol, naruszać pszenicę? Jakież stąd wyjście? Jedynym wyjściem może być zrozumienie idei n a w r ó c e n i a i podporządkowanie wszystkiego tej podstawowej perspektywie. Nie idzie o to, by niszczyć lub zachowywać, idzie o to, by nawrócić: czy to nosiciela „zgorszenia" (jeśli jeszcze żyje), czy też tych wszystkich, którzy chcieliby go naśladować. (Pamiętajmy poza tym, że zatrzymać lawinę zgorszenia może nie tylko sam gorszyciel, ale również jej świadkowie. Gdyby ktoś był świadkiem lawiny i stał z założonymi rękami, musiałby pewnie również sobie samemu przywiązać kamień do szyi).

Aby nawrócić, trzeba sięgnąć po pomoc słowa. Istnieje specjalny rodzaj mowy kapłańskiej – mowy, która może nawrócić.

Nazywa się ją zazwyczaj „mową budującą". „Mowa budująca" rodzi się także z określonego przedrozumienia człowieka i jego zła. Idzie o to, by człowiek sam zrozumiał, iż nie powinien udzielać rzeczywistości swego własnego bytu „niebytowi", jakim jest zło. Powinien natomiast dobrze zrozumieć zasadę: *Bonum est diffusivum sui*. Dobro ma naturę światła: ono rozchodzi się samo przez się, jeśli tylko nie stawia się mu przeszkód. Jedynie zło potrzebuje „napędu", aby się pomnażać. Napędem tym jest zazwyczaj strach. „Mowa budująca" nie straszy, lecz dodaje odwagi; nie poniża, lecz podnosi na duchu; nie oskarża, lecz broni. Wypływa z głębokiej wiary, że czasem wystarczy niewiele, by zmieniło się wiele.

Ale to jeszcze nie wszystko. „Mowa budująca" jest również modlitwą wstawiennictwa za grzeszników. I to jest niezwykle ważne w całej „ekonomii zbawienia". „Mowa budująca" mówi do Boga: „A jeśli jest tam pięć procent sprawiedliwości? Czy zrównasz sprawiedliwość z niesprawiedliwością?" Ta mowa chce jakby samego Boga zbudować, by nie tracił wiary w człowieka. Trzeba też wiedzieć, że wstawiennictwo to coś więcej niż prośba – to przede wszystkim gotowość do „nadstawiania karku" za grzeszników. W ewangelicznym kapłaństwie nie chodzi o to, ile ognia kapłan potrafi ściągnąć z nieba na głowy grzeszników, ale o to, za ilu potrafi „nadstawić karku". Ewangeliczne kapłaństwo dopełnia się na krzyżu. Wstawiennictwo staje się rzeczywistą śmiercią za grzeszników. Wydaje się wtedy: kapłan przegrał. Dlaczego Bóg nie spalił tego miasta? A może jednak nie przegrał. Jak mógł przegrać, skoro przez tę śmierć sama śmierć stała się złudzeniem śmierci?

"Wiedział, co jest w człowieku"

Czy można sobie wyobrazić większe podziały społeczne niż podziały wśród mieszkańców Palestyny w czasach Chrystusa? Przypomnijmy: faryzeusze, saduceusze, esseńczycy, poganie rozmaitych odmian, zwolennicy i przeciwnicy współistnienia z Rzymem, zwolennicy i przeciwnicy Heroda, biedni, bogaci, celnicy, płacący podatki, uchylający się od płacenia podatków itp., itd. A jednak podziały te nie miały większego wpływu na sposób głoszenia Ewangelii przez Chrystusa. Dobra Nowina jakby je unieważniała. Trafiała głębiej – w człowieka. Wyglądało na to, jakby wszystkie tamte przeciwieństwa i różnice ignorowały człowieka. Chrystus zaskakiwał wszystkich. Święty Jan ewangelista powiedział krótko: "On sam wiedział, co jest w człowieku i nie było trzeba, aby Mu mówiono".

Podobne podziały istnieją u nas: komuniści, antykomuniści, wierzący i niewierzący, Polacy i nie-Polacy, lepsi i gorsi katolicy, ci z prawicy i ci z lewicy, masoni, żydzi, liberałowie, postmoderniści, socpostmoderniści, ateiści, relatywiści, subiektywiści itp., itd. Czy formuły te mają wpływ na ewangelizację? Okazuje się, że często mają. Są ważne, są istotne, służą "rozpoznaniu sytuacji". Za ich pomocą usiłuje się opisać pole ewangelizacji. Często odnosi się nawet wrażenie, że one wytyczają granicę ewangelizacji – wskazują miejsca, o których z góry wiadomo, że siew ewangelicznego ziarna nie zapuści tam korzeni. Rodzi się pytanie: czy nasza dzisiejsza ewangelizacja, skoncentrowana na tych i podobnych podziałach, zawsze „wie, co jest w człowieku"?

Rozważmy przykład. Od pewnego czasu w języku naszego duszpasterstwa zadomowiło się pojęcie „masona". Co ono znaczy? Czemu służy? Do niedawna tego pojęcia tu nie było, ono nie istniało. Kto z wielkich duszpasterzy czasów przemocy potrzebował słowa „mason"? Dlaczego nagle wielu duszpasterzy nie jest w stanie bez niego się obejść?

Pojęcie „masona" wskazuje na zło, które działa z ukrycia, bardzo często stwarzając wokół siebie pozory dobra. W religii analogiczne doń jest pojęcie „grzechu głównego", o którym mówi się, że jest „korzeniem wielu grzechów". W przypadku masonerii złem podstawowym, z którego bierze się cała reszta zła pochodnego, ma być l i b e r a l i z m. Głosi on, że „wszystko wolno". Do liberalizmu dołącza się s u b i e k t y w i z m, wedle którego każdy ma prawo do swego subiektywnego, osobistego szczęścia. Z liberalizmu i subiektywizmu wynika r e l a t y w i z m: nie ma obiektywnego dobra, lecz dobre jest to, co się komu wydaje dobre. Oczywiście, „na zewnątrz" wszystko to może wyglądać zupełnie inaczej. Na zewnątrz mówi się, że chodzi o obronę praw człowieka. Ale „mason" jest specjalistą od życia „w podziemiu", od „konspiracji", od kłamstwa popełnianego nie tylko słowem, ale i całym sposobem bycia. Potrafi wcisnąć się w szeregi „owczarni" i przebrać w strój biskupa, a nawet kardynała, nie mówiąc już o togach profesorskich!

„Masoneria" – wedle tych poglądów – posługuje się szczególną taktyką działania. Co robi? Ona najpierw i przede wszystkim „manipuluje". Słowo „manipulacja" robi dziś karierę, podobną do wczorajszej kariery słowa „prześladowanie". Ten, kto wczoraj bał się „prześladowań", dziś powinien bać się „manipulacji". „Manipulacja", choć nie boli, jest nawet gorsza od prześladowań, ponieważ jest bardziej podstępna. Chodzi w niej o to, by człowiek sam, własnymi rękami, szkodził sobie i bliskim. Tak „ustawia się" człowieka, żeby jego najlepsze intencje i czyny obróciły się przeciwko niemu: niech prawdomówny donosi na najbliższych, niech ślepo wierny służy zdrajcy, niech pracowity wykonuje wyroki śmierci, a wierzący niech głosi ideały liberalizmu, subiektywizmu i relatywizmu. W końcu niechże sam się powiesi, jak Judasz.

Przy bliższym wejrzeniu w mentalność antymasońską ujawnia się coś niezwykle charakterystycznego. Oto za pomocą pojęcia „masona" chce się wskazać – jak wyżej napisałem – g r a n i c ę ewangelizacji. „Masoneria" to miejsce zapomniane przez Boga miejsce, do którego nie dochodzi ziarno Ewangelii. A jeśli nawet jakieś ziarno tu spadnie, to nie zapuści korzeni. A jeśli zapuści korzenie, to tak płytko, że wkrótce wyschnie. W tym punkcie pojawia się szczególny manichejski motyw mentalności antymasońskiej: „masoneria" to miejsce „zła substancjalnego", źródło odwiecznego buntu stworzenia przeciwko Stwórcy, to demonizm współczesności.

Byłoby jednak dużym uproszczeniem, gdyby się chciało wiązać antymasońską mentalność wyłącznie z religią, a tym bardziej z chrześcijaństwem. Mentalność ta jest zjawiskiem szerszym, pojawia się w świecie, w którym z takich czy innych względów trzeba prowadzić „życie podziemne", a więc w świecie polityki i jej ideologii. Oczywiście słowo „masoneria" jest wtedy zastępowane innymi słowami. Pamiętamy je z niedawnych czasów: „reakcjonista", „wróg klasowy", „kapitalista", „imperialista", „rewizjonista" itp. Za każdym razem pojęcia te wskazywały na szczególne „zło" – takie „zło", które wytycza nieprzekraczalną granicę dla „dobra". Tam, gdzie jest „reakcjonista", „wróg klasowy", „imperialista" itp. nie ma ani krzty „dobra". Tam nie sięga już żadne „dobre słowo". Co najwyżej kula czekisty.

Znamienne, że zbitka pojęciowa – „masoneria–manipulacja–demaskacja" – w szczególny sposób zdominowała dziś język włoski i określony przez ten język krąg kulturowy. Zauważam pewną prawidłowość: ci nasi duszpasterze, którzy studiowali w Rzymie, są jakoś bardziej wrażliwi na „masońskie niebezpieczeństwa" niż ci, którzy studiowali w kręgu języka niemieckiego. Czy to przypadek? A może to tylko moje prywatne złudzenie? Choć mógłbym przytoczyć pokaźną listę osób. W każdym razie warto zapytać, skąd się to bierze? Można, oczywiście, wskazywać na obecność mafii w społecznym życiu Włoch i związaną z tym dość powszechną skłonność do wyjaśniania „mafijno-konspiracyjnymi powiązaniami" głównych wydarzeń politycznych w kraju. Ale można również dostrzec analogię między „mentalnością antymasońską" a „mentalnością komunistyczną" z jej nieodpartą skłonnością do „węszenia konspiracji" i odsłaniania „właściwego bytu", który zawsze i niezmiennie „określa świadomość". Skłonność ta została zaszczepiona katolickiej mentalności przez teologię wyzwolenia, której wpływy dziś maleją, ale ślady pozostają. Możliwe jest również i to, że antymasońska mentalność ma wielu ojców. Tak czy owak na jedno trzeba jeszcze zwrócić uwagę: wierzy ona, że do wyjaśnienia sukcesów ideologii liberalnej nie wystarczy sama atrakcyjność tej ideologii, lecz potrzebne jest odwołanie się do czyjegoś „interesu", a nawet do zakonspirowanej organizacji. „Masoneria" jako związek szczególnych „interesów" załatwia sukces takiej „wiary", jaka jej odpowiada.

Pewnym problemem pozostaje rozpoznanie i wytropienie „masona". Jest to trudne i nietrudne zarazem: trudne, bo mason zawsze działa w konspiracji, ale i nietrudne, bo raz dokonanego odkrycia nijak nie można sfalsyfikować. Kto potrafi dowieść, że nie jest „masonem"? Kto zdoła wykazać, że nie działa w konspiracji? W takiej sytuacji można dać upust demaskatorskim talentom. Są duszpasterze, którzy bardzo to lubią.

Wróćmy do podziałów społecznych w czasach Ewangelii. Widzimy, jak głoszenie „słów życia" stopniowo i nieodwołalnie „unieważniało" tamte podziały – tamte „liberalizmy", „subiektywizmy", „relatywizmy". Może one nie znikały, ale w perspektywie „słów życia" zmieniały swe znaczenie. Inne treści i inne warstwy osoby ludzkiej nabierały wartości. Dokonywała się „rewolucja znaczeń". W końcu okazywało się bowiem, że wszystko opowiada o człowieku, o jego poszukiwaniach, dramatach, tragediach. Dobra Nowina ogarniała wszystkich. Chrystus umarł za wszystkich. „Zło substancjalne" znikło. Wszyscy oczekują „objawienia się synów Bożych". Wszyscy potrzebują nadzici.

Jak do tego doszło? Święty Jan napisał: „...bo On wiedział, co jest w człowieku".

Wokół katolickiego maksymalizmu

W pierwszych latach po wojnie w środowiskach katolickich w Polsce toczył się spór o to, czy katolik może publicznie działać w państwie komunistycznym. Pozytywną odpowiedź na to pytanie dali, jak wiadomo, zwolennicy ruchu „katolików społecznie postępowych", zgrupowani przede wszystkim w Stowarzyszeniu „Pax". Stanowisko przeciwne zajęły grupy związane z „Tygodnikiem Warszawskim". Nic dziwnego, że władze komunistyczne wkrótce zamknęły to pismo i uwięziły niektórych członków jego redakcji. Wśród uwięzionych w tym mniej więcej czasie znalazł się prof. Wiesław Chrzanowski, obecnie honorowy prezes ZChN.

Gdzieś pośrodku między Paksem a „Tygodnikiem Warszawskim" działała grupa skupiona wokół „Tygodnika Powszechnego". Czasopismo to istniało aż do śmierci Stalina; zostało zawieszone (a następnie przejęte przez Pax) dopiero wtedy, gdy „Tygodnik" odmówił zamieszczenia nekrologu Stalina. Pismo odżyło po październiku 1956 r. Wtedy środowisko to zdecydowało się nawet na wystawienie kilku kandydatów na posłów w nadchodzących wyborach do Sejmu (koło Znak).

Jakimi racjami kierowali się wówczas ludzie Znaku, godząc się na obecność w publicznej sferze życia państwa „budującego komunizm"? Racje te sformułował Stanisław Stomma. Podstawowa myśl była taka: kraj zniszczony wojną potrzebuje „neopozytywistów", którzy nie tylko odbudują „materię" narodu, ale również tchną życie w jego „ducha".

Samo słowo „neopozytywizm", użyte przez Stommę, zawierało akcent krytyczny, skierowany przeciwko postawie „romantycznej". „Romantycy" z pewnością mogą być godni podziwu, ale nie wszystko, co jest do podziwiania, warto także naśladować. „Romantycy" mają ogromne zasługi w podtrzymywaniu „ducha narodowego", ale „romantyczna polityka" najczęściej prowadzi kraj od klęski do klęski. Czyż taką klęską nie był dramat Powstania Warszawskiego? Czy krytycznego przemyślenia nie wymaga zasada „mierzenia sił na zamiary", romantyczna wizja narodu z jej mniej lub bardziej konsekwentnym mesjanizmem, romantyczna forma religijności z jej awersją do codziennego obowiązku?

Obok tych i tym podobnych akcentów krytycznych, mieliśmy jednak także perspektywę pozytywną – jej wyznacznikiem była idea personalizmu, inspirowana przez Emmanuela Mouniera i grupę „Esprit". Mounier i „Esprit" należeli do tego nurtu francuskiego katolicyzmu, który usiłował pogodzić ów katolicyzm z dziedzictwem Rewolucji Francuskiej. Rezygnował z budowania „państwa katolickiego" na rzecz ustroju republikańskiego. Porzucał również obronę idei „Francuza-katolika" na rzecz obrony praw człowieka i obywatela. W sprawach gospodarczych na plan pierwszy wysuwał zasadę sprawiedliwości społecznej, do której nawiązywali wówczas wszyscy socjaliści. Czy mounierowski personalizm był socjalistyczny? Jeśli tak, to był to socjalizm w szczególnym sensie – innym niż ten, o jakim mówiło się wówczas w Polsce. Dla wielu polskich katolików, wchodzących w narzucony narodowi system polityczny, idee budowy liberalnej demokracji, walki o prawa człowieka i sprawiedliwość społeczną w sensie personalistycznym wydały się zobowiązującym „znakiem czasu".

Piszę o tym wszystkim w związku z wywiadem (a właściwie fragmentem wywiadu), jakiego prof. Wiesław Chrzanowski udzielił Piotrowi Miereckiemu i Bogusławowi Kiernickiemu (zob. „Życie", 20–21 IX 1997 r.). Prof. Chrzanowski przedstawia się tam jako jeden z „nieprzejednanych". On i jemu podobni nie poszli na żadną formę „kolaboracji" z komunizmem. Zdecydowali się na „maksymalizm". Zepchnięci do podziemia, przechowywali skarb swych przekonań do czasu upadku komunizmu. Wyszli z podziemia z doktryną (przede wszystkim doktryną „państwa chrześcijańskiego") nietkniętą przez kompromis. Wywiad, którego całość ukaże się w formie książkowej, formułuje szereg zarzutów pod adresem „personalistów". Zarzut podstawowy to zarzut „minimalizmu". Rozmowa nosi znamienny tytuł: *Maksymalizm*.

W ogłoszonym tekście interesujące są nie tylko odpowiedzi, ale również – a może nawet przede wszystkim – postawione pytania. To właśnie z pytań wynika, że „maksymalistą" jest prof. Wiesław Chrzanowski, a „minimalistami" są zarówno grupa Paksu, jak i Znak. Jedni i drudzy byli „katolikami koncesjonowanymi". Grzecznie prosili komunistyczne władze o zgodę na publiczną działalność i zgodę tę – pod pewnymi oczywiście warunkami – otrzymywali. Jeśli istnieje między nimi różnica, to ma ona charakter ilościowy, a nie jakościowy. Autorzy wywiadu mówią: „Oczywiste jest, że udzielaniu koncesji towarzyszyły rachuby, stawiające na wewnętrzne skłócenie Kościoła i nastawienie jednych przeciw drugim. Taką formułę realizował przede wszystkim późniejszy Paks, ale w tej logice mieści się również działalność środowiska »Tygodnika Powszechnego« i »Znaku«".

Prof. Wiesław Chrzanowski nie potwierdza prób zamazywania różnic między obydwoma nurtami – mówi wyraźnie, że czegoś tam „nie można przypisać środowisku »Tygodnika«", niemniej wątek koncesjonowania nie znika, lecz zamienia się w „defetyzm".

Oto pytanie dziennikarzy: „W jakiej mierze skażenie defetyzmem dotyczyło także »Tygodnika Powszechnego«? Przecież pierwszy redaktor naczelny »Tygodnika« ks. Jan Piwowarczyk, reprezentujący zresztą w piśmie kardynała Sapiehę, był wybitnym przedstawicielem katolicyzmu społecznego, żeby nie powiedzieć wojującego". W odpowiedzi mamy wyjaśnienie, że „to nie on [ks. Piwowarczyk] ukształtował ideowe oblicze tego środowiska, tylko grupa młodszych, w tym czasie, publicystów pod wodzą Jerzego Turowicza".

Przedstawiony tekst zawiera bogatą, jak na wywiad, dokumentację. Są dokładne daty, liczne cytaty. Budzą się stare wspomnienia. Zarazem jednak wyczuwamy jakiś fundamentalny błąd – i to nie tyle w odpowiedziach, ile w stawianych pytaniach. W pytaniach tych bowiem kryją się stwierdzenia, których słuszność jest wielce wątpliwa. Tak jakby pytający bali się wiedzieć więcej, niż wiedzą. Jakby niczego więcej nie szukali, jak tylko potwierdzenia już posiadanych poglądów.

Jak naprostować błąd pytań? Co zrobić, aby przedrozumienie pytających nie zamykało drogi do rozumienia? Powiedzieć, że sprawy są bardziej skomplikowane? Nie byłoby to słuszne. Paradoks bowiem polega na tym, że sprawy przedstawiały się całkiem prosto. Nie było problemu „istnienia w sferze publicznej", nie było problemu „koncesjonowania", nie było też „wodza Turowicza", który zajął miejsce „wodza Piwowarczyka". Więc, co było i jak było? Było prościej, było całkiem prosto.

Niech mi będzie wolno posłużyć się pewną analogią. Wyobraźmy sobie kapelana więziennego w czasach, gdy „Solidarność" siedziała w obozach dla internowanych. Kapelan ten odwiedza więźniów. Sercem jest po ich stronie. Jest również przekonany, że władza, która osadziła w więzieniu ludzi „Solidarności", jest w gruncie rzeczy nielegalna. Aby jednak pełnić swoją posługę, musi poddać się narzuconym przez ową władzę przepisom. Zobowiąże się na przykład, że nie będzie przenosił „grypsów", a w czasie kazań nie będzie atakował zarządu więzienia. Oczywiście, czasem zdarzy mu się naruszyć ten czy inny punkt regulaminu, ale w zasadzie ich przestrzega. Wie bowiem, co on i inni mogliby utracić.

Proszę mi wierzyć, że ów kapelan nie będzie miał żadnych wyrzutów sumienia z powodu tej lojalności. Z całą prostotą ducha będzie robił to, co do niego należy. A przecież może mu ktoś zarzucić, że uznając obozowy regulamin, tym samym uznaje władzę, która ten regulamin wydała. Może też o nim powiedzieć, że jest... „reglamentowany". Ktoś bardziej podejrzliwy może nawet ogłosić, że kapelan dlatego robi to, co robi, ponieważ chce „zaistnieć w publicznej sferze więzienia". Co ów ksiądz odpowie na te zarzuty? Nic. Co najwyżej wzruszy ramionami.

Życie w państwie totalitarnym przypomina życie w obozie. W państwie tym wszystko jest reglamentowane. Zarazem jednak okazuje się, że nie wszystko da się reglamentować. Gdy jedni grożą, że zabiją ciało, inni odkrywają, że jednak „duszy zabić nie mogą". Tym sposobem przez szpary więzienia zaczyna przenikać wolność. Skromny kapelan więzienny staje się świadkiem wolności. I nie jest nim przez to, że raz czy drugi wyniesie za bramę jakiś gryps, ale przez to, że stanie przed więźniami i powie im na przykład: „Pan z wami".

Wolność to przedziwna wartość. Im bardziej jest duszona, tym mocniej daje o sobie znać. Jej nosicielami są zazwyczaj konkretni ludzie. To przede wszystkim wolny człowiek „zaraża" drugiego wolnością. Czasem tym zarazkiem jest czyn, a czasem słowo. Kapelan więzienny wie o tym i nie będzie sięgał po scyzoryk, gdy ma w ręku armatę.

Po zakończeniu II wojny światowej zaczął się w Polsce czas głębokich przewartościowań. Dotyczyły one również katolicyzmu i Kościoła. Nie tylko duszpasterze, ale również katolicy świeccy, w tym przede wszystkim ludzie kultury, poczuli się nagle jak kapelani w więzieniu. Więźniowie potrzebują pokarmu dla ducha. Co ma być tym pokarmem? Trzeba było sobie odpowiedzieć na pytanie: co w katolicyzmie jest mniej, co bardziej, a co najbardziej istotne? Odpowiedzi były różne. W ostatecznym rozrachunku wszystkie obracały się jednak wokół „ewangelii godności i praw osoby".

Proces „przewartościowania" objął również środowiska Wiesława Chrzanowskiego oraz Stanisława Stommy. To pierwsze w imię „katolickiego maksymalizmu" wycofało się z życia publicznego, tym samym nie dając się „koncesjonować". Stanisław Stomma stał się ideologiem „minimalizmu", ponieważ „głosił rezygnację ze społecznego i politycznego wymiaru katolicyzmu, postulował ograniczenie się do kwestii podstawowych, religijnych oraz szeroko rozumianej kultury".

Przyjrzyjmy się tej wypowiedzi. Widać z niej, co rozumie się tu przez „minimalizm". Jako „ograniczenie" traktuje się działanie na polu „szeroko rozumianej kultury". W tym punkcie nie można nie przypomnieć słynnych słów Jana Pawła II, wygłoszonych w UNESCO w 1980 r., o roli kultury w utrzymaniu suwerenności narodu: „Jestem synem narodu, który przetrwał najstraszliwsze doświadczenia dziejów, którego wielokrotnie sąsiedzi skazywali na śmierć – a pozostał przy życiu i pozostał sobą. Zachował własną tożsamość i zachował pośród rozbiorów i okupacji własną suwerenność jako naród – nie biorąc za podstawę przetrwania jakichkolwiek innych środków fizycznej potęgi jak tylko własna kultura, która się okazała w tym przypadku potęgą większą od tamtych potęg". Gdyby spojrzeć na ówczesną decyzję środowiska „Tygodnika Powszechnego" poprzez cytowaną wypowiedź Papieża, trzeba by pewnie zrewidować posądzenie o „minimalizm". Przecież to, co Stomma nazywał wtedy „minimalizmem", było w gruncie rzeczy stawianiem na potęgę „większą od tamtych potęg".

„Maksymalizmem" miało być dążenie do zbudowania „państwa chrześcijańskiego" (czasem mówi się wprost o „państwie katolickim"). Oczywiste, że państwo takie byłoby „państwem wyznaniowym". Z przytoczonego wywiadu wynika, że środowiska bliskie prof. Chrzanowskiemu wycofały się z działalności publicznej, ponieważ nie pozwolono im budować „państwa wyznaniowego". Autorzy powołują się na autorytet ks. Jana Piwowarczyka, który był pierwszym redaktorem naczelnym „Tygodnika". Tak, rzeczywiście, ks. Piwowarczyk był rzecznikiem koncepcji „państwa chrześcijańskiego" i ostrzegał przed niebezpieczeństwem porzucenia tej koncepcji w czasach, gdy publicznie nie było wolno o niej mówić. Ściśle biorąc, jego ostrzeżenia szły w dwu kierunkach: nie wolno rezygnować z określonej koncepcji państwa i nie wolno rezygnować z obecności katolików w sferze publicznej. Jeśli idzie o tę drugą kwestię, to środowisko personalistów było tego samego zdania. Jeśli natomiast idzie o sprawę pierwszą, to – przyjąwszy do wiadomości zdanie ks. Piwowarczyka – należy jednak zapytać: co stało się potem z doktryną „państwa chrześcijańskiego" (wyznaniowego)?

Wiadomo, że od tamtego czasu doktryna państwa przeszła w katolickiej nauce społecznej głęboką ewolucję. Dziś koncepcji „państwa katolickiego" bronią już tylko zwolennicy abpa Lefebvre'a. Tak więc to, co wtedy było „maksymalizmem", dziś jest częścią przebrzmiałej historii. Istnieje na ten temat bogata literatura. Nie czas i miejsce, by ją streszczać. Prof. Wiesław Chrzanowski może mieć na ten temat swoje zdanie, ale przeprowadzający wywiad powinni ją znać i uzyskać stosowną odpowiedź.

A tak w ogóle nie to jest istotne, czy się jest, czy nie jest w podziemiu. Istotne jest to, co się skrywa „pod ziemią". Jeśli to prawda, iż rzeczone środowiska kryły „pod ziemią" idee „państwa katolickiego", to trzeba powiedzieć, że kryły iluzję. W tej sytuacji najlepiej zaraz po wyjściu z podziemia z tą iluzją się rozstać. Może to bolesne, ale prawdziwe. Maksymalizm w stosunku do iluzji pociąga za sobą bardzo niedobre konsekwencje.

W omawianym wywiadzie sugeruje się też, że różnica między Paksem a grupą „Tygodnika Powszechnego" była wyłącznie różnicą ilościową, a nie jakościową. Jedni „sprzedawali się" bez reszty, a drudzy coś tam zachowywali dla siebie. Znów trzeba przypomnieć sprawy podstawowe.

Najpierw należy podkreślić, że ogromna liczba ludzi związanych z Paksem miała świadomość przenikania do więzienia ze „słowem, które wyzwala". Nawet o nich nie można było powiedzieć, że są, ot tak, po prostu, „kolaborantami". Na wielu książkach publikowanych przez wydawnictwo Pax uczyliśmy się „myślenia wedle wartości". To, co te książki zawierały, było żywym dowodem, że w państwie, które chce wszystko reglamentować, nie wszystko takiej reglamentacji podlega. „Duch wieje, kędy chce".

Ale Pax to nie tylko ruch wydawniczy. Pax to także „zaangażowanie narodowe" i „socjalistyczne". Skutkiem „zaangażowania narodowego" było permanentne ciążenie w stronę nacjonalizmu, ksenofobii i antysemityzmu. Skutkiem „zaangażowania socjalistycznego" – bezkrytyczna akceptacja polityki „realnego socjalizmu". O tym, że Pax niejako z samej swej natury, a nie przez zewnętrzne okoliczności, miał skłonności w kierunku autorytaryzmu, a nawet totalitaryzmu, dowodziło jego zachowanie w czasie rozmaitych „odwilży". Zawsze znalazło się tam dostatecznie wielu ludzi, by sprzeciwić się „liberalizacji", i zawsze to właśnie ci ludzie stawali na czele Paksu. Tak było w Październiku, podobnie było w okresie „Solidarności". Dzieje Paksowskiej ideologii to dzieje prymatu polityki przed religią i etyką. Znamienne, że po upadku komunizmu (i zmianie nazwy stowarzyszenia), w dzienniku, który nie był już „Słowem Powszechnym", lecz „Słowem – dziennikiem katolickim", mogliśmy napotkać niezwykle ostre ataki na idee demokratyczne i lament nad „zubożeniem narodu", jaki spowodowało zerwanie z gospodarką sterowaną. Z wielu tekstów wynikało niedwuznacznie, że to nie komunizm był prawdziwym nieszczęściem kraju, ale że jest nim wychodzenie z komunizmu. Podarte strzępy komunistycznej ideologii osiadły w pobliżu kościołów.

Różnica między Paksem a Znakiem polegała na tym, że ludzie Znaku nie chcieli mieć udziału we władzy, która nie była demokratyczna. Jeśli szli na kompromisy z władzą, to po to, by utwierdzać zasadę prawdomówności jako fundamentu kultury. O „Tygodniku" mówiło się, że „nie kłamie". Nawet jeśli nie zawsze może wszystko napisać, to nie kłamie. „Szukajcie prawdy, a prawda was wyzwoli". Taki był sens działania „kapelanów" w środku więzienia. Niby koncesjonowani, a jednak suwerenni. Niby zniewoleni, a jednak wolni. Niby zmuszeni do milczenia, a jednak świadczący.

Dlatego też byli oni tak zdecydowanie otwarci na ruchy demokratycznej opozycji. Fundamentalną rację tego otwarcia stanowiła idea „praw człowieka", która spowodowała zasadnicze przewartościowanie takich pojęć „polskiej ideologii", jak „naród", „polskość", „państwo", „demokratyczny kompromis". Wszystkie te pojęcia zostały poddane pod osąd idei „praw człowieka". Polak? – tak, ale przede wszystkim człowiek. Naród? – tak, ale jako „moralne zjednoczenie". Państwo? – tak, ale jako demokratyczne dobro wspólne. Natomiast w życiu politycznym zasada „katolickiego maksymalizmu" musiała ustąpić zasadzie roztropnego kompromisu.

Krytyczne uwagi pod adresem wywiadu, opublikowanego w „Życiu", nie oznaczają braku szacunku dla prof. Wiesława Chrzanowskiego. Wręcz przeciwnie. Widzę w Nim niezwykłego świadka polskiej wiary w czasach pełnych zwątpień. W „boskim młynie" każde ziarno ma sens i przynosi owoc. Kto wie, może właśnie taka wiara była owym „ziarnkiem gorczycy", które „przenosi góry" i rozbija mury więzień. Jeśli jednak idzie o wykładnię przekonań na poziomie dyskursu politycznego, to uważam ją za chybioną. Jeszcze bardziej niesmaczna jest przedstawiona przez autorów wywiadu próba wywyższania jednego, poprzez poniżanie drugiego. Postać profesora Chrzanowskiego nie jaśnieje ani trochę mocniej przez to, że się pochlapie błotem Jerzego Turowicza.

Sarmacki wkład do integryzmu

Integryzm nie jest dobrym określeniem na to, co dziś dzieje się w religii. Pojęcie to podsuwa bowiem przed oczy widok jakiejś zwartej całości, w której każda część zna swoje miejsce i dobrze wypełnia powierzone jej zadanie. Ale widok ten jest mylący. Dzisiejsze użycie słowa „integryzm" wskazuje raczej na skrajność, a nie na całość. Czego najbardziej brakuje integryzmowi? Zmysłu roztropności. Nie ma on wyczucia złotego środka i stąd raz po raz „robi przechył" w jedną stronę.

Mając w pamięci obecne znaczenie tego pojęcia, możemy rozróżnić integryzm refleksyjny i naiwny. Reprezentantem pierwszego integryzmu jest abp Marcel Lefebvre, krytyk Soboru Watykańskiego II, autor szeregu publikacji o potrzebie wierności dla tradycji, a w końcu schizmatyk. Cokolwiek by się rzekło o jego postawie, był to wytrawny teolog, który szukał wsparcia w teologii. Z kolei integryzm naiwny, który znajduje uznanie w wielu środowiskach w Polsce, ma charakter emocjonalny: nie objawia on troski o teologiczne pogłębienie, a nawet lęka się konfrontacji z teologią. Integryzm refleksyjny wie, co czyni, i dlatego jest winny. Integryzm naiwny czyni podobnie, ale jakby bezwiednie i dlatego może chodzić w glorii niewinności. Pierwszy nosi znamię kultury francuskiej; drugi jest nasz, sarmacki, zakorzeniony w sarmackiej wyobraźni i uczuciowości: „Pokażemy, że Sarmata umie jeszcze... to i owo". Oba są głęboko antyliberalne. Ten pierwszy atakuje liberalizm cytatami z encyklik; ten drugi – zaklęciami z własnej kuchni.

Dlaczego znów zająłem się zagadnieniem integryzmu? Powody są dwa. Na polskim rynku pojawił się przekład bodaj najważniejszej książki abpa Lefebvre'a: *Oni Jego zdetronizowali. Od liberalizmu do apostazji. Tragedia soborowa*[1]. Drugą okazję stanowi dyskusja wokół Radia Maryja – jej kulminacją była wypowiedź kard. Józefa Glempa[2] oraz bpa Tadeusza Pieronka, sekretarza Episkopatu. Jakby w odpowiedzi na krytyki zawiązał się Zespół Wspierania Radia Maryja, do którego należą znane i cenione autorytety katolickie. To także jest znamienne. Gdy się bliżej przyjrzeć, spór ma charakter doktrynalny. U jego dna tkwi ni mniej ni więcej, ale właśnie problem integryzmu, choć nie wszyscy to dostrzegają.

Przede wszystkim jednak chcę zwrócić uwagę na abpa Lefebvre'a. Jego doktryna jest u nas prawie nie znana. Tymczasem warto o niej mówić, by na tym tle lepiej określić własne stanowisko. Zdarzyć się bowiem może, że Lefebvre nazwie to, co niejeden czuje, choć nazwać nie potrafi. Jestem poza tym przekonany, że nasz spór – po wyciszeniu pierwszych emocji – przyniesie w końcu dobre owoce. Nie ma innego sposobu na dojrzewanie wiary jak próbowanie jej zarówno w ogniu integryzmu, jak i w chłodzie liberalizmu.

Rozważmy najpierw, gdzie tkwią korzenie integrystycznej postawy arcybiskupa. A potem zapytajmy o Polskę: co dzieje się dziś na naszym religijnym podwórku?

---

[1] Wydawnictwo „Te Deum", Warszawa 1997.
[2] W liście do prowincjała redemptorystów Prymas Polski wyraził „poważne zastrzeżenia" wobec uchybień we współpracy Radia Maryja z hierarchią Kościoła, posługiwania się „hałaśliwą metodą walki" oraz upolitycznienia rozgłośni. Kard. Glemp stwierdził również, że „ewangelizacja nie może przestać być dobrą nowiną. Nauka Kościoła ma nadal podnosić ducha i łagodzić goryczy. Kościół musi unikać pobudzania nastrojów wrogości..." (red.).

Wspomnienia rewolucji

To, co najpierw rzuca się w oczy u Lefebvre'a, to ostry atak na liberalizm. Liberalizm jest zły i jest źródłem wszelkiego zła. Zastanawiające, czy to sam widok idei liberalnej budzi takie reakcje, czy też dochodzą do tego inne okoliczności. Moim zdaniem, nie o sam widok idei tu chodzi, raczej o konkretne okoliczności historyczne, w których się kształtowała. Zacznijmy więc charakterystykę lefebryzmu od przypomnienia owych konkretów.

Integryzm Lefebvre'a nosi zdecydowanie francuskie piętno. Jest on wyrazem świadomości tej części społeczeństwa francuskiego – przede wszystkim arystokracji – która nigdy nie pogodziła się z rewolucją. W końcu to ona odczuła na własnej skórze, czym była rewolucja, i nie opuszcza jej pamięć o przelanej wówczas krwi. Nie obumarła w niej również swoista „duma tożsamości" – świadomość tego, że mimo prób dochowała wierności monarchii i Kościołowi. Szczególnym, wciąż istniejącym kamieniem obrazy, jest instytucja republiki. Albowiem rewolucja zniszczyła monarchię, a ustanowiła republikę. Powstanie republiki jest moralną klęską narodu i katolicyzmu: republika oznacza nie tylko koniec panowania „pomazańca Bożego", ale również koniec „społecznego panowania naszego Pana Jezusa Chrystusa".

Spójrzmy oczyma samego Lefebvre'a na odnośny fragment historii Francji. „Przy okazji, fakty mówią za siebie: to, czego nie udało się dokonać francuskiej monarchii, demokracja wprowadziła w życie: pięć krwawych rewolucji (1789, 1830, 1848, 1870, 1945), cztery obce inwazje (1815, 1870, 1914, 1940), dwukrotne plądrowanie Kościoła, wygnania zakonów, zamykanie katolickich szkół, laicyzacja instytucji (1789 i 1901) itd." To znamienna wypowiedź. Rewolucje i bunty, w których społeczeństwo domagało się uznania swej podmiotowości, abp Lefebvre traktuje jako akty zawinione przez samych zbuntowanych. Także za inwazję Niemiec hitlerowskich na Francję w 1940 r. jest – wedle przytoczonego cytatu – odpowiedzialna... republika. Pod koniec cytowanego passusu dowiadujemy się jeszcze, że konstytucja francuska „jest tworem liberalnym, masońskim i anty-katolickim".

Cóż jednak począć, skoro demokracja w końcu powstała i maleje nadzieja na powrót monarchii? Arcybiskup proponuje wyjście: „demokracja nieliberalna". Przykładem jest „republika Chrystusa Króla w Ekwadorze za czasów Garcia Moreno, w zeszłym stuleciu". Jakie są charakterystyczne cechy takiej „demokracji"? Przede wszystkim „respektuje ona prawowitość monarchii". A po za tym „...jest zdecydowanie różna od demokracji Rousseau: władza spoczywa w rękach ludu, ale nie z pochodzenia ani nie w swym celu ostatecznym. Od Boga pochodzi władza ludu, od Boga, jako od autora, oraz od społecznej natury człowieka, ale nie od jednostki-króla samego siebie". I dalej: „Prawa Boże (oraz Kościoła w narodzie katolickim) stanowią podstawę konstytucji. W związku z tym dekalog inspiruje wszelkie prawodawstwo". W demokracji nieliberalnej obowiązuje dość skomplikowany system wyborów (przypominający pod wieloma względami nasze wybory w okresie „demokracji ludowej"), w których „lepsi" wybierają „najlepszych", a reszta w zasadzie tylko głosuje. „Tak więc, jeżeli jakieś państwo wraz ze swoim przywódcą i 98 proc. ludności jest katolickie, obowiązkiem głowy państwa jest zachować wiarę, jedyne źródło zbawienia, współpracując z Kościołem w celu utrzymania dusz w jedności z Panem Jezusem oraz ich zbawienia. Państwo winno zatem odrzucić inne religie lub, gdy nie ma innego wyjścia, co najwyżej je tolerować. Oto czego zawsze nauczał Kościół odnośnie do roli każdego katolickiego przywódcy państwa".

Niestety, Sobór rezygnuje z idei państwa katolickiego i w zasadzie przystaje na demokrację liberalną. Papieże powtarzają: „Kościół nie żąda dla siebie przywilejów, wystarczy mu sama wolność". W następstwie takiej decyzji Soboru pojawiają się wkrótce szczególne inicjatywy dyplomatyczne Stolicy Apostolskiej. Cytuję w dalszym ciągu abpa Lefebvre'a: „Ponieważ liberałowie zwyciężyli w Rzymie, za pośrednictwem nuncjusza w Bernie wymogli oni od biskupa Adama (którego dobrze znałem i który był moim przyjacielem), aby raz na zawsze skończył z katolickim kantonem Valais. W rzeczy samej konstytucja kantonu Valais głosiła, iż religia katolicka jest jedyną religią publicznie uznaną przez państwo; jednym słowem było to uznanie Naszego Pana Jezusa Chrystusa za Króla kantonu Valais. I biskup Adam, mimo iż całkowicie przychylny Tradycji (on, który podczas Soboru walczył o społeczne panowanie Pana Jezusa), wystosował do wszystkich swoich wiernych list, sugerując, by kanton Valais zmienił swą konstytucję i oficjalnie stał się neutralny... Oficjalnie kanton Valais już nie jest kantonem katolickim. Kościół jest w nim uznawany z tego samego tytułu co pierwsze lepsze prywatne stowarzyszenie, zrównany z innymi religiami, które mają prawo zainstalować się w Valais". I dalej: „We wszystkich krajach uznających jedynie Kościół katolicki (w Kolumbii, Brazylii, Chile, *etc.*) Rzym interweniował, aby pozostawiono wolność innym religiom. Skutkiem tego była inwazja sekt przybyłych z Ameryki Północnej, posiadających wielką ilość pieniędzy. Przedtem, aby chronić wiarę swoich obywateli, państwa uniemożliwiały przenikanie tych wszystkich sekt. Jednak w chwili, gdy państwo już nie posiada religii i gdy Kościół domaga się, aby uznano wszystkie religie, drzwi są otwarte na oścież. I jesteśmy świadkami niewiarygodnej inwazji..."

Założeniem ustrojowym koncepcji Lefebvre'a jest – jak powiedziałem – radykalny, z duszy i ciała płynący, a zarazem specyficznie francuski, bunt przeciwko rewolucji, jej ideologii, jej poczynaniom i owocom. Autor nie wspomina jednak ani słowem o nadużyciach monarchii. Są one – w jego oczach – niepomiernie mniejsze niż nadużycia rewolucji. W ścisłym związku z buntem pozostaje swoista wizja władzy: nie ma różnicy między naturą władzy religijnej a naturą władzy państwowej, władza państwowa może swoimi nakazami i zakazami odegrać istotną rolę *w* dziele zbawienia człowieka. W katolickim państwie będzie mniej potępionych niż w państwie niekatolickim. Broniąc instytucji „państwa katolickiego", arcybiskup jest przekonany, że prowadzi wojnę przeciw piekłu. W wojnie tej potrzebni są nie tylko święci, ale również „poświęcone" przez Kościół państwo. Tam, gdzie katolicy są w większości, państwo musi nosić na sobie piętno „panowania Pana Naszego Jezusa Chrystusa". Niestety, Sobór – wbrew „Tradycji" – zaprzeczył temu wszystkiemu.

Przekleństwo liberalizmu

Czym jest, wedle abpa Lefebvre'a, liberalizm? Jest panoszącym się w świecie duchem rewolucji. Liberalizm zawiera błędy, „...które są ostatecznie niczym innym jak błędami rodem z wolnomularstwa. Owe błędy podają w wątpliwość rozum ludzki: nie ma już prawdy ostatecznej, nie ma już prawdy absolutnej. Podają również w wątpliwość wolę. Nie ma już praw, człowiek jest wolny. Podają wreszcie w wątpliwość sumienie: sumienie nie jest zobowiązane do przestrzegania prawa. Wolność sumienia, wolnomyślicielstwo, wolność prasy, wolność nauczania; wszystkie te wolności stanowią część zespołu błędów potępianych przez papieży przez półtora wieku".

Arcybiskup Lefebvre nie podpisał soborowej Deklaracji o wolności religijnej. W niej bowiem liberalizm uwił sobie największe gniazdo. Oto odnośny cytat z Deklaracji: „Obecny Sobór Watykański oświadcza, iż człowiek ma prawo do wolności religijnej. Tego zaś rodzaju wolność polega na tym, że wszyscy ludzie powinni być wolni od przymusu ze strony czy to poszczególnych ludzi, czy to zbiorowisk społecznych i jakiejkolwiek władzy ludzkiej, tak aby w sprawach religijnych nikogo nie przymuszano do działania wbrew jego sumieniu ani nie przeszkadzano mu w działaniu według swego sumienia w życiu prywatnym i publicznym, indywidualnym lub w łączności z innymi, byle w godziwym zakresie. Poza tym oświadcza, że prawo do wolności religijnej jest rzeczywiście zakorzenione w samej godności osoby ludzkiej, którą to godność poznajemy przez objawione słowo Boże i samym rozumem. To prawo osoby ludzkiej do wolności religijnej powinno być w taki sposób uznane w prawnym ustroju społeczeństwa, aby stanowiło prawo cywilne" (nr 2).

Dlaczego przytoczony tekst nie mógł się pomieścić w głowie Lefebvre'a? Myślę, że do skojarzeń z rewolucją doszedł jeszcze... szacunek dla prawdy i ludzi, którzy są jej nosicielami. Vaticanum II snuje swe liberalne pomysły, mając na oku g o d n o ś ć człowieka. Godność człowieka – stwierdza Sobór – jest taka sama zarówno w przypadku tych, którzy żyją w prawdzie, jak i tych, którzy błądzą. Chrystus umarł za wszystkich, zarówno za błądzących, jak i „będących w prawdzie". Gdzie godność jest taka sama, tam i prawa muszą być takie same. I tu zaprotestował abp Lefebvre: nie można na jednej płaszczyźnie stawiać prawdy i błędu. Trzeba odróżnić „godność radykalną" (początkową) od „godności terminalnej" (końcowej). Wprawdzie wszyscy ludzie – zarówno błądzący, jak i żyjący w prawdzie – mają taką samą „godność radykalną", jednak nie wszyscy mają taką samą „godność terminalną": ci, którzy żyją w prawdzie i pozostają w stanie łaski uświęcającej, stoją wyżej od błądzących. Skoro tak, to sama prawda i oparta na niej sprawiedliwość domagają się, by katolicy mieli w państwie większe prawa i łatwiejszy dostęp do władzy, niż reszta „pogubionych".

Można, rzecz jasna, zapytać: kto poświadczy o tym, że dana religia czy dane wyznanie jest „prawdziwe", a inne „fałszywe"? Świadczą o tym sami wyznawcy. Ponieważ jednak trudno sobie wyobrazić, by wyznawca jakiejkolwiek religii twierdził, że jest ona błędna, mamy w państwie tyle „prawd", ile religii i wyznań. Czy wszyscy mają wtedy robić ustępstwo na rzecz katolików? A jeśli nie zechcą, to czy w stosunku do opornych można użyć przemocy? Arcybiskup Lefebvre sądzi, że oddanie pełnej sprawiedliwości prawdzie katolickiej jest możliwe wyłącznie tam, gdzie katolicy stanowią większość, np. we Włoszech, w Hiszpanii czy w Polsce. Tam, gdzie pozostają oni w mniejszości, muszą – oczywiście – akceptować to, że będą tylko „tolerowani", wciąż jednak mają obowiązek walki o to, by uznano ich za „nosicieli prawdy", i o wszelkie tego uznania konsekwencje.

Jeśli jednak racje arcybiskupa są tak „oczywiste", dlaczego nie znalazły uznania u większości Ojców Soboru? Czyj wpływ okazał się silniejszy od światła oczywistości? Abp Lefebvre tłumaczy własną klęskę wpływami... masonerii. Hipoteza ta odgrywa w jego poglądach rolę kluczową. W istocie rzeczy masoneria jest pewnikiem, który wyjaśnia mu każdą katastrofę Kościoła. Masoneria jest w zasadzie wszędzie, gdzie tylko świta myśl liberalna. Arcybiskup jest wzorcowym przykładem wyznawcy „spiskowej teorii dziejów". Jego podejście do Soboru jest częścią antymasońskiego śledztwa. Wynik tego śledztwa jest następujący: „Wszystkie te sprawy wskazują nam, iż – jak to już mówił święty Pius X – nieprzyjaciel przeniknął do wnętrza Kościoła, że, tak jak oznajmiła Matka Boska z La Salette i prawdobodobnie również jak jest to powiedziane w trzeciej tajemnicy fatimskiej, znajduje się on na najwyższych szczeblach. A więc, jeżeli nieprzyjaciel jest rzeczywiście wewnątrz Kościoła, czyż należy mu być posłusznym?"

Raz jeszcze przyjrzyjmy się wywodom Lefebvre'a. Rewolucja, liberalizm, masoneria, ucieczka od „królowania Pana naszego Jezusa Chrystusa". Gdzie leży błąd tej koncepcji? Błąd jest subtelny, trudno uchwytny, ale fundamentalny. Jest nim wizja stosunku religii i polityki: religia, która miała na początku inspirować określone posunięcia polityczne, zostaje w jakimś momencie zamieniona w ś r o d e k do osiągnięcia w ł a d z y politycznej. Logika jest taka: ponieważ jestem katolikiem i znam prawdę, mam prawo do rządzenia w państwie. Środek stał się celem, a cel środkiem. Powtarza się sytuacja z czasów po edykcie mediolańskim: ktokolwiek chce mieć znaczenie na dworze cesarskim, niech przyjmuje chrzest.

Przejdźmy teraz na nasze podwórko.

Od naiwności do dojrzałości

Naszym sarmackim integrystom brakuje, oczywiście, teologicznego pogłębienia. Mimo to podobieństwa rzucają się w oczy. Mamy zatem niezwykle ostre ataki na liberalizm, szermowanie pojęciem „prawdy" i podobne nastawienie do masonerii, która jest mocniejsza od Ducha Świętego. Poza tym mamy wiele emocji, resentymentów i uczuć, które są prostą reakcją na niezrozumiałe wydarzenia. Co jednak szczególnie daje do myślenia, to zahamowanie refleksji u progu sprzeczności, w które ów integryzm popada. Lęk przed refleksją jest lękiem przed widokiem sprzeczności. Integryzm sarmacki robi wrażenie, jakby nieustannie uciekał przed sobą.

Jakie wewnętrzne sprzeczności go przerażają?

Pierwsza to stosunek do doktryny Soboru, a w szczególności do koncepcji praw człowieka głoszonej przez Jana Pawła II. Abp Lefebvre wiedział, że jego integryzm nie daje się pogodzić ani z jednym, ani z drugim. Stwierdzał jasno: ponieważ Kościół popadł w zależność od demona liberalizmu, należy odmówić posłuszeństwa Kościołowi. O Janie Pawle II mówił: „słaby człowiek". Gdyby był „mocny", to by go poparł przeciwko Kurii. Nasi integryści nigdy tak nie powiedzą. Zrobią wszystko, żeby mieć opinię „katolików Papieża Wojtyły". Przy okazji nie zauważą krytycznych sugestii, które pod ich adresem płyną ze szczytów hierarchii. Będą hałaśliwie bronić „wartości", odwracając głowę od skierowanej do nich uwagi, że powinni poddać się kierownictwu Episkopatu. Każdy głos krytyczny pod swoim adresem potraktują jak atak. Nie może to być, oczywiście, atak na wady, bo takich nie mają, lecz wyłącznie atak na cnoty, a cnotą jest to, że przełamali liberalny monopol informacyjny. Wchodząc naiwnie na drogę Lefebvre'a, wierzą, że pójdą nią „inaczej", bo kto jak kto, ale „Sarmata potrafi".

Druga sprzeczność łączy się z liberalizmem. Sformułowane przez Lefebvre'a określenie liberalizmu wyłania się z głębi doświadczeń ofiary rewolucji. Ofiarom rewolucji słowo „wolność" kojarzy się jednoznacznie z konfiskatami, gwałtami, gilotyną... Spróbujmy jednak zmienić punkt widzenia i zapytać: jakie znaczenie może mieć liberalizm i zawarta w nim idea wolności dla ofiar tyranii – dla francuskiego chłopa czy polskiego powstańca? Zwłaszcza ten ostatni punkt widzenia jest dla nas dość istotny. Abp Marcel Lefebvre jest frankocentryczny. Czy w spojrzeniu na sprawę wolności nie możemy być polonocentryczni? Zapytajmy zatem, czym była wolność dla polskiego powstańca – dla tego, kto walczył i umierał „za naszą wolność i waszą". Czy oznaczała ona, że – jak chce Lefebvre – nie ma już żadnej „prawdy ostatecznej, prawdy absolutnej"? Albo że nie ma już „żadnych praw"? Czy wolność uczyniła z powstańców „ludzi bez sumienia"? Stawiam te pytania, by pokazać, jak różne może być rozumienie natury wolności w zależności od tego, czy stoi się obok tronu, czy też dźwiga się na grzbiecie ciężar utrzymania tronu. Jeśli polski powstaniec – myślę, że także niejeden francuski buntownik – umierał „za naszą wolność i waszą", to po to, by dzięki odzyskanej wolności nikt nie podawał swych mniej lub bardziej osobistych przesądów za prawdy absolutne i nie głosił, że decyzje tyranów – takie choćby jak traktaty rozbiorowe Polski – są prawem Boskim.

Kościół w Polsce jakoś to rozumiał. Nie węszył ducha masonerii wokół Kościuszki, Dąbrowskiego, Poniatowskiego, choć gdyby węszył, to by pewnie coś wywęszył. Czy rozumiał to równie dobrze Rzym, Paryż? Wiemy, że różnie z tym bywało. Dzisiaj nasi naiwni integryści mają z tym poważny problem. Z jednej strony powołują się na tradycję narodową i chcą, by wszystko w Polsce było „polskie", poczynając od „polskiej wiary", a kończąc na „polskiej" paście do butów, a z drugiej strony odcinają z polskiej tradycji owe „za naszą wolność i waszą". Nie wiedząc, jak rozwikłać tę sprzeczność, wolą na nią nie patrzeć.

Co w tej sytuacji znaczą takie głosy, jak dramatyczna wypowiedź Prymasa i prosta, trzymająca się ziemi, wypowiedź Sekretarza Episkopatu?

Porównałbym je do wypowiedzi lekarza przy chorym, któremu wydaje się, że jest zdrowy jak rydz. Lekarz zobaczył chorobę i odpowiednio ją nazwał. Lekarza zaniepokoiło „upolitycznienie katolicyzmu", w wyniku którego inspiracja religijna *w* polityce przeszła w inspirację polityczną *w* religii i to, co miało być celem, stało się środkiem do celu, a co środkiem, stało się celem. Sarmaccy integryści dokonują „upartyjnienia katolicyzmu". Mówi się dziś ludziom, że oto razem budujemy wspólnotę modlitwy, a jutro się im powie, że my jako „wspólnota modlitwy" powinniśmy głosować na tę a nie inną, w dodatku wątpliwie demokratyczną partię polityczną. Wtedy powstaje pytanie, o co właściwie chodzi, że Jacek Kuroń jest odpowiedzialny za Katyń, że Hanna Gronkiewicz-Walc ma niejasny rodowód, że Bronisław Geremek jest rzecznikiem najgorszej odmiany liberalizmu („prawda" ta została ogłoszona w dniu jego wizyty u Ojca Świętego), że Leszek Balcerowicz zrujnował polską gospodarkę itp. itd. Czy „prawdy" te mieszczą się w horyzoncie chrześcijańskiego szacunku dla ludzkiej godności, czy w horyzoncie walki o władzę?

W tej sytuacji powstaje wzmiankowany Komitet Wspierania. Ale co znaczy to słowo: „wspieranie"? Czy chodzi o to, by „wesprzeć" rozgłośnię i wyprowadzić ją z zakola, w które wpłynęła, czy o to, by wyleczyć lekarzy, którzy w zdrowego wpierają chorobę? Co do tego powinna być jasność, bo inaczej będzie śmieszność. A śmieszność polegałaby na tym, że ludzie kompetentni w sprawach inżynierii czy medycyny uważaliby, iż są również kompetetni w sprawach teologii i prawa kanonicznego.

Małe prawdy i duże kłamstwo, czyli przyczynek do teorii języka politycznego

Paweł Śpiewak napisał artykuł o „języku cynicznym", jaki upowszechnił się we współczesnej publicystyce politycznej[1]. Warto zacytować kilka fragmentów tego tekstu: „Na czym polega język cyniczny? Cynik polityczny (zależnie od sytuacji i wymogów chwili) posługuje się dowolnym językiem ideowym. Gdy chce likwidować rzekomo nieefektywne przedsiębiorstwo, występuje w barwach liberalizmu ekonomicznego. Mówi wtedy o rynku, twardych zasadach popytu i podaży, nowoczesnym stylu zarządzania. Na racje rynkowe chętnie powołują się np. ci, którzy dążą do likwidacji Stoczni Gdańskiej, choć zarazem korzystają z języka lewicowego, gdy chodzi już o inne obszary gospodarki lub gdy trzeba wpisać do projektu konstytucji niezliczoną ilość praw socjalnych. Z kolei, gdy ten sam polityk będzie bronił rolnictwa przed napływem tańszej żywności z zagranicy, z pewnością posłuży się mieszaniną retoryki narodowej i socjalnej. Może być również tak, że partia jawnie opowiadająca się za rynkowym modelem gospodarki, w chwili słabości (albo wyborów) sięgnie po język lewicy. Uczyni tak, ponieważ z badań socjologów wynika, że bezrobocie stało się problemem dla obywateli najboleśniejszym. Napotykając z kolei

---

[1] *Cynicy i integryści*, zob. „Tygodnik Powszechny" nr 19/1997.

na sprzeciwy znacznej, ale politycznie słabej grupy, na przykład medyków lub nauczycieli, chętnie będzie się odwoływać do pojęcia interesu publicznego, broniąc rządów prawa, dyscypliny budżetowej, i nazywać protestujących egoistami, co to tylko widzą swój własny interes korporacyjny". To wystarczy, aby stawić sobie przed oczy zjawisko „upadku mowy", która stała się instrumentem władzy.

Język cyniczny jest, zdaniem Pawła Śpiewaka, przede wszystkim językiem tej władzy politycznej, która pragnie utrwalić w społeczeństwie właściwy obraz samej siebie. Powstaje pytanie: czy władza, która używa języka cynicznego, jest tym samym władzą cyniczną? Autor artykułu wyraźnie o tym nie mówi, woli pozostać przy języku. Z drugiej jednak strony trudno byłoby wyobrazić sobie człowieka, który nie będąc cynikiem, sięgałby po „cyniczną mowę". Cynizm mowy jest cynizmem mówiącego. Jeśli tak, byłoby interesujące zapytać, co przywiodło polityków do stanu, w którym cynizm stał się ich losem? Jakim przemianom musi ulec człowiek, by ratunkiem dla niego stał się cynizm? Hegel uważał, że cynizm jest formą świadomości przedrewolucyjnej. Odkrywał cynizm przede wszystkim wśród wasali i pochlebców na dworze absolutnych władców. Okazuje się jednak, że cynizm może być również formą świadomości postrewolucyjnej. Rewolucja przegrała, ale rewolucjoniści przeżyli. Tak jakoś się złożyło, że nadal są u władzy[2] i muszą budować świat, który jeszcze wczoraj niszczyli. Usiłują odnaleźć siebie w cynizmie – w cynicznej mowie, cynicznym sposobie bycia. To bardzo interesujące.

Kiedyś przed laty napisałem artykuł pt.: *Kłamstwo polityczne*[3]. Dotyczył on także mowy polityków. Chodziło o mowę tych, którzy

---

[2] Tekst ten był pisany w maju 1997 (red.).
[3] Zob. „Krytyka" nr 25/1987.

zaprowadzili stan wojenny, a następnie szukali jego legitymizacji. Aby zrozumieć wówczas ich mowę, trzeba było sięgnąć wprost do leninowskiej teorii prawdy. Rozróżniłem dwa rodzaje kłamstwa politycznego: jedno zakłada tzw. klasyczną teorię prawdy, drugie z nią zrywa. Gdy polityk mówi o czymś, że było, kiedy tego nie było, kłamie, a przyłapany na kłamstwie powiada, że kłamał z powodu „wyższych racji". I tak na przykład, aby nie drażnić „wielkiego brata", polityk nie mówi prawdy o Katyniu. Polityk zrywa z klasyczną teorią prawdy, gdy sięga po mowę, której celem nie jest opisanie już istniejącej rzeczywistości, ale jej zbudowanie. Przykładem może być hasło: „walczymy o socjalizm". Wiadomo, że celem jest nie tyle stwierdzenie faktu, co zachęcenie do czynu. W tym drugim przypadku kłamstwo jest i nie jest kłamstwem. Wydaje się, że nie jest kłamstwem, ponieważ nie ma rzeczywistości, z którą można porównać wypowiadane słowa. Z drugiej jednak strony jest kłamstwem, ponieważ fałszuje intencje ludzi, którzy pracują, budując domy, drogi, mosty, a nie mityczny „socjalizm".

Chciałbym, aby niniejszy artykuł stał się przyczynkiem do naszych ciągnących się od lat rozważań nad językiem polityki. Z rozważań tych powstała już pokaźna biblioteka. Wydaje mi się jednak, że zagadnienie nie jest wyczerpane. Polityka jest domeną władzy, a dążenie do władzy to jedno z najgłębiej zakorzenionych dążeń człowieka. Psychoanaliza tego dążenia wciąż czeka na swego Freuda.

Dwie krytyki

Z góry przyznaję się do pewnego ograniczenia: punktem wyjścia analiz będą dwa teksty poświęcone mojej skromnej osobie. To źle, bo nikt nie jest sędzią we własnej sprawie. Z drugiej jednak strony każdemu przysługuje przecież prawo do obrony. Zostałem zaatakowany, i to dość bezpardonowo. Więc się bronię. Nie chciałbym jednak, żeby była to zwykła obrona. Chciałbym, aby obrona była jednocześnie przyczynkiem do teorii języka politycznego. Bo o tym, że mamy tu rzeczywiście do czynienia z językiem politycznym, zaraz się dość łatwo przekonamy.

Zostałem zaatakowany w książce Jana Marii Jackowskiego *Bitwa o Prawdę* (1997 r.), w tomie II (*Wyrok na Boga*), w rozdziale zatytułowanym: *Profesor z Krakowa*. Powiedziano tam, że sprawiam „ból wielu ludziom w Polsce", że „powoduję zamęt", że sugeruję, jakoby Jan Paweł II był „zarażony komunizmem", że jestem „nieukiem", że „relatywizuję prawdę" i że „nie reprezentuję Kościoła", mimo iż jestem „duchownym". Wniosek, jaki się narzuca, jest prosty: jeśli nawet autor nie wyrzuca mnie z Kościoła, to jednak usiłuje namówić do tego innych. Na tym właśnie polega polityczny wątek jego rozumowania. Właściwy cel nie polega na tym, żeby wyjaśnić i przekonać, lecz unieważnić, zmarginalizować, sprawić, bym zniknął z horyzontu.

Nie jest to pierwszy przypadek tego rodzaju polemiki ze mną. Przed z górą dziesięciu laty (1987 r.), nakładem wydawnictwa „Książka i Wiedza", ukazała się książka Włodzimierza Lebiedzińskiego: *Tischnerowska metoda krytyki socjalizmu*. Gdy porównuję oba teksty, widzę podobną strukturę i cel podobny. Obydwa teksty zapraszają czytelnika na pole bitwy: raz jest to „bitwa o socjalizm", innym razem „bitwa o prawdę". „Bitwa" pociąga za sobą szereg konsekwencji. Świat dzieli się na część dobrą i złą, pomiędzy nimi nie ma żadnych odcieni. Różnice między stanowiskami zmieniają się w przeciwieństwa, a przeciwieństwa w sprzeczności i wrogość. Bitwa sprawia ból: jak wtedy sprawiałem, tak i dziś sprawiam ból wielu ludziom, w tym także wierzącym. Powinienem więc zniknąć. Pole semantyczne polemiki jest w obu wypadkach zasadniczo takie samo.

Porównajmy kilka cytatów. Najpierw motyw podziału świata i mojego miejsca w czarno-białym świecie.

W. Lebiedziński pisał tak: „W rzeczywistości, cokolwiek by mówił czy pisał J. Tischner, nie był on i nadal nie jest reprezentantem całego Kościoła katolickiego w Polsce, a nawet jego duchowieństwa. Z łatwością można pokazać, że niemała część duchowieństwa poparła władzę ludową od zarania jej istnienia. A później i patriotyczna część księży włączyła się w nurt przeobrażeń społecznych w kraju. Również w trudnych latach 1980–1981 nie wszyscy bynajmniej księża wspierali awanturnicze poczynania opozycji politycznej. Wręcz odwrotnie, niemało było takich, którzy nawoływali do spokoju i pracy. Uczynił to także prymas Stefan Wyszyński w pamiętnym przemówieniu na Jasnej Górze w 1980 r. Doczekał się wówczas, jak wiadomo, reprymendy ze strony zarówno rodzimych, jak i zachodnich przeciwników socjalizmu.

Spora część kleru katolickiego wzięła udział w wyborach do rad narodowych w 1984 r. i do Sejmu w 1985 r. Podobne przykłady można by mnożyć. Nie sposób zapomnieć nadto świeckich organizacji katolickich, aktywnie działających na rzecz Polski Ludowej, socjalizmu, w Sejmie PRL, PRON, oświacie, nauce, kulturze, administracji pańtowej, gospodarce narodowej itp. Tymczasem J. Tischner wbrew oczywistym faktom sugeruje, jakoby cały Kościół katolicki, a więc również miliony wierzących, pozostawał w opozycji wobec socjalizmu. Ewidentne jest zatem, że własne najgłębsze życzenia przedstawia on jako rzeczywistość. Wypada przeto marksiście, choć wygląda to na paradoks, bronić Kościoła przed ekstremalną częścią kleru katolickiego w Polsce" (s. 150).

Motyw podziału świata i obrony narodu oraz Kościoła przed Tischnerem pojawia także się u J. M. Jackowskiego między innymi w związku z użyciem przeze mnie na określenie choroby polskiego społeczeństwa terminu *homo sovieticus*. Jego użycie okazało się groźne, ponieważ prowadzi (notabene J. M. Jackowskiego, nie mnie!) do następujących wniosków: „Po pierwsze, skoro wszyscy jesteśmy skażeni komunizmem (zapewne z Janem Pawłem II na czele), to nie ma sensu rozliczać przeszłości, bo wszyscy byliśmy w niej «umoczeni». Po drugie, deprecjonowało tożsamość polskiego społeczeństwa, które w świetle tego terminu jawi się nie jako autonomiczna wspólnota narodowa o bogatej tradycji historycznej, ale jako produkt «sowieckiej ideologii»" (s. 63).

Z powyższego wynika, że Tischner nie tylko się myli, ale – jak to bywa na froncie – jest też groźny. Należy pomyśleć o obronie. W jaki sposób ma przebiegać obrona? Przede wszystkim należy podważyć autorytet Tischnera. Żadną miarą nie może on uchodzić za „wodza". Z Tischnerem się nie polemizuje, Tischnera się po prostu nie słucha. A dlaczego się go nie słucha? Ponieważ jest niekompetenty. W. Lebiedziński powtarza, że „socjalizm w ogóle, a w Polsce w szczególności, J. Tischner ogląda w skonstruowanym przez siebie krzywym zwierciadle". J. M. Jackowski cytuje prof. P. Jaroszyńskiego z KUL, który stwierdza, że źródłem moich poglądów (np. na tomizm) jest „nieuctwo – Tischner po prostu nie zna św. Tomasza, jak i nie zna historii filozofii" (s. 64).

Jaki stąd wniosek? Co zrobić z człowiekiem niebezpiecznym i w dodatku niekompetentnym? Wnioskiem jest „unieważnienie" Tischnera. W. Lebiedziński pisze, że Tischner „...gra niepolską melodię" (s. 245). J. M. Jackowski mówi przede wszystkim o „melodii niekościelnej" (Tischner „zmierza do upolitycznienia i zamknięcia Kościoła w perspektywie horyzontalnej, ludzkiej"), a ostatecznie stwierdza za prof. Jaroszyńskim: „Historia zna wielu fałszywych proroków, strzeżmy się" (s. 65).

Zarysowany tutaj bieg rozumowania ma na celu coś więcej, niż tylko odsłonić sytuację krytykowanego. Trzeba również wskazać na szczególną pozycję krytykującego. Oto krytyk staje się nagle „kimś".

Nie jest „kimś" w literaturze, w filozofii, w teologii, jest „kimś" w systemie władzy. Krytyk gra rolę obrońcy. W. Lebiedziński i J. M. Jackowski są prawdziwymi obrońcami zagrożonych. „Bitwa" służy z jednej strony unicestwieniu przeciwników, a z drugiej strony – kreacji bohaterów. Im bardziej niebezpieczny wróg, tym większy laur. Mowa polityczna jest mową, w której mówca jest bohaterem walki – raz walki o socjalizm, innym razem walki o prawdę. O jedno i drugie bowiem trzeba walczyć. Cynizm polityczny, na który wskazał Paweł Śpiewak, lawiruje w stronę heroizmu.

To znamienne: czy walczymy o istnienie czy nieistnienie przedsiębiorstwa, o wpis do konstytucji czy o wymazanie czegoś z konstytucji, o taką lub inną prawdę, zawsze jesteśmy „heroiczni". „Prawdy" mijają, heroizm ma pozostać.

Bój o prawdę

Tytuł książki J. M. Jackowskiego brzmi: *Bitwa o Prawdę*". Co autor rozumie przez słowo „prawda"? Wydaje się, że w książce mamy do czynienia z klasycznym rozumieniem prawdy: autor sięga po cytaty, na ich podstawie rejestruje krytykowane poglądy, a potem dowodzi, iż rzeczywistość jest inna. Stwierdza na przykład, że Tischner powiedział, iż nie spotkał w swym życiu nikogo, kto by stracił wiarę po przeczytaniu Marksa czy Lenina, natomiast spotkał takich, którzy stracili wiarę po spotkaniu ze swoim proboszczem. Odpowiada następnie Tischnerowi, jak wielkie spustoszenie zrobił komunizm w świecie religii i jak dobra jest większość proboszczów. W ten sposób wykazuje, że jest inaczej, niż Tischner twierdzi. Wszystko dzieje się „po klasycznemu".

A jednak jest w tym jakiś „przekręt". Uważny czytelnik może zapytać: czyżby Tischner o tym wszystkim nie wiedział? Czyżby trzeba było dopiero J. M. Jackowskiego, żeby się dowiedział, jaką cenę zapłacili ludzie wierzący w okresie komunizmu za swą wiarę? Czy odpowiedź jest zatem *ad rem*? Czy nie jest przysłonięciem istoty sprawy? Czy obrona jednej prawdy nie jest sposobem na ukrycie innej prawdy?

Zwraca się dziś dość powszechnie uwagę na to, że pisarstwo ideologiczne tym się między innymi odznacza, iż stara się unikać dokładnego streszczania krytykowanych poglądów, lecz wystarczają mu strzępy cytatów. Mistrzem takiej krytyki był Lenin. Józef Smaga pisze w swej historii Związku Radzieckiego[4], że Lenin „na niezliczonej ilości przykładów uczył, iż 9/10 tekstu przemówienia winno być o «knowaniach», «zakusach» światowego imperializmu czy «pożarze rewolucji światowej». Piętnując w późniejszym okresie «frazes (czad, świerzb) rewolucyjny», sam był praktykiem tego frazesu, dając wzory monstrualnego wodolejstwa". Taki styl krytyki sprawiał, że tekst stawał się wyrazem swoistej „emocji" – uczucia, które w danym kręgu uchodziło za „rewolucyjne". Można było powiedzieć o autorze, że poddał obce poglądy „krytyce rewolucyjnej". Było to ważne z uwagi na zapotrzebowanie na heroizm.

Coś podobnego odnajdujemy zarówno w przypadku W. Lebiedzińskiego, jak i J. M. Jackowskiego. Pozostawmy na boku tego pierwszego, zatrzymajmy się przy drugim. Krytyka jest w istocie rzeczy atakiem, jak w boju przystało. W ataku nie chodzi o rozumienie, lecz o wartościowanie. Gdyby było inaczej, mielibyśmy większą troskę o właściwe zrekonstruowanie moich poglądów. Ale u J. M. Jackowskiego emocja jest trochę inna niż u bezpośrednich uczniów Lenina, jakby nie całkiem „rewolucyjna". Jest w niej zawarty jakiś ból, jakieś ubolewanie nad losem przeciwnika, który

---

[4] *Narodziny i upadek imperium, ZSRR 1917–1991*, Wydawnictwo Znak, Kraków 1992.

„tak się zaplątał" (wszedł w złe towarzystwo), że trzeba go „unicestwić", a zarazem jest w niej nieodparta potrzeba zadania niszczącego ciosu, aby się już nie podniósł (Tischner jest nieukiem, a poza tym to, co twierdzi, nie ma nic wspólnego z nauką Kościoła). Innymi słowy: „Współczuję błądzącemu, ale, niestety, dla dobra Sprawy muszę zabić". „Współczuję, ale muszę". Samarytańskie miłosierdzie krzyżuje się z leninowskim pryncypializmem.

Heroiczny cynizm uzyskuje tym samym nieco bliższe dookreślenie.

Jako ilustrujący przykład rozważmy podniesioną w krytyce J. M. Jackowskiego sprawę tomizmu. To bardzo pouczający przykład. J. M. Jackowski przypomina mój artykuł sprzed lat (1969 r.): *Schyłek chrześcijaństwa tomistycznego*[5]. W ramach streszczania jego zawartości stwierdza, że zamiarem moim była „miażdżąca krytyka tomizmu". Tyle i nic więcej. Następnie Jackowski przytacza opinię prof. P. Jaroszyńskiego z KUL, który z kolei odwołuje się do Vittorio Possentiego z Mediolanu. Potem mamy już same epitety: „nieuctwo", „relatywizm historyczny", „pomieszanie przyczyny ze skutkami", „nieszanowanie zaleceń Kościoła", „fałszywy prorok", „strzeżmy się". Leninowska proporcja 9/10 została zachowana.

A teraz krótko: o co naprawdę chodziło w *Schyłku chrześcijaństwa tomistycznego*? Artykuł dotyczył spraw metodologicznych. Krytykował przede wszystkim tomistyczną teologię spekulatywną, a krytykował ją za metodę, którą teologia ta stosowała – metodę dedukcyjną. Metoda dedukcyjna zaczęła w teologii obowiązywać od czasu, gdy wzorcem nauki stał się model arystotelesowski, pod wpływem którego znalazł się także św.Tomasz z Akwinu. Teologia spekulatywna to bardzo ważna część doktryny katolickiej. Dla-

---

[5] Zob. *Myślenie według wartości*, Wydawnictwo Znak, Kraków 1982, s. 205–227.

tego mogłem powiedzieć, że jej przezwyciężenie może oznaczać schyłek całego „chrześcijaństwa tomistycznego" – chrześcijaństwa, które nosi na sobie piętno interpretacji Arystotelesa. Chodziło jednak nie tylko o krytykę określonego zjawiska religijno-kulturowego, lecz również o otwarcie drogi dla metod hermeneutycznych. Metoda hermeneutyczna nie jest metodą dedukcyjną, choć i ona ma częściowo arystotelesowskie zakorzenienie. Różni ją jednak dziś od klasycznego arystotelizmu i tomizmu spojrzenie na czas, szczególnie czas dziejów. Metoda hermeneutyczna ma zdecydowanie większy respekt dla fenomenu tradycji. Uwzględnia również wymiar podmiotowy objawienia: w objawieniu ważne jest nie tylko to, co Bóg mówi, ale i to, do kogo mówi. Bóg mówi do człowieka językiem jego czasu i jego osobowości. Aby zrozumieć objawienie, trzeba więc uchwycić nie tylko „obiektywny sens", ale również jego nachylenie do „subiektywności" słuchacza.

Artykuł wywołał rzeczową dyskusję. Zabierali w niej głos m.in.: ks. prof. Marian Jaworski (obecny arcybiskup lwowski), o. prof. Jacek Salij, prof. Stanisław Grygiel, prof. Andrzej Półtawski i wielu innych. Vittorio Possentiego wśród nich nie było – to, co pisał, pisał, nie znając całej dyskusji. Niezależnie od tego, jakiś czas później odbyło się w Krakowie ogromne sympozjum polskich teologów, które zorganizował nieżyjący już ks. prof. Ignacy Różycki. Było ono poświęcone właśnie przeszczepieniu metod hermeneutycznych do teologii. Materiały z tego sympozjum ukazały się w „*Analecta Cracoviensia*" (t. 5/6. R.: 1973–1974). Można tam znaleźć dwa moje teksty: *Rozumienie, dziejowość, prawda* oraz *Hermeneutyka a język*. Tej samej sprawy dotyczy artykuł pt. *Perspektywy hermeneutyki*, ogłoszony w 200 nrze „Znaku", a potem opublikowany w *Myśleniu według wartości* (podobnie zresztą jak *Schyłek chrześcijaństwa tomistycznego* oraz odpowiedź polemistom). Sprawa ma więc dość bogatą historię.

Na tym jednak nie koniec. Oto w 1993 r. ukazała się w Rzymie instrukcja Papieskiej Komisji Biblijnej o interpretacji Pisma Świętego w Kościele. Instrukcję otwiera papieskie przemówienie, w którym metody hermeneutyczne znajdują pełne zrozumienie. Jan Paweł II wzywa do interpretacji sensu tekstów natchnionych z uwzględnieniem ich „historyczno-kulturowego kontekstu". Papież uważa, że „...fałszywe pojęcie Boga i Wcielenia skłania niektórych chrześcijan do pójścia w przeciwnym kierunku". I wyjaśnia: „Bóg Biblii nie jest Bytem absolutnym, który miażdży wszystko, czego się tknie, nie szanując żadnych różnic ani odcieni". W samym tekście instrukcji znajdujemy dwa nazwiska, wymienione jako szczególnie ważne dla współczesnej hermeneutyki – Hansa--Georga Gadamera i Paula Ricoeura – nazwiska skądinąd szczególnie mi bliskie (obaj są członkami Rady Naukowej wiedeńskiego Instytutu Nauk o Człowieku, któremu staram się „prezesować"). To właśnie ich poglądy referowałem na wzmiankowanym sympozjum.

J. M. Jackowski, z zapałem walcząc o prawdę, zapomniał przedstawić pełnej prawdy o moim stosunku do tomizmu i sprawie, z którą się to wiąże. Zamiast tego posłużył się epitetami. Tym sposobem starał się zrobić z siebie nieocenionego obrońcę prawowiernej doktryny Kościoła. Tak więc mamy pole bitwy i heroizm oczekający na wyróżnienie.

Wciąż pozostając w obszarze problematyki „walki o prawdę", powiedzmy jeszcze kilka słów o pojęciu *homo sovieticus*. Także tu J. M. Jackowski walczy. Walcząc, pyta mnie przenikliwie: czy uważam, że Jan Paweł II też jest „skażony komunizmem"? Czy mówiąc, że „w każdym z nas tkwi w jakimś stopniu *homo sovieticus*, miałem na myśli, iż w Janie Pawle II też"? Odpowiadam: gdy po raz pierwszy użyłem tego określenia w telewizji, miałem na uwadze przede wszystkim wyborców Stana Tymińskiego. Potem, gdy pisałem na ten temat, starałem się bliżej określić zasięg użytego terminu. J. M. Jackowski najwidoczniej nie zna tych artykułów. Nie wie też zapewne i tego, że Jan Paweł II sam użył określenia *homo sovieticus* w przemówieniu do biskupów Białorusi. Autorowi nadarza się piękna okazja, żeby bronić narodu białoruskiego przed „deprecjacją" ze strony Papieża. Skorzysta z niej czy nie? Mógłby liczyć na odznaczenie z rąk Łukaszenki.

O tym, że J. M. Jackowski rozumie prawdę selektywnie, powszechnie wiadomo. Powstaje tylko pytanie: co jest zasadą selekcji? W każdym normalnym myśleniu zasadą selekcji jest idea istoty sprawy: pomijamy treści nieistotne, aby uchwycić istotę sprawy. Nie mówimy, że ukradliśmy sznurek, zapominając dodać, iż u jego końca była przywiązana krowa. U J. M. Jackowskiego zasadą selekcji jest walka o władzę. J. M. Jackowski myśli wedle życzeń władzy. Czy kochamy prawdę? Ależ tak, o ile sprzyja zdobyciu lub umocnieniu władzy. Jesteśmy przecież na polu bitwy. A życzenie władzy na polu bitwy jest proste: zdemaskować, donieść, pogrozić i postraszyć. Autor wyszukuje drobne „prawdy" i z ich pomocą tak konstruuje obraz przeciwnika, by ukazało się monstrum. Z drobnych „prawd" pod jego piórem rośnie wielkie kłamstwo. Tak osiągnęliśmy „twórczy kompromis" między klasyczną a leninowską wizją prawdy.

W tym wszystkim nie bardzo rozumiem prof. dra P. Jaroszyńskiego z KUL. Konstrukcja „wielkiego kłamstwa" dokonała się w znacznej mierze przy jego współudziale. Przyznam, że to mnie zadziwia. Z pewnością prowadzi on na KUL-u prace naukowe i z pewnością wymaga od studentów, by pisząc na dany temat, znali podstawową literaturę przedmiotu i dokonywali dokładnych streszczeń poglądów, o których piszą. Dlaczego nie zechce świecić przykładem? Dlaczego nie wyrwie się z kręgu „bojówkarstwa"? Dlaczego w końcu sam nie przeczyta tego, o czym pisze?

Przynależność

W tekście J. M. Jackowskiego raz po raz pada przypuszczenie, że winę za wszystko ponosi „złe towarzystwo", w jakim się znalazłem. Szczególną irytację budzi mój związek z Fundacją Batorego oraz z Unią Wolności. Po co się w to pcham? Muszę mieć w tym jakiś interes. Niech mi więc będzie wolno złożyć kilka słów wyjaśnienia.

Najpierw chcę powiedzieć, że Sorosa i mnie różni wiele, nawet bardzo wiele. Ale łączy nas idea „społeczeństwa otwartego", którą – on i ja – zaczerpnęliśmy od Karla Poppera. Klęską naszych czasów stały się totalitaryzmy z ich koncepcjami społeczeństw „zamkniętych". Walka z totalitaryzmem pociąga za sobą potrzebę budowania „społeczeństwa otwartego". Uważam ponadto, że „społeczeństwo otwarte" nie jest zagrożeniem dla chrześcijaństwa, lecz ogromną szansą. Chrześcijaństwo mogło się rozpowszechnić w cesarstwie rzymskim, ponieważ natrafiło w nim na społeczeństwo na swój sposób „otwarte". Natomiast nie przebiło się do społeczeństw „zamkniętych". Mój udział w Fundacji Batorego jest oparty na akceptacji jej idei. Oczywiście, o szczegółach działalności Fundacji zawsze można dyskutować, w końcu wszystko, co ludzkie, można ulepszać.

Podobnie jest z Unią Wolności. U źródeł Unii tkwi pewna idea. Zanim była Unia, był personalizm Maritaina i Mouniera, potem personalizm Mazowieckiego i jego środowiska, potem – niechże się pochwalę – moje artykuły i studia dotyczące personalizmu. Pójdźmy dalej: zanim była reforma Balcerowicza, była także moja filozofia pracy i etyka solidarności. Unia nie jest ugrupowaniem, które szuka sobie dopiero idei, lecz jest raczej ideą, która szuka ugrupowania. Nie wiszę na gałęzi Unii jako jej mniej lub bardziej jawny członek, ale jestem w jakimś stopniu u jej korzeni. Tego się trudno wyprzeć.

Czy wyklucza to związki z innymi ugrupowaniami? Nie, nie wyklucza. Cóż jednak z tego, gdy inne ugrupowania albo nie chcą myśleć o swych ideowych fundamentach, szukając ratunku w postawie cynicznej, albo szukają rodowodu w zupełnie obcych mi okolicach. Jeśli zaś idzie o tzw. „chrześcijańskie" ugrupowania polityczne, to – jak o tym już kilkakrotnie pisałem – widzę w nich polską odmianę głęboko antydemokratycznego lefebryzmu. Nie milczę o tym, a nie milczę po to, aby mi ktoś kiedyś nie zarzucił tego, co zarzuca się Heideggerowi – że jako filozof milczał, patrząc, jak na jego oczach obumierała wolność. Występuję jawnie i czekam: niech mi ktoś jawnie udowodni, że nie mam racji. Zamiast odporu, mam wciąż nowe dowody – ostatnio w związku z dyskusją konstytucyjną – przemawiające za słusznością mojego stanowiska.

Oczywiście, poglądy, które głoszę, są moimi poglądami. Biorę za nie pełną odpowiedzialność. W tym sensie są to poglądy „prywatne". „Prywatne" nie znaczy jednak, że poglądy te są jakimiś moimi fanaberiami. Ich wartość jest taka, jaka jest wartość argumentów, którymi staram się je wesprzeć. Są wśród tych argumentów takie, które opierają się na wierze Kościoła, i takie, które opierają się na rozumie. Z argumentami można się spierać. Są jednak tacy, którzy zamiast argumentować, wzywają na pole bitwy i usiłują straszyć.

Między samoudręką a trwogą

Gdy w jakimś miejscu i czasie zaczyna się kryzys wartości prawdy, gdy przejawem tego kryzysu stają się postawy relatywistyczne, sceptyczne i subiektywistyczne, to nie wystarczy demonstracyjne załamywanie rąk nad mizerią czasów, w których przyszło nam żyć, lecz trzeba zapytać, gdzie tkwią właściwe przyczyny tych zjawisk. Przyczyną nie musi być ani pycha rozumu, ani przewrotność serca, ale może nią być pospolite nadużywanie pojęcia prawdy przez przemoc władzy politycznej, wspartej niekiedy również władzą religijną.

Przypomnijmy czasy Reformacji – czasy wielkiego „kryzysu prawdy". Chrześcijaństwo uległo podziałowi i oto naprzeciw siebie stanęły rozmaite „wyznania", z których każde głosiło, że tylko ono jest w posiadaniu „prawdy". „Prawda" przeciwstawiła się „prawdzie", „prawda" stanęła do walki z „prawdą". Czy powstałe w takiej sytuacji postawy relatywistyczne i sceptyczne nie były nadzieją udręczonych ludzi? Czy nie byłoby zdrowiej, gdyby katolicy i protestanci pozbyli się przywiązania do swojej i tylko swojej „prawdy" i zechcieli posłuchać drugiej strony? Czy dzięki jakiejś dozie wątpliwości nie dałoby się uniknąć przelewu krwi? To racja, że wierność dla prawdy jest świadectwem wielkości człowieka, ale są okoliczności, w których wierność staje się tylko „ślepym przywiązaniem".

Nasze czasy noszą wiele podobieństw do okresu, który nastąpił po Reformacji. Krwawe rewolucje i wojny światowe, przewroty i prześladowania, których świadkiem był nasz wiek, dokonywały się ze słowem „prawda" na ustach. Mieli swą „prawdę" zaborcy i miały swoją „prawdę" narody uciśnione, miał ją proletariat i miała burżuazja, miał faszyzm i komunizm, w imię „prawdy" dymiły kominy Oświęcimia i napełniały się baraki na Kołymie, i w imię „prawdy" dokonywały się czystki etniczne w byłej Jugosławii. Dziś natomiast słyszymy: „Kto mówi mi o prawdzie, ten czyha na moją wolność". Czy takie stwierdzenie także ma być wyrazem nadętej pychą i ponad wszelką miarę rozpasanej swawoli? A może chodzi tylko o to, abyśmy znów docenili wartość zdrowego sceptycyzmu, trzeźwego relatywizmu i nauczyli się wsłuchiwać w głos subiektywności, która opowiada o swoim bólu, bo przecież innego bólu nie ma jak tylko subiektywny?

A jednak, mimo pewnych podobieństw, nasze czasy różnią się dość zasadniczo od tych, które nastąpiły bezpośrednio po Reformacji. Przeszliśmy przecież przez Oświecenie. Cokolwiek by się powiedziało na temat Oświecenia, pozostało po nim jedno: p r a w a   c z ł o w i e k a. Tego przedtem nie było. Dzisiejsi spadkobiercy Reformacji i Oświecenia są świadkami paradoksu: im bardziej problematyczna staje się „prawda", im bardziej niejasne jej pojęcie, tym jaśniejszym blaskiem świeci ku nam idea „godności człowieka". Wiele na to wskazuje, jakby „prawda" szła swoją drogą, a „godność człowieka" swoją. Nie jesteśmy pewni „prawdy", ale jesteśmy pewni „godności". „Prawda" jest sprawą rozumu, a „rozumów" może być wiele: jest „rozum" marksistowski, „rozum" nazistowski, „rozum" katolicki, „rozum" protestancki i każdy ma swoją „prawdę", której nie może przekazać innemu „rozumowi". „Godność" natomiast nie jest sprawą tych „rozumów". Wygląda na to, jakby była „wyższa" niż rozum. Ona zobowiązuje absolutnie.

Sytuacja, w której „godność" uwolniła się od „prawdy", jest mocnym wyzwaniem rzuconym myślącemu człowiekowi. Czy człowiek ma się wyrzec rozumu? A może powinien wyrzec się godności, jeśli nie znajduje ona oparcia w rozumie? A może stoimy wobec zadania podobnego do tego, jakie miał Immanuel Kant, gdy podejmował „krytykę czystego rozumu"? Może chodzi o to, że po wszystkich dziejowych przygodach z „rozumnością", rozum stał się „niemądry", a teraz chodzi o to, by stał się „mądry"? Rozum jest jedyną naszą władzą, która ma moc poprawiania samej siebie; ani uczucia, ani zmysły tego nie potrafią, te muszą czekać na pomoc z zewnątrz. Może właśnie o to dziś idzie, żeby rozum poprawił siebie, a inspiracją poprawy ma się stać spotkanie z godnością?

Zanim jednak zdołamy – jeśli w ogóle zdołamy – odpowiedzieć na wyzwanie rzucone naszemu rozumowi, przyjrzyjmy się sytuacji. Z jednej strony mamy rzeczywiście potężny nurt relatywizmu, w którym wielu widzi ratunek przed powtórzeniem horroru walk o „prawdę". Z drugiej strony mamy nurt integryzmu, który mocno obstaje przy „prawdzie". Hałas wywołany przez oba przeciwieństwa jest tak wielki, że tłumi trzeźwe głosy płynące ze środka naszej duchowej sceny. Nie pozwala usłyszeć pytania: jaki sens przybiera dziś pojęcie prawdy?

Relatywizm i jego granica

Zasadą relatywizmu jest idea autentyzmu jako wyrazu pełnej wolności człowieka. Pytał Fryderyk Nietzsche: „Co jest znakiem odzyskanej wolności?" I odpowiadał: „Przestać się wstydzić samego siebie". Ale jak można przestać się wstydzić samego siebie? Tylko w ten sposób, że się uzna, iż wszystkie wartości są relatywne i każdy człowiek, patrząc na świat ze swego punktu widzenia, ma swoją prawdę. Nie kwestionuje się możliwości prawdy, mówi się tylko, że każdy ma swoją. Gdy na przykład homoseksualista stwierdza publicznie, że jest homoseksualistą, to jakiś fundamentalista może w tym widzieć przejaw bezwstydu, ale dla relatywisty jest to zwyczajna prawda – konkretna prawda konkretnego człowieka. Wartości absolutne są dla relatywisty złudzeniami uczuć. Jasiowi może się wydawać, że nie potrafi żyć bez Marysi, a Marysi, że nie przeżyje odejścia Jasia, ale wystarczy odpowiedni upływ czasu, by wszystko to okazało się złudzeniem. Wszelkie zachowania ludzkie, wszelkie wybory i preferencje, wszelkie mniemania i wiary są jednakowo wartościowe. Skoro już są, widocznie zaspokajają jakąś potrzebę. Trzeba pozwolić człowiekowi zaspokajać swoje potrzeby w sposób, który uznaje za najbardziej stosowny. W końcu cóż człowiekowi przyjdzie po prawdach, które nie zaspokajają niczyich pragnień i nie koją niczyich bólów?

Drugą stroną idei autentyzmu jest potrzeba „samorealizacji". Relatywizm toleruje każdą potrzebę człowieka, ale ze wszystkich potrzeb najbardziej podstawową i najbardziej godną uznania okazuje się potrzeba „samorealizacji". Potrzeba ta wydaje się oczywista. Życie jest po to, abyśmy mogli się w nim „spełnić". Czy człowiek nie ma prawa do rozwoju talentów, jakimi obdarzyła go natura? Czy ten, kto posiada absolutny słuch, nie powinien zostać muzykiem, a ten, kto ma duszę poetycką – poetą? Czy nie o to chodzi, by wokół nas rozkwitały osobowości?

Powstaje jednak pytanie: czy tolerancja dla każdej „potrzeby", w której człowiek widzi chwilowo środek samorealizacji, nie stwarza niebezpieczeństwa dla życia społecznego? A jeśli Jaś „ma potrzebę" zabicia Stasia, czy należy mu na to pozwolić? Oczywiście nie. Nawet skrajne odmiany relatywizmu usiłują stawiać granice „samorealizacji". W życiu społecznym należy przyjąć dyrektywę praktyczną: pozwalamy każdemu „rozkwitać", ale tylko o tyle i w taki sposób, by nie kłóciło się to z „rozkwitem" innych. W tym celu zaprowadzamy określony ład w przestrzeni społecznej. Niech każdy działa we wnętrzu „prywatnej przestrzeni" życia i niech nikt nie ma prawa tam wkraczać. Niech każdy ma swoją komórkę na ogromnym plastrze miodu, który ofiarowała nam natura. Oprócz przestrzeni prywatnej, istnieje jednak również przestrzeń publiczna, wspólna. Tutaj obowiązują swoiste reguły gry: jeździmy prawą stroną drogi, w sklepie płacimy za towar, staramy się dotrzymywać obietnic, nie czynimy innym tego, czego nie chcielibyśmy, żeby nam czyniono. Działamy tak jak jednakowo nakręcone zegary: ich wahadła nigdy się nie zderzą, mimo że znajdują się one obok siebie. Działając we wspólnym świecie, staramy się o „harmonię". Nie dlatego jednak, by „harmonia" była wartością absolutną, ale dlatego, że taki jest nasz „interes". Respektujemy reguły gry z prostego wyrachowania, bez konieczności poruszania nieba i piekła, by wsparły nasze zachowania. W końcu z tego, że nasze wartości są relatywne, nie wynika, iż można je deptać, tak jakby żadnymi wartościami nie były.

Wspomniałem o „grze". Pojęcie to robi dziś zawrotną karierę. Życie ludzkie – zwłaszcza w sferze publicznej – jest „grą". Nikt nie musi zasiadać do gry. Skoro jednak już zasiadł, powinien respektować jej reguły. Ktoś „gra w ekonomię", ktoś inny „bawi się w politykę", jeszcze inny „rozgrywa partię religijną". Grając, można mieć czasem wrażenie zobowiązań absolutnych. Zdarza się, że przegrani popełniają samobójstwa. Jest to jednak tragiczne złudzenie. Także gry są relatywne. Można grać w to lub tamto, można tak lub owak, można w ogóle nie grać. Czy świadomość, że wszystko jest grą, nie działa uzdrawiająco? Czy nie uwalnia z potrzeby kamienowania za naruszenie wartości tylko pozornie absolutnych?

Czym w świetle relatywizmu jest władza polityczna? Czym jest wyczerpująca nas gra o władzę? Jest tym i tylko tym, za co uważają ją uczestnicy gry. Jeśli ktoś boi się władzy, niech szuka źródeł swego lęku w sobie, a nie we władzy. Nikt nie staje się niewolnikiem z zewnętrznego nadania. Każde roszczenie władzy politycznej do tego, by znaleźć dla siebie oparcie w tym, co absolutne, jest śmiechu warte. Kiedyś domagali się tego „uczeni w Piśmie", potem „królowie z Bożej łaski", później wodzowie rasy, „sekretarze" partii... i co z tego pozostało? Pozostał ponury krajobraz śmierci.

Jako namacalne następstwo potyczek z relatywizmem pozostaje sprawa państwa. Hegel mówił: „Państwo, to boska idea na ziemi". Dziś – w znacznej mierze dzięki relatywizmowi – nikt rozsądny w to nie wierzy. Stawia się na ogół na demokrację liberalną. Demokracja jest tworem ludzkim, a więc niedoskonałym. Ale właśnie dlatego może być poprawiana, doskonalona. Demokracja przechodzi co dzień swą ogniową próbę. Na ogół wychodzi z niej zwycięsko. Czy przedmiotem troski państwa ma być los wartości absolutnych? Czy to w ogóle jest zadanie państwa? Gdy państwo było „boską ideą", niewątpliwie tak być musiało. Ale teraz? Teraz samo państwo stało się „relatywne": jest „dobre", gdy szanuje prawa człowieka, jest „złe", gdy ich nie szanuje. Gdyby państwo było „boską ideą na ziemi", mielibyśmy ogromne kłopoty z jego poprawą, skoro jednak jest instytucją ludzką, nic nie stoi na drodze krytyki i poprawy.

Spór relatywizmu z fundamentalizmem ciągnie się od wieków, choć w gruncie rzeczy jest sporem pozornym. Właściwie rzeczywisty spór pomiędzy nimi nie jest możliwy. Dwa te „rozumy" – relatywistyczny i fundamentalistyczny – są tak różne, ich języki tak od siebie oddalone, że mowy nie ma o rozumieniu! Możliwe są tylko: śmiech, kpina, szyderstwo. Obraz fundamentalisty pobudza relatywistę do śmiechu. Dlatego bardzo chętnie wystawia go na widok publiczny, aby inni też mieli zabawę. I oto mamy: wielki plakat na murze, na plakacie jakiś skandal, a celem jest... upowszechnienie radości. Jedni się cieszą, inni gorszą. Ale o to właśnie chodzi! Niech będzie zgorszenie jednych, a śmiech drugich! Niech będzie rozrywka! Na świecie, na którym nie można znaleźć szczęścia, będą przynajmniej jego namiastki – rozrywka i śmiech.

Relatywizm przeczuwa jednak, że istnieje gdzieś granica relatywizmu. Nie wszystko jest grą. U podłoża gry snuje się dramat. Nie znamy zrębów tego dramatu, ale przeczuwamy, że jest. Od czasu do czasu da nam o nim znać jakaś choroba, nieoczekiwana śmierć czy czyjeś niespodziewane szaleństwo. Właśnie doszła do nas wiadomość, że w pewnym mieście matka wyskoczyła z okna wraz z niepełnosprawnym dzieckiem – zabijając i dziecko, i siebie. Jaka miłość, czy może nienawiść, popchnęła ją do tego czynu? Jaka klęska okazała się ponad jej siły? Nie każdy problem daje się rozwiązać za pomocą śmiechu i nie od wszystkiego odciąga rozrywka. Czy właśnie nie natrafiamy dziś na graniczny słup relatywizmu? Czy pod naszym zanieczyszczonym niebem nie zawisła jakaś trwoga, która przenika głębiej niż radości i smutki z powodu sukcesów i klęsk w prowadzonych przez nas grach? Co powiedzieć o idei „samorealizacji"? Na jej temat pisze Charles Taylor: „...kultura samorealizcji doprowadziła do tego, iż wielu ludzi straciło z oczu problemy, które przekraczają ich jednostkowy punkt widzenia. Wydaje się też bezsporne, że kultura ta przybrała formy trywialne i egotyczne. Może to prowadzić do swoistego absurdu: powstawania nowych postaci konformizmu wśród ludzi, którzy chcą być tylko sobą, a jeszcze dalej – nowych form zależności, w miarę jak ludzie niepewni własnej tożsamości zwracają się do samozwańczych ekspertów i przewodników wszelkiego autoramentu, otoczonych prestiżem nauki czy jakiejś egzotycznej duchowości".

Po cichu, niezauważalnie, bez bicia w bęben i trąbienia w trąby, dokonuje się dziś relatywizacja relatywizmu. Relatywizacja relatywizmu oznacza spotkanie z tym, co absolutne. Ale czym jest to, co absolutne? Tutaj natrafiamy na największą niespodziankę. To, co absolutne, wydaje się bowiem jakieś niepokojące i przerażające, właśnie takie, jak zanieczyszczone niebo nad naszym miastem. Odrzucając możliwość absolutnego Dobra, człowiek współczesny został przymuszony do konfrontacji z absolutnym złem. Absolut zmienił oblicze, wczoraj obiecywał zbawienie, dziś grozi zniszczeniem. Utraciliśmy – jak mówi Chantal Delsol – „bezpieczeństwo ducha". Widzimy, jak wojna, terroryzm i przemoc, których miało już nie być w oświeconej Europie, wracają do naszych miast i wsi. Choroba AIDS dziesiątkuje nasze higieniczne społeczeństwa. Grozę budzi pogarda dla praw człowieka nie tylko w Afryce, Chinach czy Ameryce Łacińskiej, ale również w cywilizowanej Europie. Poszerza się przepaść między bogactwem a nędzą. Kryzys wierności rozkłada więzi rodzinne i ojczyźniane. Po „śmierci Boga" – kontynuuje Delsol – człowiek znalazł się przed naporem nieokreślonych wierzeń panteistycznych. Ci, którzy „przezwyciężyli religię", prowadzą rozmowy z duchami zmarłych, rehabilitują gnozę, płacą wysokie haracze szarlatanom, a także popełniają zbiorowe samobójstwa na życzenie kapłanów nowych „bóstw". Wojna odbiera człowiekowi „bezpieczeństwo ciała", nasz dzisiejszy podminowany niepokojem pokój odebrał nam „bezpieczeństwo ducha".

Taka jest perspektywa relatywizacji relatywizmu. To tragiczne, bo dzieje się to nie przez objawienie Dobra absolutnego czy jakiejś Wartości najwyższej, ale przez wieczny powrót tego samego zła. Właśnie to budzi naszą trwogę. Trwoga wymaga stłumienia. Ale człowiek, który stał się „graczem", jedynie z ogromną trudnością tłumi trwogę, która wraca ku niemu choćby przy okazji codziennej lektury gazet: „Wszystko jest relatywne – wszystko oprócz zła, bowiem zło jest absolutne".

Pochwała prawdy i obłuda

Totalitaryzmy naszego wieku uzależniały godność człowieka od wyznawanej przez niego „prawdy". Na tym zasadzał się ich fundamentalizm. Tylko ci, którzy wyznają „jedynie prawdziwy" światopogląd, mogą mieć pełne prawa obywatelskie, a nawet ludzkie. Oczywiście, „prawdy" jednej ideologii nie były „prawdami" innej ideologii, ale podstawowa zasada była taka sama. Nie wolno dopuszczać do władzy błędu, ponieważ prowadzi to do katastrofy. Stąd brały się konflikty między ideologiami. Dziś poglądy te należą do przeszłości. Przechowały się jednak częściowo w środowiskach tzw. integryzmu katolickiego.

Zanim spróbuję scharakteryzować głębiej integrystyczną postawę niektórych katolików, zastanawiam się, jakiego słowa użyć, by trafić w sedno integryzmu? Mówi się o „tradycjonalizmie", o „fundamentalizmie", wszystkie te nazwy są jednak wielce mylące, a przede wszystkim nie odsłaniają religijnej strony zjawiska. Po namyśle proponuję sięgnąć do ewangelicznego pojęcia „faryzeizmu". Faryzeizm to fundamentalizm i integryzm, spleciony ściśle z religią. Znani z opisów ewangelicznych faryzeusze byli tymi, którzy w świecie narażonego na relatywizm i subiektywizm judaizmu pragnęli być „najwierniejszymi z wiernych". Skrupulatnie przestrzegali przepisów Prawa, pielęgnowali tradycje religijne i narodowe, dbali o to, by nie zatracić tożsamości w pogańskim żywiole. Ich wierność była godna podziwu. W jakimś momencie jednak stała się ich nieszczęściem. Konstrukcje, które w jej imię stworzyli, zamknęły ich w więzieniu. Ale zjawisko faryzeizmu nigdy nie obumarło, raczej wyszło poza granice judaizmu i znalazło sobie przytułek w chrześcijaństwie, w katolicyzmie.

Rozważmy: czym jest faryzeizm *w* swej ponadhistorycznej istocie?

Chrystus mówił o faryzeuszach: „obłudnicy". Tym, co najbardziej rzuca się w oczy, jest obłuda. W ustach Chrystusa „obłuda" znaczyła zarzut i wyrzut. W faryzejskiej postawie wobec Boga i bliźnich było coś z oczywistej nieprawdy. Ale czy faryzeusz tak samo oceniał obłudę jak Chrystus? Czy wstydził się swojej obłudy? Wręcz przeciwnie. On widział w niej jakąś konieczność, jakąś szansę i mniej lub bardziej świadomie się na nią godził. La Rochefoucauld napisał: „Obłuda jest hołdem, jaki występek składa cnocie". Faryzeusz ma świadomość tego, że życie ludzkie jest dalekie od ideału, ale mimo to na zewnątrz chce dawać świadectwo czci dla ideału. Dajmy ludziom dobry przykład – mówi – nawet jeśli obraz tego przykładu będzie nieco podbarwiony. Czy w tej odrobinie „nieprawdy" nie wyraża się nasz hołd dla „prawdy"? Wszyscy w końcu w jakiejś mierze jesteśmy i musimy być „faryzeuszami". Tylko naiwnym się wydaje, że jest inaczej, i udają niewiniątka. Jeśli tak czy owak jesteśmy grzesznikami, to starajmy się przynajmniej, by złym przykładem nie wciągać nikogo na dno, które nas pociągnęło. Skrywajmy nasz grzech, a głośno wychwalajmy cnotę. Może to nas kiedyś wyciągnie z grzechu. Niechże głośno składany hołd dla cnoty stanie się cnotą ludzi tak czy owak skazanych na grzech. Cnota, nawet jeśli jest udawana, i tak buduje. Grzech, udawany czy nie, zawsze niszczy.

Faryzeusz głosi: „Nie jestem jako ten celnik". Zawsze musi się znaleźć jakiś celnik, na tle którego jaśnieć będzie faryzejska cnota. Z pomocą w budowaniu takiej cnoty przychodzi faryzeuszowi określona koncepcja winy. Winę zaciąga się przez „splamienie", a „splamienie" dokonuje się przez dotyk. Ewangeliczny faryzeusz nie może rozmawiać z poganinem, nie może wchodzić do jego domu, nie może publicznie pokazać się z kobietą. Kiedy to zrobi, podda się rytualnym obmyciom. Przeświadczenie, że wina to „jakaś plama", jest ponadhistoryczne. Dziś jeszcze nie pozwala „lepszemu katolikowi" witać się z „gorszym", modlić się z protestantem, iść na kompromis z przeciwnikiem politycznym. Faryzeusz wspina się wzwyż, spychając w dół swoich „celników".

Mówi się, że faryzeizm był tradycjonalizmem, ale nie wolno mylić tradycji z „uwiecznianiem". Tradycja jest organiczną ciągłością zmiany i tożsamości, faryzeizm jest uwiecznieniem jednego momentu przeszłości i ślepym trwaniem przy nim. Z chwili robi się wieczność, z wieczności – chwilę.

Faryzeizm wierzy w siłę dobrego przykładu. Przykładem takim ma być jego respekt dla wartości absolutnych. Aby jednak taką siłę uruchomić i przyciągnąć uwagę innych, respekt ten musi być namacalny, łatwo uchwytny, widzialny. Chrystus mówił: „Chodzą w długich szatach". To bardzo „ważne", by chodzić w długich szatach, niech każdy widzi, że nie wszystko w życiu jest relatywne. „Ważne" jest, by nie podróżować w szabat, by nie stykać się z poganami, by surowo ukarać jawnogrzesznicę... I „ważne" jest, aby wszyscy to widzieli. W jakimś jednak momencie to, co „ważne", wymyka się spod kontroli i zaczyna pożerać „ważnego". Forma przygniata treść. Spieszący do świątyni kapłan przechodzi obojętnie obok rannego, którego napadli zbójcy. „Litera zabija". Ileż sporów toczy się wśród faryzeuszy wokół tego, co jest, a co nie jest ważne! Ile potępień sypie się na głowę!

Im większe zamknięcie na świat, tym mniejsze rozumienie świata. Gdzie nie ma rozumienia, pozostaje „zgorszenie" światem. „Zgorszenie" – „święte oburzenie", „święty gniew", „skandal" – oto najczęstsze sposoby reagowania na to, co się dzieje w świecie (sposoby skądinąd tak skrzętnie wykorzystywane przez relatywistę do nabijania sobie kasy). Poza zamkniętym kręgiem faryzejskiego podwórka nie dzieje się w zasadzie nic dobrego. A jeśli ktoś twierdzi inaczej, to znaczy, że nie jest dostatecznie przenikliwy. Gdy Chrystus uzdrowił opętanego, powiedziano, że „mocą księcia czartowskiego wypędza złe duchy".

Ale czego właściwie chce faryzeusz, wznosząc swe skomplikowane konstrukcje? Po co mu to? W końcu to przede wszystkim on sam staje się ich ofiarą. Odpowiedź narzuca się sama: faryzeusz chce władzy. Faryzeusz sam wynajduje sobie absolut, by dzięki niemu sięgnąć po władzę absolutną.

Jest coś mrocznego w duszy faryzeizmu: nie kończąca się samoudręka. Faryzeusz cierpi, ale cierpi tym cierpieniem, które sam sobie zgotował. Faryzeusz, mimo że jest w swej bezkomromisowości nierzadko godny podziwu, to nigdy nie osiągnie takiej władzy, na jaką we własnym mniemaniu zasługuje. Mimo że z ogromnym samozaparciem daje świadectwo lojalności wobec przepisów Prawa, to nigdy nie znajdzie tylu naśladowców, ilu mu potrzeba. Dlaczego? Z powodu „prawdy", w imię której od prawdy odstąpił. Źródłem samoudręki jest obłuda. Nakazała mu ona trzymać się kurczowo m a ł y c h p r a w d – a to prawdy o naruszaniu szabatu, a to prawdy o niedobrym pochodzeniu, a to prawdy o źdźble w oku sąsiada – zamazując obecność w i e l k i e j p r a w d y. Faryzeusz wciąż „walczy o prawdę". Jakiż jest wynik tej walki? Z nagromadzenia setek małych prawd rośnie w nim wielka nieprawda – o człowieku, świecie, Bogu. Dlatego nigdy nie jest zdolny do „poznania czasu nawiedzenia swego". Świadomość tej nieprawdy tkwi we wnętrzu faryzejskiej obłudy i raz po raz wychodzi na wierzch, stwarzając jeszcze większe zamknięcie, jeszcze większą podejrzliwość, jeszcze większą samoudrękę. Oto „religia schorowanej wyobraźni". Wyobraźnia faryzejska krzyżuje samą siebie, ale głosi i chyba nawet czasem w to wierzy, że sam Bóg ją krzyżuje.

Władza godności

Trzeba rozumieć znaczenie faryzeizmu i relatywizmu w kulturze. Faryzeizm – fundamentalizm, integryzm czy jak go tam jeszcze nazwać – wierzy głęboko w wartości absolutne, ale rozciąga doświadczenie Absolutu na to, co absolutne nie jest. Z kolei relatywizm ostrzega nas, abyśmy nie zapominali, że nie wszystkie wartości, wśród których się obracamy, mają znaczenie absolutne, aczkolwiek w przesadzie, z jaką formułuje swe ostrzeżenie, nie pozwala dostrzec rzeczywistego Absolutu. Każde z tych stanowisk zamyka się w swoim Ja. Jedno Ja przeciwstawia się drugiemu. Ale ile razy się ku sobie zbliżą, tyle razy czują, że coś ich od siebie odrzuca. I tak wracają do swych skorup. Ponad ich siły okazuje się wyzwolenie jakiegoś łączącego je My. A przecież w gruncie rzeczy są jak dwie strony tego samego medalu. Bocząc się na siebie, rzucając gromy przeciwko sobie, pogardzając, gorsząc się i szydząc, fundamentalista i relatywista żyją z siebie. Jak dwa pasożyty, które piją swoją krew.

Powróćmy do sprawy ludzkiej godności. Wszystko wskazuje na to, że godność człowieka nabiera w dzisiejszym świecie znaczenia wartości absolutnej, przed którą ugiąć się musi zarówno „pożyteczna obłuda" faryzeuszów, jak i „bezgraniczny autentyzm" relatywistów. Idea godności znosi przeciwieństwa dwu egotyzmów i buduje międzyludzkie My. Jesteśmy świadomi trudności teoretycznych, jakie nastręcza pojęcie godności i praw człowieka, ale nie dziwi nas oburzenie, z jakim opinia publiczna reaguje na przypadki poniżenia godności. Sami się do tego oburzenia przyłączamy. Mówimy, że takie postępowanie „nie ma sensu", a przecież „trzeba żyć z sensem".

Czy możemy rzucić choć trochę światła na rodowód praw człowieka? Na fundament ich oczywistości? Czy oczywistość ta ma coś wspólnego z rozumem? Czy jest zupełnie irracjonalna? Czy jest tak, że „prawdy", które zdobywamy o świecie dzięki rozmaicie wyćwiczonym „rozumom", biegną swoją drogą, a godność swoją?

Przede wszystkim musimy sobie uprzytomnić sens biblijnego pojęcia prawdy, którym Europa karmi się od wieków, choć nie zawsze o tym pamięta. Co jest prawdą? Prawdą jest człowiek – taki człowiek, na którym można polegać. W tym sensie Chrystus powiedział: „Jam jest prawdą". Bohaterowie opowieści biblijnych – ślepiec, paralityk, trędowaty, jawnogrzesznica, Filip, Piotr, Jan – znajdowali drogę do prawdy Chrystusa, p o l e g a j ą c n a N i m. Najpierw szło zawierzenie, a za nim z trudem podążało rozumienie. Ale właściwie nie ono było najistotniejsze. Najistotniejsze jest to, by samemu stać się prawdą, na której można polegać.

Mam takie przekonanie, że dzisiejszy wzrost znaczenia godności człowieka pozostaje w związku ze świadomością, iż zawsze i wszędzie człowiek może stać się prawdą, na której można polegać. Prawda ta wyprowadza nas poza opłotki fundamentalizmu i relatywizmu. Bo rzecz w tym właśnie, że ani na fundamentaliście, ani na relatywiście nie można polegać. Obaj są gotowi do zdrady, choć każdy z innego powodu. Pierwszy nie spocznie dopóty, dopóki w spotkanym człowieku nie znajdzie źdźbła i nie uczyni z niego belki. Drugi będzie trwał przy spotkanym człowieku dopóty, dopóki ów człowiek go nie znudzi i tym samym nie da mu okazji do wykazania się jeszcze jednym „autentyzmem". Nie polegając na człowieku i nie przyjmując polegania innych, obaj nie widzą tego, co w człowieku naprawdę wieczne. „Nie wiedzą, co jest w człowieku".

Drogi i bezdroża sekularyzacji

O sekularyzacji mówi się dziś jako o „procesie przemiany doświadczeń, idei i instytucji o charakterze sakralnym w doświadczenia, idee i instytucje o charakterze racjonalnym". Punkt wyjścia sekularyzacji to sytuacja, w której wszystko było sakralne: morze i góry, słońce i księżyc, miłość i nienawiść, narodziny, choroba i śmierć, narody i państwa. Punktem dojścia tego procesu jest sytuacja, w której już nic nie jest sakralne, zaś wszystko racjonalne, zwyczajne, ziemskie. Sekularyzacja to proces wychodzenia świata takiego, jakim jest, z „cienia *sacrum*", proces „znoszenia" *sacrum*, pozostawiania go poza sobą. Mówi się, że dzięki sekularyzacji świat i człowiek „dojrzewają" do samodzielności. Sekularyzacja pokrywa się w zasadzie z desakralizacją, a desakralizacja z laicyzacją. Teza laicyzmu głosi: *sacrum* jest złudzeniem świata.

Spór o autentyzm

O sekularyzacji można mówić w dwojakim sensie: relatywnym i radykalnym. Sekularyzacja relatywna jest następstwem sporu pomiędzy rozmaitymi doświadczeniami *sacrum*. Tu wciąż pozostajemy w świecie *sacrum,* zaś istota zagadnienia sprowadza się do pytania: co jest, a co nie jest rzetelnym wyrazem obecności Boga wśród nas? Gdzie jest rzetelne *sacrum*?

W Ewangelii czytamy o wydarzeniach związanych ze święceniem szabatu. Święcenie szabatu było wyrazem wiary, że w siódmym dniu tygodnia Bóg uobecnia się w sposób szczególny wśród wybranego ludu. Czy oznaczało to jednak, że oddawanie czci Bogu zawieszało wszelką troskę o życie ludzkie? Wielu tak właśnie pojmowało szabat: uzdrowienie w ten dzień było, ich zdaniem, naruszeniem szabatu. Chrystus, jak wiadomo, poddawał takie rozumienie *sacrum* surowej krytyce. Potem, w pierwotnym Kościele, toczyły się między apostołami spory o to, czy nawróceni poganie są zobowiązani do zachowywania przepisów Prawa Mojżeszowego. W istocie rzeczy był to spór o *sacrum, o* miejsce Boga w świecie, o sposób przeżywania Jego obecności wśród ludu. Rozstrzygnięcie, jakie zapadło, było równoznaczne z desakralizacją obowiązujących wówczas przepisów.

Te i tym podobne spory oznaczały, że są na tym świecie rzeczy i sprawy s a k r a l n e oraz l a i c k i e. Kto pomyli jedne z drugimi, ten ryzykuje, że jego wiara wejdzie na błędną drogę, a w końcu stanie się wiarą fałszywą. Każe wierzącemu uklęknąć przed ogniem, ale nie powstrzyma jego nienawiści do bliźniego. Każe mu pójść na nabożeństwo, ale nie skłoni go do udzielenia pomocy potrzebującemu.

Wkroczenie chrześcijaństwa na scenę dziejów wznieciło wielki spór o autentyzm *sacrum*. Cokolwiek by się rzekło, chrześcijaństwo było prawdziwą „rewolucją desakralizacji". Ile „świętych miejsc" zniknęło przez nie z mapy świata? Ile „świętych źródeł" zarosło chwastami? Ile „świętych dębów" padło pod ciosami toporów? Ilu kapłanów pozostało bez wiernych i bez pracy? Pogaństwo broniło się, jak mogło, sięgało między innymi po przemoc. Obronie tej towarzyszyły wysiłki potwierdzania upadającego *sa-*

crum. Potwierdzanie dokonywało się przede wszystkim przez m n o ż e n i e. Im bardziej pogaństwo chyliło się ku upadkowi, tym więcej przybywało wokół „świętości": każdy las, każdy gaj, każde źródło miało swojego „boga" i każdy władca stawał się „boski". Święty Augustyn wspomina o wysiłkach myślicieli pogańskich, którzy – świadomi narastającego kryzysu – zmierzali do ograniczenia liczby „bóstw". Jednak ich wysiłki nie na wiele się zdały. Problemem nie była bowiem i l o ś ć, lecz j a k o ś ć.

Czy można powiedzieć, że także to, czego dokonało Oświecenie, było dalszym ciągiem sporu o jakość *sacrum*? Na ogół przyjmuje się, że wtedy proces desakralizacji poszedł jeszcze dalej: oto zaczął się okres budowy świata bez *sacrum*. Desakralizacja stała się radykalna. Mówiono, że nic na tej ziemi nie jest już „święte" – absolutne, nietykalne, godne najgłębszej czci. Wojny religijne podcinają autorytet religii. Nadużycia chrześcijańskich władców przekreślają „świętość" władzy. Postępy nauki i techniki „odczarowują" niebo i ziemię. Kant powie, że „z przyczynowości panującej w świecie nie można wnosić o przyczynowości świata". Hegel ogłosi potrzebę przejścia od religii do filozofii, bowiem: „W religii prawda mieszka pod postacią wyobrażenia, w filozofii pod postacią pojęcia". Nietzsche stwierdzi: „Bóg umarł". Ostatecznego dzieła zniszczenia dopełni „demitologizacja" chrześcijaństwa.

Proces desakralizacji ma jednak również swą drugą stronę. Oznacza narodziny nowej o d p o w i e d z i a l n o ś c i człowieka, który, pozostawiony samemu sobie, musi wziąć sprawy świata w swoje ręce. Nie może składać winy na los, na bogów czy na Boga. W związku z tym mówi się, że dopiero w wyniku desakralizacji świat stał się naprawdę światem, a człowiek naprawdę człowiekiem. Desakralizacja jest „uświatowieniem świata" i „uczłowieczeniem człowieka". Celnie wyraził to Feuerbach, kiedy kończył cykl wykładów o istocie religii: „Zadaniem moim było sprawić, abyście wy, moi słuchacze, z przyjaciół Boga stali się przyjaciółmi człowieka, z ludzi wierzących – ludźmi myślącymi, z ludzi modlących się – ludźmi pracującymi, z kandydatów na tamten świat – badaczami tego świata, z chrześcijan, którzy wedle własnego wyznania są «na pół zwierzętami, na pół aniołami» – ludźmi, pełnymi ludźmi".

Teologia i sekularyzacja

Sekularyzacja to jeden z podstawowych problemów współczesnej myśli religijnej. Na początku lat 50. podjął go na szerszą skalę teolog protestancki Friedrich Gogarten, a później, w latach 60., rozwijał katolicki teolog Johann Baptist Metz. Następnie problem ten został włączony do szerszej problematyki „teologii rzeczywistości ziemskich" oraz zagadnień „teologii politycznej" i był rozwijany przez przedstawicieli tych nurtów. Dziś z prac na temat sekularyzacji można by ułożyć niezłą bibliotekę. Nie czas i nie miejsce, by przedstawić tutaj wszystkie stanowiska w tej sprawie. Spróbujmy jednak uchwycić dążenie podstawowe.

Punktem wyjścia jest tu założenie, że sekularyzacja nie stanowi zjawiska przypadkowego w dziejach chrześcijaństwa, lecz logiczne następstwo tych dziejów – to samo chrześcijaństwo chce „sekularyzacji" świata. Dlaczego?

Odwołajmy się najpierw do wyobraźni. Świat jest stworzeniem Boga. Czy doskonałość stworzenia nie na tym polega, że może się obejść bez Stwórcy? Wyobraźmy sobie, że zbudowaliśmy zegarek. Czy doskonałość zegarka nie polega na tym, że nie musimy wciąż poprawiać jego wskazówek i co chwilę nakręcać jego sprężyny? Prawdziwy mistrz kryje się poza dziełem, które stworzył. Dotyczy to nie tylko świata, ale również człowieka. Człowiek otrzymał w darze rozum i wolną wolę. Stał się tym samym odpowiedzialny za to, kim jest. Człowiek nie może być niewolnikiem ani sługą, nie może szukać siebie w siłach, które są poza nim. Musi stać się sobą. Jego losem jest dojrzewanie. Desakralizacja jest drogą dojrzewania. Dlatego Adam opuszcza Eden, Kain zabija brata, Mojżesz błądzi po pustyni... Dlatego człowiek krzyżuje swego Boga. Dopiero po takich dramatach człowiek staje się człowiekiem i może być uczestnikiem dialogu z Bogiem. Jeśli człowiek naprawdę został stworzony na obraz i podobieństwo Boga, musi mieć odwagę „sakralizacji siebie". Zaratustra, zstępując ze swej pustelni, ogłasza dwie nowiny: „Bóg umarł" i „narodził się człowiek". Obie te nowiny są ze sobą nierozdzielnie złączone: zabijany przez człowieka Bóg czyni człowieka swym synem.

Gogarten nawiązuje do tezy Lutra o usprawiedliwieniu przez wiarę. Bóg usprawiedliwia człowieka, rozpoznając w nim swego syna. Rozpoznaje niezależnie od jego uczynków. To jednak nie znaczy, że uczynki nie są ważne. Człowiek, w którym Bóg rozpoznał syna, zostaje postawiony między Bogiem a światem. Tym sposobem zostaje obarczony pełną odpowiedzialnością za świat. Święty Paweł pisze: „Wszystko bowiem jest wasze: czy to Paweł, czy Apollos, czy Kefas; czy to świat, czy życie, czy śmierć, czy to rzeczy teraźniejsze, czy przyszłe; wszystko jest wasze, wy zaś Chrystusa, a Chrystus – Boga" (1 Kor 3, 21b–22). Odpowiedzią na wezwanie Boga jest więc pełna odpowiedzialność za świat. Człowiek jako rozpoznany syn Boga – dziecko Boga – jest w o l n y   o d świata i zarazem w o l n y   d l a świata. Jego samodzielność jest samodzielnością syna, który dojrzał.

Johann Baptist Metz idzie częściowo podobnym tropem. Świat staje się coraz bardziej „światowy". „Uświatowienie świata" jest jego demitologizacją, odczarowaniem, „odbóstwieniem". „Uświatowienie" jest w swej istocie „wydarzeniem chrześcijańskim". Ale przecież Bóg bierze ów świat w posiadanie. Wyrazem tego jest samo wcielenie, a także życie Kościoła, który jest „znakiem przyjęcia świata przez Boga". W akcie wcielenia świat jako świat został przyjęty przez Boga i zarazem pozostawiono mu pełną autonomię. Jednocześnie Johann Baptist Metz kieruje pod adresem protestanckiej tezy o sekularyzacji uwagę krytyczną, wypływającą z ducha jego „teologii politycznej": „Należy postawić pytanie, czy teza sekularyzacji w przytoczonej formie prowadzi faktycznie do ukonstytuowania teologicznego rozumu w warunkach nowoczesności, czy raczej nie rozpoczyna jego rozkładu, ściślej jego prywatnej dowolności; czy tam, gdzie założeniem sekularyzacji jest wyłączenie wiary ze świata [*Weltlosikeit des Glaubens*], nie idzie w zapomnienie lub przynajmniej nie pozostaje w ukryciu cała krytyczno-wyzwalająca siła chrześcijaństwa w stosunku do dziejów i do społeczeństwa". Metz dąży do przywrócenia *sacrum* jego krytycznej funkcji w stosunku do świata. *Sacrum* nie tylko zmusza do akceptacji świata, lecz również do jego krytyki. Ono stawia światu określone wymagania. Także wymagania polityczne. Spotkanie z *sacrum* jest istotnym wydarzeniem człowieka i ludzkości na drodze wyzwolenia.

Do krytycznych uwag J. B. Metza chciałbym dorzucić jedną, która w jakiejś mierze dotyczy również samej „teologii politycznej": wydaje mi się, że we wszystkich dotychczasowych rozważaniach na temat sekularyzacji motywem dominującym był motyw władzy. Desakralizacja oznaczała ni mniej ni więcej proces o b e z w ł a d n i a n i a *sacrum*. Ono traciło władzę nad przyrodą, polityką, człowiekiem. Z drugiej strony coraz częściej człowiek zaczynał uzurpować sobie prawo do posiadania władzy nad *sacrum*. Mając władzę nad *sacrum*, wyzyskiwał ją przeciwko innemu człowiekowi. *Sacrum* służyło do walki z wolnością człowieka. I tak jedni walczyli przeciwko *sacrum*, by mieć większą władzę nad światem, drudzy w tym samym celu wyzyskiwali *sacrum*. Zamieszane w dialektykę władzy i poddania *sacrum* zostało pozbawione swej istoty. Na tym polega desakralizacja: na pozbawieniu *sacrum* jego istoty.

I tak wracamy do punktu wyjścia. Gdzie leży różnica między *sacrum* rzetelnym a *sacrum* podrobionym?

Kłopoty z *sacrum*

Czy istnieje możliwość krytyki *sacrum*? Przyjmuje się, że *sacrum* jest wartością najwyższą. Jeśli tak, to za pomocą jakiego kryterium można odróżnić *sacrum* rzetelne od *sacrum* pozornego? Jaką miarę doń przyłożyć, by uchwycić jego pozór? Wydaje się a *priori*, że takiej miary nie ma. Gdyby była, wtedy to ona musiałaby uchodzić za *sacrum*.

Dowód na to, że w świecie *sacrum* niemożliwa jest krytyka, stanowi fenomen z g o r s z e n i a, jakie wywołuje naruszenie czyjegoś *sacrum*. „Zgorszenie" to inaczej „święte oburzenie", to gniew wywołany widokiem niszczenia najwyższej wartości. „On zbluźnił! Czy potrzeba jeszcze dowodu?" Wtedy sięganie po przemoc wydaje się czymś naturalnym. Kto narusza *sacrum*, ten sam pozbawia się prawa do honoru, do istnienia. Przypomnijmy proces Chrystusa. Kto Go oskarżył? Oskarżyli Go i doprowadzili do skazania gorliwi wyznawcy *sacrum*. Nawet im do głowy nie przyszło, że mogą się mylić. Gdyby im ktoś chciał powiedzieć, że się mylą, naraziłby się na śmierć. *Sacrum* jest niepodważalne, a oni – jego wyznawcy i świadkowie – nieomylni. Ręce gorliwego wyznawcy same szukają kamieni. Usta wołają w niebo: „O Boże, Ty widzisz i nie grzmisz?"

A Bóg widzi i nie grzmi. Czy nie jest to jakiś argument za tym, że *sacrum* samo z siebie uległo „desakralizacji"?

Jest taki moment w rozwoju doświadczenia *sacrum*, że w jego wnętrzu lęgnie się zasada odwetu. *Sacrum* jest gotowe do odwetu, szuka odwetu, w odwecie potwierdza siebie. Odwet oznacza upadek *sacrum*, oznacza jego desakralizację. Pamiętamy, że mistrzem w tropieniu tej zasady w łonie religii stał się Fryderyk Nietzsche. Jego krytyka dotyczyła tzw. „ideału ascetycznego", którego obecność obserwował we współczesnym sobie kapłaństwie. Pisał: „Kapłani są, jak wiadomo, najgorszymi wrogami – czemuż to? Bo są najbezsilniejsi. Z niemocy wyrasta w nich zawiść do potworności niepokojącej, do najwyższej duchowości i jadowitości. W historii świata najbardziej nienawidzili zawsze kapłani, nienawidzili zarazem najgenialniej: – wobec ducha zemsty kapłańskiej wszelki inny duch nie wchodzi w ogóle w rachubę. Dzieje ludzkie byłyby zbyt głupią sprawą bez tego ducha, którego w nie tchnęli bezsilni..."

Jaką wiązkę uczuć skupia wokół siebie zasada odwetu, której podstawą stała się intuicja *sacrum*? Jest w tej wiązce pewność, że jest się posiadaczem prawdy; mam prawdę, która wyzwala – w was jest fałsz, który zniewala. Jest pogarda dla tych, którzy myślą inaczej. Jest świadomość czystości, której podstawą są powtarzane praktyki oczyszczenia („Cały się w grzechach urodziłeś i nas pouczasz?"). I jest świadomość zbawcza: my już jesteśmy zbawieni – zbawieni dzięki uczuciom, jakimi się napełniamy. Do tego można by jeszcze dodać jedno: niemożliwość wyobrażenia sobie innego świata. Dlatego, chcąc nie chcąc, ludzie ci czynią się wzorem dla innych.

Chrystus poddawał radykalnej krytyce odwetowy sposób przeżywania *sacrum*. Okazało się, że jednak jest jakieś kryterium odróżniania *sacrum* rzetelnego od pozornego. Jakiś młodzieniec zapytał: „Które z przykazań jest najważniejsze?" W odpowiedzi usłyszał przypowieść o miłosiernym Samarytaninie. Oto ślepy od urodzenia doznał łaski uzdrowienia, „a był szabat tego dnia, kiedy

Jezus uczynił błoto i wzrok mu przywrócił". Oto ludzie żądający wyroku śmierci na cudzołożnicę i Jezus, który powiedział: „Kto z was jest bez grzechu, niech pierwszy rzuci w nią kamieniem". *O czym świadczą te przykłady?* O ścisłym powiązaniu ludzkiej wiary z dobrocią. Wiara jest wtedy autentyczna, gdy umożliwia człowiekowi stawanie się dobrym. Kluczem do autentyzmu wiary stają się słowa: „Zło dobrem zwyciężaj".

Celnie napisze o tym Mistrz Eckhart: „Niech ludzie zbyt wiele się nie zastanawiają, co mają robić, wiecej natomiast myślą o tym, jacy mają być. Gdyby oni sami, ich postawa, były dobre, wtedy również ich uczynki mogłyby jaśnieć pełnym blaskiem. Jeśli ty jesteś sprawiedliwy, takie będą również twoje uczynki. Nie próbujmy opierać świętości na działaniu, budujmy ją raczej na bytowaniu, bo nie uczynki nas uświęcają, lecz my mamy je uświęcać. Najświętsze nawet nie będą nas w najmniejszym stopniu uświęcać, brane tylko jako uczynki. W jakiej mierze jesteśmy święci i istniejemy, w takiej samej uświęcamy nasze uczynki: posiłek, sen, czuwanie i wszystko inne. Kto nie jest wielki w swym bytowaniu, temu nie pomogą największe nawet uczynki. Płynie z tego następująca dla ciebie nauka: całą swą gorliwość masz poświęcać na czynienie siebie dobrym, a więc nie na to, co czynisz oraz jakie są twoje uczynki, ile raczej na to, co stanowi ich podstawę".

Chrześcijańska reforma *sacrum* polega na głębokim zakorzenieniu go w doświadczeniu dobra, które już jest w człowieku. Prawdziwym *sacrum* chrześcijaństwa jest człowiek – dziecko Boga. Stąd płynie przykazanie: „Miłuj bliźniego..." Aby wydobyć na jaw ów ludzki, a nawet osobowy wymiar świętości, język chrześcijaństwa wolał używać słowa *sanctum*. *Sacrum* ma wciąż wydźwięk pogański – ono jest „poza dobrem i złem"; ono może ożywiać, ale może też kamienować, krzyżować, zabijać. *Sacrum* pogańskie jest nie tyle najwyższą dobrocią, co najwyższą pięknością. Inaczej jest z chrześcijańskim *sanctum:* ono jest źródłem życia, słowem życia i pokarmem życia. Ono idąc na krzyż, rezygnuje z atrybutów piękna, pokazując, w jaki sposób ze śmierci rodzi się życie. *Sanctum* jest tym, co bezwzględnie dobre. Gdy potem wielcy apologeci chrześcijaństwa powtarzali, że „dusza ludzka jest z natury chrześcijańska", to przede wszystkim mieli na uwadze tkwiącą w niej zdolność do b e z i n t e r e s o w n e j   d o b r o c i.

*

Jakie to ma znaczenie dla sporów o autonomię człowieka? „Autonomia" to pojęcie bardzo wieloznaczne. Na pierwszy rzut oka nie opisuje ono sytuacji człowieka na tym świecie. Może człowiek chciałby być „autonomiczny", ale nie jest. Czyż nie ma racji Pascal, który pisał: „Ostatecznie bowiem czymże jest człowiek w przyrodzie? Nicością wobec nieskończoności, wszystkim wobec nicości, pośrodkiem między niczym a wszystkim. Jest nieskończenie oddalony od rozumienia ostateczności; cel rzeczy i ich początki są dlań na zawsze ukryte w nieprzeniknionej tajemnicy; równie niezdolny jest dojrzeć nicości, z której go wyrwano, jak nieskończoności, w której go pogrążono."

A jednak... Jednak sam Pascal powie, że człowiek chociaż jest „tylko trzciną, najwątlejszą w przyrodzie, ale trzciną myślącą".

W perspektywie chrześcijańskiej autonomia człowieka splata się z autonomią jego *sanctum*. Jest jakaś przedziwna moc w głębi człowieka – moc, która ujawnia się w jego sporze ze złem. To prawda, że człowiek jest źródłem zła: plami człowieka to, co wychodzi z człowieka. Jest jednak również prawdą, że człowiek może przezwyciężyć zło. Ma w rękach wszelkie środki i wszelkie narzędzia do tego – począwszy od wolności, skończywszy na łasce. W walce tej pozostaje „autonomiczny". Jeśli chce, to może... Ma moc zapoczątkowania dobra na tym świecie.

Wielce pouczająca historia

Leży przede mną książka kard. Jean-Marie Lustigera: *Bądźcie godni swego człowieczeństwa*[1]. Zawarte w niej przemyślenia wyłaniają się z wnętrza niezwykle dramatycznej historii Francji, a w jakiejś mierze również historii Europy. Wyrastają one z pobojowiska. Nie tylko z pobojowiska fizycznego, jakim była Wielka Rewolucja, wojny napoleońskie, Verdun, Oświęcim czy Kołyma, ale przede wszystkim z pobojowiska duchowego, jakie powstawało z wzajemnej walki katolików z protestantami, a także jansenistów z molinistami, deistów z fideistami, tradycjonalistów z modernistami, integrystów z liberałami, „starej teologii" z „nową teologią", komunistów z burżuazją, postnowoczesności z nowoczesnością itp., itd. Francja tym różni się od Polski, że od kilku wieków jest tyglem, gdzie wypalają się idee, wedle których zmienia się świat. Proszę wybaczyć uproszczenie (czymże byłoby życie bez uproszczeń?): Francuz to albo „nikt", albo „wcielenie" idei. Nawet żołnierz napoleoński, po części analfabeta, musiał mieć na ramieniu znak ideologii, którą zamieniał w czyn: „wolność, równość, braterstwo". Francuzi są bardziej niż inni dziećmi Oświecenia. We Francji – patrząc po ludzku – trudniej czło-

---

[1] Wydawnictwo Księży Werbistów „Verbinum", Warszawa 1998.

wiekowi zachować wiarę niż w Polsce. Trudniej też o niej mówić. Okoliczności te sprawiają, że słowom arcybiskupa Paryża trzeba się przyjrzeć szczególnie uważnie.

Jak na tle francuskich rozterek wygląda Polska? Jakie pobojowiska tworzyły polską myśl narodową? Jakie jest miejsce „oświeconego rozumu" w tym kraju? Co ma wspólnego nasza wiara z tamtą wiarą? Daleki jestem od malowania czarnego obrazu naszej duchowej przeszłości. W końcu nasze warunki istnienia były inne. Jest faktem, że uniknęliśmy wielu bolesnych doświadczeń, które były udziałem katolików francuskich, ale to nie znaczy, że nie dopadły nas inne bóle. Mamy i my swoje pobojowiska… Nie żyjemy jednak na dwóch odległych planetach, zawsze jakoś na siebie nawzajem wpływaliśmy. Przejmowaliśmy z katolickiej Francji mistrzów życia duchowego – św. Franciszka Salezego, św. Wincentego à Paulo, św. Jana Vianneya. W przypadku teologów, zwłaszcza teologów XX wieku, było z tym gorzej. Wymianie myśli nie sprzyjały podejrzenia: najpierw o „modernizm", a potem o „nową teologię". W sferze kultury religijnej pewną rolę odegrał personalizm Emmanuela Mouniera i Jacques'a Maritaina. Niemniej wielkie spory ideologiczne, które rzeźbiły religijną samowiedzę Francuzów, szły obok nas. Nie rozumieliśmy sensu sporu o republikę. Dlaczego katolicy mają być wrogami rewolucji? My byliśmy za rewolucją. Dlaczego katolicy nie powinni kochać Napoleona? Nas żadna siła nie mogła tej miłości oduczyć. Polski katolicyzm starał się kształtować bezpośrednią wrażliwość człowieka na wszelkie odmiany ludzkiej biedy, ale na dalszym planie pozostawiał sprawę stosunku wierzącego do rozmaitych „-izmów", które wiatr roznosił po Europie. Dziś ma to określone skutki. Nasza wiara sprawdza się pięknie w czasie powodzi, ale postawiona w dniu wyborów parlamentarnych w gąszczu „komunizmów", „socjalizmów", „liberalizmów",

„relatywizmów" i „subiektywizmów", nie wie, co robić. Ponieważ wszystkie „-izmy" są jej prześladowcami, na wszelki wypadek głosuje na tego, z którym zawarła już znajomość. W przyspieszonym tempie przerabiamy nauki, które francuscy katolicy przyswajali sobie ponad sto lat. Dopadają nas podobne pokusy i choroby. Czy nie jest to jeszcze jeden powód szczególnego zainteresowania myślą kardynała Lustigera?

Omawiana książka nie jest gruba, raptem około 170 stron, pisanych językiem, w którym każde słowo trafia w cel. Tytuły poszczególnych rozdziałów określają najbardziej zapalne miejsca styku wiary z nowoczesnością. W rozdziale, który otwiera tę książkę (*Czy czasy nowożytne są naprawdę nowymi czasami?*), czytamy: „Moralność oraz *sacrum*, oczyszczone przez objawienie łaskawości Bożej, dały początek społeczeństwu Zachodu. U zarania nowej ery ludzkości nie może być mowy o trzymaniu się archaicznych form życia społecznego, nawet jeśli niektóre z nich roszczą pretensje do tego, że powstały z inspiracji Objawienia. Zadaniem naszym jest ustalenie nowych i trwałych warunków sprawiedliwości i pokoju. Moralność i *sacrum* znajdują swoją prawdę i swój postęp w żywej pamięci o miłości, która rodzi i zbawia. Jeśli tego nie znajdą, kultura nasza wystawia się na ryzyko rozpadu pod ciężarem własnych odkryć i ambicji".

Aby dać przynajmniej przybliżony obraz myśli kard. Lustigera „u zarania nowej ery", zatrzymam się nieco dłużej przy problemie praw człowieka, liberalizmu oraz etycznych aspektów religii i potrzeb świata. Trzy te problemy są – jak się wydaje – podstawowymi zadaniami „do odrobienia" na naszych polskich „przyspieszonych kursach" nauki religii wedle potrzeby „ożywienia pamięci o miłości, która rodzi i zbawia".

Uniwersalizm praw człowieka

Na temat praw człowieka napisano tomy. Dla katolików francuskich problem ten należy do najbardziej bolesnych. Znaczenie, jakiego nabrało we Francji pojęcie praw człowieka, wywodziło się nie tylko z abstrakcyjnych tekstów filozofów i deklaracji prawników, ale również z wydarzeń Wielkiej Rewolucji. Rewolucyjny kontekst sprawił, że „prawa człowieka stanęły naprzeciw praw Boga". Twierdzenie to wyznaczało w znacznej mierze kierunki działalności społecznej katolików aż do Vaticanum II. Jednak kard. Lustiger nie powraca już do tej historii. Wygląda na to, że dla katolików francuskich sprawa jest zamknięta. A dla nas? Na to pytanie wciąż nie ma jednoznacznej odpowiedzi.

Idąc tropem autora, trzeba uznać, że ważniejsze okazuje się nie to, co za nami, ale to, co przed nami. A co jest przed nami? Czytamy: „Nasze czasy są epoką nowego uniwersalizmu, którego nie znała dotąd żadna ludzka cywilizacja. Używam słowa »uniwersalizm« w sensie »globalizmu«, *oikoumene*".

Znamienna jest ta zmiana słownictwa. Wiadomo, że „globalizm" (czy „mondializm", jak mówią Francuzi) budzi nie tylko dobre, ale i złe skojarzenia. Aby zneutralizować te skojarzenia i jednocześnie ukazać szansę, jaką niesie nowa sytuacja, Kardynał sięga do starych pojęć chrześcijańskich – do „uniwersalizmu" i do „ekumenii". Nowe czasy są wyzwaniem dla chrześcijan. Domagają się poszerzenia horyzontów myślenia i miłości. Jest to tym bardziej potrzebne, że współczesny „uniwersalizm" jest jednostronny, nosi mianowicie na sobie piętno „matematyzacji". Jest to uniwersalizm formy, która domaga się wypełnienia jakąś treścią.

Uniwersalizm, który obejmuje glob ziemski, stał się możliwy tylko dzięki daleko posuniętemu pomijaniu szczegółów na rzecz tego, co ogólne. Dzieła uogólnienia dokonała matematyka. Język matematyki wyprowadza nas z wieży Babel. Do matematyki przyłączyła się technika. Technika jest matematyką zamienioną w działanie. Działania techniki stają się widoczne nie tylko w podbojach kosmosu, ale również w magazynach handlowych, w nowych środkach komunikacji, w kształceniu i lecznictwie. Niestety, można je również oglądać na śmietnikach otaczających nasze mieszkania.

Nic tak nie angażuje konkretnego człowieka w proces globalizacji jak pieniądz. Chociaż symbol pieniądza jest niemal tak stary jak nasza cywilizacja, wszedł on bez większych trudności w struktury uniwersalizacji. „Pieniądz zawarł ślub z każdym obiegiem komunikacji. Wyniknęło stąd poszerzenie rynku światowego, którego uniwersalność oznacza wolność. Pieniądz staje się konkretną matematyką wszystkich ludzkich relacji. Jak rachunek formalizuje wiedzę i czyni ją zrozumiałą dla każdego, tak pieniądz włącza w system odniesień i w grę wszystkich z każdym. Chybotliwość rynku bezpośrednio problematyzuje ekonomiczną równowagę każdego z krajów". Te kilka zdań odsłania szczyt góry lodowej naszych przemian. Jakie relacje międzyludzkie zawiązują się jeszcze bez pośrednictwa pieniądza? Jaką rolę odgrywa pieniądz, gdy zakochany wyznaje ukochanej swą miłość przez telefon? Czy fakt, że jagnięta z naszych gór są sprzedawane w krajach arabskich, jest – na „chybotliwym rynku" – znakiem naszej wolności czy naszego uzależnienia?

Kardynał Lustiger mówi o „nowej wyobraźni". To istotna kwestia. W „starej wyobraźni" chrześcijan mieszkały wielkie obrazy biblijne od stworzenia świata po sąd ostateczny. Dziś wyobraźnią ludzką zawładnęły potęgi techniczne, produkujące przedmioty wirtualne, a nawet całkiem fikcyjne. „Podwojenie realnego uniwersum przez jego obraz i stworzenie sztucznych światów sprawiły, że obraz wyobraźni elektronicznej stał się bardziej realny niż zwyczajna realność; podaje on człowiekowi pewien rodzaj protezy egzystencjalnej, która obdarza go narcystycznym odbiciem na poziomie uniwersalnym. Wyobraźnia, dzięki środkom technicznym, osiągnęła taką potęgę, jakiej nigdy w przeszłości nie miała. Jej oparciem jest jednoznaczność znaków właściwa językowi matematyki, osiągana za cenę zubożenia przekazu". Jakie jest miejsce „starej wyobraźni" w „nowej"? Czujemy niejasno, że tkwi w tym jakaś groźba i zarazem jest jakaś szansa. Czy można je pooddzielać?

Istotnym problemem nowego świata stała się opinia publiczna. Jej siła nie polega wyłącznie na tym, że „opinia" jest jeszcze bardziej „publiczna" niż kiedykolwiek. Polega ona przede wszystkim na tym, że i ona uległa matematyzacji dzięki rachunkowi prawdopodobieństwa. Opisuje ona nie tylko aktualny stan świadomości ludzkiej, ale stara się również uchwycić jej przemiany i kierunki dążeń. Stąd bierze się niezwykła siła perswazji. Poddany oddziaływaniu opinii publicznej człowiek mówi to, co „się" mówi, robi to, co „się" robi, myśli to, co „się" myśli. W końcu zatraca gdzieś swoje ludzkie Ja, by na jego miejsce mogło wejść anonimowe „Się".

To wszystko stanowi nowy kontekst dla idei praw człowieka. Kardynał Lustiger przypomina najpierw, na jakie trudności natrafia to pojęcie w świecie współczesnym. W Chinach wciąż oficjalnie obowiązuje teza, że idea ta jest produktem kultury zachodniej, obcej kulturze chińskiej. Gdy w świecie islamu wypowiada się formułę: „wedle prawa", znaczy to tyle, co: „wedle prawa koranicznego". W „wolnym świecie" żyjemy dwoma uniwersalizmami: formalnym uniwersalizmem techniki i nieformalnym uniwersalizmem etyki. Uniwersalizm etyczny wciąż natrafia na nieprzezwyciężalne przeszkody. „Gdy zatem miarą życia materialnego staje się abstrakcyjna racjonalność, organizacją przestrzeni ludzkiej wydają się rządzić stosunki między partykularnymi siłami. Podobnie prawo rynku, zaprowadzające rzekomo panowanie rozumu i wolności, jest poddane kryteriom interesu i rentowności, które wystawione na grę antagonistycznych sił powodują powstanie niesprawiedliwych nierówności. Chyba że prawo zobowiąże do respektowania pewnych reguł. Jakże jednak prawo może znaleźć oparcie w opinii, wystawionej na siłę popularności i grę partykularnych interesów?" Tak więc, mimo humanistycznej fasady, nasz świat jest wciąż areną ścierania się rozmaitych odmian „woli mocy".

Kardynał przypomina, że idea praw człowieka ma dwie tradycje: oświeceniową i chrześcijańską. Tradycje te nie są sobie przeciwne, mimo że w pewnym okresie sposób realizacji jednej z nich stał się tragedią dla drugiej. Dziś trzeba przezwyciężyć sprzeczności i spojrzeć na otwierające się perspektywy. Globalizacja jest formą, którą z natury rzeczy wypełni jakaś treść. Od nas zależy sens tej treści. Sensem uniwersalnym powinno być „prawo człowieka" – prawo wciąż na nowo interpretowane wedle potrzeb przezwyciężania coraz to nowych odmian przemocy, jakie człowieka dopadają. Ale dla chrześcijan drogowskazem dodatkowym staje się również stare i piękne słowo *oikoumene*.

Oblicza liberalizmu

Co ma dziś do powiedzenia o wolności arcybiskup miasta, które uchodzi za kolebkę liberalizmu? Punkt wyjścia jest jasny i nie wymaga wielu słów. „Wy mówicie: liberalizm. Ja mówię: wolność. Liberalizm to »interpretacja wolności«" – dodaje, cytując *Le liberalism* – pracę G. Burdeau z 1979 roku. Ta zwięzła wypowiedź ma istotne znaczenie. Zdajemy sobie sprawę z tego, jak różne mogą być interpretacje wolności. Interpretacje te z natury rzeczy niosą na sobie piętno czasów, w których powstawały. Kardynał sugeruje: nie traćmy duszy w sporach między rozmaitymi liberalizmami, ale pojmując ich sens, starajmy się bronić wolności we wszystkich jej wymiarach.

Refleksja nad liberalizmem biegnie po historii. „W XVII i XVIII wieku, najpierw w Anglii, a potem we Francji, usiłowano przełożyć na kategorie działalności społecznej i politycznej obiecane i przyniesione przez biblijne Przymierze wyzwolenie. Czy jednak potrzeba było, by wyzwolenie społeczeństwa obywatelskiego stało się synonimem lub dodatkiem do *Enlightment*? Z pewnością wyzwolenia wolności nie dokonują się bez rozjaśniającej myśli. Ale czy trzeba było z tej racji zapomnieć o Objawieniu, pogardzać wiarą, ubóstwić rozum, rozpętać rewolucję i terror? Wolność sama jest wolna. Ale czy potrzeba było – przyznając, że jest środkiem do niej samej – brać ją również jako jedyny cel i jako jedyne rzetelne dobro? Czy trzeba było, tak, czy potrzeba było tego, by wolność upiła się sobą? Czy rozwój myśli liberalnej, kult własności jako kryterium obywatelskości lub motoru postępu, władza wolnej wymiany, dotrzymały obietnicy wolności?" Pytania tną jak brzytwa. Z pewnością liberalizm społeczny i polityczny obiecywał więcej, niż zdołał wypełnić. Tak to już jest z ideologiami społecznymi, że obiecują więcej niż dotrzymują. Czy jednak rzeczywiście procesy historyczne mogłyby przebiegać inaczej niż przebiegały? Wielu będzie w to powątpiewać. A przecież samo przekonanie o tym, że człowiek jest wolny, daje nam prawo do tego, żeby powiedzieć: „To wszystko można było rozwiązać bez przelewania morza krwi i łez".

Czy oznacza to jednak, że „liberalizmy" niczego nie zmieniły? Wręcz przeciwnie. „Z pewnością musimy strzec jako nieocenione zdobycze *habeas corpus*, wolność polityczną, konstytucję państw prawa, podział władz. Rozdarcia Europy i tragedia totalitaryzmów nauczyły nas bardziej niż kiedykolwiek szacunku dla praw człowieka, z prawem do wolności religijnej włącznie. Teoria i praktyka liberalna chciały oddać hołd tym podstawowym prawom, tkwiącym w naturze i osobie ludzkiej. To były wielkie osiągnięcia Zachodu: zbudować państwo, gdzie wykonywanie władzy politycznej będzie regulowane przez prawo, gdzie równość obywateli wobec prawa będzie gwarantowana przez konstytucję i zakazane będzie pozbawianie praw obywatelskich (wyjąwszy przypadki przewidziane przez kodeks karny i orzeczone przez sądy niezawisłe od władz rządowych). Oto są poręczenia organizacji państwa, opartej bardziej na rozumie niż sile. Piękne dzieło rozumu politycznego".

Spójrzmy jednak w przyszłość. Budując podwaliny pod „nową erę", warto być „mądrzejszym po szkodzie".

Kilka pytań szczegółowych

Trzy sprawy są szczególnie istotne: liberalizm i religia, liberalizm i idea sprawiedliwości społecznej oraz liberalizm i ludzka osoba.

1. Przyznaje to nawet Hegel: źródłem idei wolności człowieka jest Biblia. Jakaś zdumiewająca przewrotność historii sprawiła, że walka o wolność skierowała się przeciw Kościołowi i religii. Faktem jest, że nie tylko ataki wrogów, ale również grzechy samego Kościoła zniszczyły kredyt zaufania, jakim kiedyś darzyli go ludzie. Nie wylewajmy dziś dziecka z kąpielą. Czy tradycyjne nauki Kościoła tracą obecnie na ważności? „Wolność słowa nie może oznaczać obojętności na prawdę. Nie, wolność sumienia nie może prowadzić do równoważności dobra i zła. Nie, wolność religijna nie może zaciemniać wiary Kościoła w Objawienie Boże. Tak, to racja, dynamika liberalna była nosicielką obietnicy, pod warunkiem, że nie zwalniała rozumu od prawdy. Tak, filozofia sukcesu mogła

umacniać społeczeństwo, pod warunkiem, że nie zapoznawała dobra wspólnego i szacunku dla sprawiedliwości. Tak, tolerancja religijna mogła być ceną zgody politycznej, gdy obywatelskie prawo do wolności religijnej zostało publicznie zagwarantowane".

2. Drugą sprawą jest kwestia sprawiedliwości społecznej. „Filozofia liberalna nie jest ani systematyczna, ani totalitarna. Niekiedy nietolerancyjna w swych negacjach, pozostaje jednak otwarta na różnorodność poglądów. W ciągu XIX i XX wieku ucieleśniła się w tym, co nazywamy państwem liberalnym. Polityczne powiązanie wolności-autonomii i wolności-uczestnictwa doprowadziło do powstania systemów, które – jak mniemano – dawały głos rozumowi i woli powszechnej. Obywatelowi przysługiwały wolności polityczne i uznanie ich za formalne wcale nie wystarczyło do tego, by pozbawić je smaku i zaprzepaścić ich wartość". Jednym słowem: liberalne państwo wraz z jego rozlicznymi instytucjami pozostaje nadal istotną wartością społeczną. Czy oznacza to, że nie wymaga reform? „Liberalizm podporządkował państwo społeczeństwu. To daje się obronić. Ale podporządkował także politykę ekonomii: wybór ten zaciemnił niejednokrotnie godność ludzi. Podporządkował wykonywanie władzy politycznej wzbogacaniu się na tym świecie: to było dewiacją. Podporządkował wzbogacaniu się jednych pracę wszystkich: to było zbrodnią i ciężkim grzechem. Wolność obywatela i wolność przedsięwzięcia, wolność zawierania kontraktów i wolność pracy nie narzucały tych perwersji i niegodnych praktyk, jakie wznieciły".

3. Refleksja postępuje krok dalej: liberalizm a osoba ludzka. Co znaczy „osoba ludzka"? Znów pojawiają się pytania i wskazówki. „Dlaczego mamy sprowadzać wolność do władzy wybierania lub niewybierania, przedkładania lub porzucania? Osoba ludzka jest kimś więcej niż tylko jednostką, której wolność kończy się tam, gdzie zaczyna się wolność innego. Osoba ludzka jest szcze-

gólnym bytem, zdolnym do obdarowywania i przyjmowania. Człowiek jest przeznaczony do komunii. Bliźni pozostaje dla każdego rękojmią tej przyjaźni, którą już Arystoteles uczynił najdoskonalszym dobrem społecznym".

Pytania „dają do myślenia". Często ważniejsze jest celne sformułowanie pytania niż natrętne dyktowanie odpowiedzi. Tym bardziej, że pytania Kardynała nie są – jak się to, niestety, często w podobnych przypadkach dzieje – wyrazem jego „urzędowej" nadwrażliwości. One wiszą w powietrzu, także w tym powietrzu, w którym do dziś pulsuje życiem wielka mitologia wolności. Zadanie paryskiego duszpasterza polegało na zamianie tych wszystkich podskórnych niepokojów w słowa.

Moralność i nowa Europa

Przez kolejne rozdziały książki kard. Lustigera przewija się myśl o etyce i sumieniu ludzkim, wcześniejszym niż wszelkie ustawodawstwo. To punkt widzenia człowieka, który ma żywą świadomość europejskich pobojowisk. Z tragicznego widoku pobojowisk rosną sumienia. Autor wierzy w siłę tych sumień. Wnioski, jakie płyną z sumienia, są przede wszystkim wnioskami dla ustawodawców, którzy budują ład państwa. Prawo ustawowe musi pozostawać w zgodzie nie tylko z ustawami nadrzędnymi i ustawami równoległymi, ale musi również respektować świadomość moralną tych, którzy mają przestrzegać ustaw. Nie można za każdym paragrafem stawiać policjanta. Właściwym strażnikiem ustawy jest przekonanie, że ta ustawa jest słuszna.

Można jednak zapytać: czy odwołanie się do naturalnej świadomości moralnej ma jeszcze jakiś sens, skoro świadomość ta jest wystawiona na oddziaływanie środków masowego przekazu? Odpowiedź Kardynała brzmi: „Życie społeczne i jego polityka są wiedzione świadomością moralną. Mimo ich kruchości u podstaw umowy społecznej i zaufania znajduje się racja moralna, która jest im konieczna. Bez niej nawet te cywilizacje, których ambicją jest gwarantowanie praw człowieka, prowadzą do zaprzeczenia ludzkiej wolności". Życie społeczne „opiera się na założonym pakcie zaufania między obywatelami a tymi, którzy nimi rządzą". Oczywiście, pakt zaufania jest możliwy tylko w takiej wspólnocie, w której życie społeczne osiągnęło odpowiedni poziom wzajemnego otwarcia. Chodzi głównie o przekonanie, że każde nadużycie zaufania jest nie tylko nieopłacalne, ale przede wszystkim kłóci się z poczuciem godności człowieka jako obywatela wolnego państwa. Fundamentem wspólnoty ma być szacunek dla prawa z tej racji, że jest dobrym prawem.

Aby tworzyć takie prawo i by prawu temu się poddać, trzeba mieć duszę otwartą na prawdę. Autor zdaje sobie sprawę z tego, że w świecie współczesnym „prawda" przestała być wartością samą przez się oczywistą. Zbyt często była nadużywana przez totalitarne ideologie. Mimo to nie można zrezygnować z wartości prawdy. To nie przypadek, że bodaj najczęściej cytowanym tekstem w pracy kard. Lustigera jest encyklika Jana Pawła II *Veritatis splendor*. Prawda jest jak ów ewangeliczny talent, który król oddał na przechowanie swym sługom. Czego dotyczy ta prawda? Chodzi przede wszystkim o prawdę moralną. Nie jest tak, by świat stał się nieczuły na prawdy dotyczące wartości moralnych. Wręcz przeciwnie, dzięki środkom masowego przekazu wrażliwość ta nie tylko się poszerzyła, ale pod niejednym względem pogłębiła. Dialog Kościoła ze światem współczesnym staje się coraz bardziej dialogiem na płaszczyźnie moralnej.

Historia ma swoje szczególne paradoksy. Paradoksem historii jest bowiem to, że wartość prawdy znalazła potwierdzenie w czasach wielkiego odstępstwa od prawdy. Fakt, że jakaś ideologia głosi, iż jest ideologią „prawdziwą", nie kompromituje wartości prawdy, ale kompromituje tych, którzy w ten sposób kłamią. Byliśmy i wciąż jeszcze jesteśmy świadkami buntu skierowanego przeciwko tym kłamcom. Kierując oczy na naszą część Europy, Kardynał pisze: „Odkrywamy pokornych i skromnych męczenników, uwięzionych i uciśnionych, których głosu nikt na Zachodzie nie chciał słuchać. Wiedzieliśmy o ich biedzie; tchórzliwie skrywaliśmy ją przed sobą. Dziś publicznie wyrażamy uznanie dla ich ukrytego, cichego heroizmu. Wobec totalitarnego aparatu dawali świadectwo wolności i prawdzie sumienia.

Owa zepchnięta do podziemia prawda pozwoliła mężczyznom i kobietom wybierać między dobrem a złem za cenę życia. W ciągu długiego czasu, który wydawał się nie mieć końca, przez wierność dla dobra i miłość do wolności, ofiarnie dali z siebie wszystko. Cierpieli za wolność czczenia Boga i tak dowiedli wielkości ludzkiej wolności. Ich miłość była mocniejsza niż potęga państw, a ich *caritas* objawiła Bożą mądrość".

W istocie rzeczy głównym źródłem „siły bezsilnych" była prawda sumienia – sumienia własnego i tych, którzy chcieli mieć sumienie. Siłą było to, że w świecie kłamliwego udawania prawdy pojawiła się prawda nieudawana, prawda po prostu. Dopiero na niej wyrastały wymagania wolności, godności i solidarności.

*

Zwróciłem uwagę jedynie na niektóre wątki myślenia kard. Jean-Marie Lustigera. Świadomie położyłem akcent na opisach napięć i sprzeczności liberalnej cywilizacji, pomijając bardziej szczegółową prezentację dróg ich przezwyciężenia. Uczyniłem to z żalem, ponieważ mistrzostwo autora ukazuje się nie tylko w opisie sprzeczności, ale również w sposobach wydobywania leków z głębi chrześcijańskiej tradycji. Na koniec chciałbym podzielić się jedną refleksją.

Stoimy dziś w Polsce u progu Europy. Pytamy: jaka ona jest? Z wielu stron słyszymy: jest pełna chorób. Po przeczytaniu książki Arcybiskupa Paryża możemy powiedzieć: Europa to także jasna świadomość własnej sytuacji kryzysu i godna podziwu umiejętność wyszukiwania środków jego przezwyciężenia. Dziś, u progu zjednoczonej Europy, pojawiają się u nas niekiedy dramatyczne opisy „upadku Zachodu". Co o nich powiedzieć? Trzeba powiedzieć, że nie sięgają nawet do pięt wnikliwości tych opisów, których przykładem są analizy kard. Lustigera. „Europejczycy" bardziej niż inni potrafią patrzeć na siebie krytycznie i wyciągać nauki także z tego, co dzieje się u innych, między innymi w naszej części świata.

Tekst kard. Jean-Marie Lustigera jest jednym z tych tekstów, w którym możemy dotknąć zarówno europejskiego samokrytycyzmu, jak i europejskiego rozumienia innych. To dla nas bardzo pouczająca lekcja.

Znicestwienie Polski

W czasach komunizmu temat Polski i polskości wracał do nas jak echo po każdym wybuchu społecznym. Ukazywały się tematyczne numery „Znaku", były artykuły w „Tygodniku Powszechnym". Sprawa należała do tych, które ma się we krwi. Wybuchy społeczne – czasem wielkie, a czasem małe, takie, o których nikt już dziś nie pamięta – kończyły się niezmiennie pytaniem: Co będzie z Polską i jej polskością? Aby znaleźć na to odpowiedź, trzeba było jednak postawić nowe pytanie: Czym jest polskość?

We wszystkich, skądinąd bardzo różnorodnych rozważaniach powtarzał się ten sam motyw: polskość domaga się refleksji krytycznej. Inne wyzwania stały przed polskością w czasach rozbiorów, a inne po odzyskaniu niepodległości; inne w czasie okupacji, a inne w dniach „Października", podczas wydarzeń „marcowych" i krwawych wydarzeń na Wybrzeżu; inne wyzwania stoją dziś i będą stać jutro. Ale nie tylko czas różnicował sens wyzwań – czyniła to również sytuacja społeczna wyzwanych. Czego innego „domaga się Polska" od studenta, od chłopa i robotnika, czego innego od inżyniera, pisarza, filozofa. Z krytyki i afirmacji polskiego stanu ducha, jakie się dokonywały, rodził się wniosek: polskość jest przede wszystkim zjawiskiem etycznym – norwidowskim „moralnym zjednoczeniem". Kto ma udział w polskości, ten ma udział w „substancji etycznej". Wszystko inne jest wtórne i jakby mniej ważne.

Zastanawiam się, czy nie byłoby celowe zebranie w całość i opublikowanie wszystkich ówczesnych artykułów o polskości w sytuacji, w której polskość stanęła w obliczu nowego wyzwania? Dziś bowiem także wiele się o polskości myśli i mówi. Każdy jednak, kto pamięta tamte dyskusje, dostrzega różnicę poziomów. Najbardziej zdumiewające jest jednak to, że w zapomnienie idzie myśl o „pierwiastku etycznym" zjawiska polskości, w wyniku czego na pierwszy plan wysuwają się treści, które straszą.

Polskość wracała... Pamiętam dzień, w którym dowiedzieliśmy się, że znów – po dłuższej przerwie spowodowanej wybuchem stanu wojennego – będzie się ukazywał „Tygodnik Powszechny". Trwał jeszcze stan wojenny. Ludzie wciąż siedzieli w obozach internowania. Redakcja zaproponowała mi, abym napisał „wstępniak" do pierwszego po przerwie numeru „Tygodnika". Co napisać? Z pustką w głowie poszedłem do Mieczysława Pszona. Ten – pamiętajmy: żołnierz AK, skazany na śmierć przez komunistyczny sąd, a potem (po 1989 r.) doradca Tadeusza Mazowieckiego i jeden z głównych architektów porozumienia polsko-niemieckiego – zastanowił się chwilę i ściszonym głosem powiedział: „Napisz coś o ojczyźnie". Napisałem. Cytowałem głównie Norwida i Libelta. Artykuł nosił tytuł: „Polska jest ojczyzną".

Kto dziś zdoła wyczuć dramatyzm tego tytułu? Jaka Polska? Jedna Polska robi stan wojenny, druga Polska siedzi w obozach. Która Polska jest polska? Ludzie zamknięci w „internatach" stoją wobec pytania: emigrować czy pozostać? Ktoś otrzymuje propozycję nie do odrzucenia: czasowy wyjazd na Lazurowe Wybrzeże. O ten wyjazd uwięziony Michnik skacze do oczu uwięzionemu Kuroniowi. Czyżby już wtedy „polskość fundamentalistyczna" spierała się z „relatywistyczną"? Ktoś powtarza słowa Papieża: „Nie jest łatwo być Polakiem, ale dlatego właśnie tym bardziej warto być Polakiem". Tytuł mojego artykułu miał przypominać, że jednak... j e s t. Polska j e s t i wciąż jest naszą O j c z y z n ą. Po kilku latach palotyni z Paryża pod tym właśnie tytułem wydali mój zbiór artykułów. Obserwuję, jak z upływem czasu sens tego tytułu blednie. Polska? Jest ojczyzną? Nie jest ojczyzną? A co to znaczy „ojczyzna", gdy otworem stoi cały świat? Co znaczy Polska, kiedy gdzie indziej żyje się łatwiej i prościej?

Artykuł z „Tygodnika" zaczynał się od cytatu z Norwida: „Znicestwić narodu nikt nie podoła bez współdziałania obywateli tegoż narodu, i to nie bez współdziałania przypadkowego, częściowego, nominalnego, ale bez współdziałania starannego". To nie obcy są największym zagrożeniem narodu, lecz swoi, a są nim wtedy, gdy świadomie i starannie współdziałają z wrogami, niszcząc „etyczną substancję" ojczyzny. Bywa, że „swoi" wprowadzają w zawartość pojęcia „ojczyzna" treści, które usuwają w cień jego właściwy sens. Słowo wciąż jest w obiegu, wciąż się je wykrzykuje, wciąż strzela się nim do innych, ale im głośniej brzmi, tym jest mniej „substancjalne". Po jakimś czasie każdy widzi: po dokonanych obróbkach „Polska nie jest polska" – „polska moralność" jest faryzejskim przekrętem moralności, „myśl polska" jest pospolitą bezmyślnością, „polska wiara" – polską dewocją, a „polski katolicyzm" – sektą, którą z nicości do bytu powołała „schorowana wyobraźnia". Norwid powiada: „znicestwienie". Słowo to znaczy nie tylko „unicestwienie". Opowiada również o uwiądzie, marnotrawieniu, zmizerowaniu, o „spełzaniu na niczym". Oto jedna z okrutnych perspektyw pięknego słowa „polskość".

Przypomnijmy jednak najpierw Norwida, który w czasach naszych przełomów nabierał szczególnego znaczenia. Dlaczego jego pojęcie narodu i ojczyzny okazało się tak bardzo aktualne?

Połączalności siła

Kluczem do rozumienia istoty narodu-ojczyzny (dwa te pojęcia u Norwida często się na siebie nakładają) są słowa: "połączalności siła". Czytamy: „...naród składa się nie tylko z tego, co wyróżnia go od innych, lecz i z tego, co go z innymi łączy... i ta połączalności siła nie jest wcale żadnym ustępstwem, a tym bardziej uszczerbkiem, ale owszem, przymiotem zupełności charakteru i własnością dodatnią". Tak bowiem się dzieje, że „...osobistość na samotność wydalona nie jest jeszcze pełną, i dopiero przez obcowanie z osobistościami innymi wydojrzewa na właściwą istotność".

Norwid zdecydowanie wykracza poza etniczne pojęcie narodu. Narody zamknięte, pielęgnujące w sobie świadomość własnej „inności", wywyższające się poprzez poniżanie innych, nie są narodami „dojrzałymi". Brakuje im spojrzenia obiektywizującego – spojrzenia z zewnątrz, brakuje samokrytycyzmu. „Wydalone na samotność" słabną, ponieważ pozbawiają się „siły połączalności", czyli zdolności do dialogu z innymi. Norwid jest bodaj pierwszym u nas konsekwentnym przedstawicielem koncepcji ojczyzny-narodu jako rzeczywistości dialogicznej. Cały jego spór ze współczesnym mu pojmowaniem polskości jest wynikiem krytyki monologicznego ujęcia narodu – ujęcia, wedle którego, aby Polak był Polakiem, powinien tylko z Polakiem obcować.

Jeśli polskość posiada naturę dialogiczną, a nie monologiczną, to znaczy, że „inny" – Żyd, Niemiec, Ukrainiec, Rosjanin – nie dołącza się do niej jako czysto zewnętrzna przypadłość, ale stanowi jej rdzeń. Aby Polak był Polakiem, potrzebuje „innego" jako partnera dialogu. Świadomość tożsamości rośnie w ludziach w miarę, jak tożsamość ta jest uznawana i podziwiana przez „innych" (dobrą, choć tylko częściową ilustracją tej prawdy może być najnowszy rozwój ruchu regionalnego na Podhalu. Otwarcie granic, a nawet emigracja do Stanów nie zabiły tego ruchu, lecz na nowo go uskrzydliły). W oczach „innych" odkrywa się siebie – własną wartość i godność własnej kultury. Wtedy też ten „inny" nie jest już „obcym", którego trzeba poniżać, ale częścią własnej tożsamości, własnej „substancji etycznej". Oczywiście, aby wartości zostały przez innych uznane, muszą już wcześniej być wartościami. Człowiek, który nie zadba o to, żeby być nosicielem wartości, rzeczywiście skazuje siebie na „znicestwienie".

Wartością podstawową, o którą toczył bój Polak minionego stulecia, była wolność. Także wolność może być ujmowana dwojako: monologicznie i dialogicznie. Nie miejsce tu i nie czas, by robić przegląd „liberalizmów monologicznych", jakie pojawiały się wówczas w Europie. Ale hasłem polskich ruchów niepodległościowych było: „Za naszą wolność i waszą". Polacy byli liberałami, mieli w Europie taką opinię, ale ich liberalizm miał jednak własną twarz. Liberalizm dialogiczny od monologicznego dzieli przepaść. Wychodzi się z głębokiego przeświadczenia, że „moja" wolność nigdy nie będzie wolnością dojrzałą bez wolności „innego". Wolność należy do takich wartości, które musi się dzielić z innymi. Wolność „wydojrzewa", przechodząc najpierw od Ja do Ty, potem od Ty do Ja, a następnie od Ty i Ja do My. Zwieńczeniem wolności jest My. Wolność nie ma w sobie nic z egoizmu, indywidualizmu i subiektywizmu. Wręcz przeciwnie, przynależy ona wprost do „substancji etycznej" człowieka i jego wspólnoty. Jak można wymagać od ludzi wierności dla wartości, jeśli się nie uzna, że są wolni? Dopiero za taką wolność – „naszą i waszą" – można poświęcić życie. Któż by kiedy umierał za wolność „monady bez okien"?

Norwid był także jednym z nielicznych, który rozpatrywał wówczas polską „substancję etyczną" poprzez pryzmat pracy.

O pracy mówił, że jest „czynnym myśleniem". Pięknie ją porządkował: na dole piramidy pracy chłopak rozwożący nawóz na roli, a u jej szczytu „rzemiosło artysty" jak jakaś „modlitwa anioła". W określeniu „czynne myślenie" akcent raz pada na czynność, a raz na myślenie. Myślenie stało się perspektywą jutrzejszego rozwoju pracy. Coraz mniej było w pracy „potu rąk", a coraz więcej „potu czoła". Także praca miała znaczenie etyczne. To przede wszystkim ona miała się stać ucieleśnieniem „połączalności siły" – siły, która nie tylko łączy wieś z miastem, ale również narody z narodami. Praca jednoczy. Jednoczy, bo łączy rozdzielone części w organiczne całości, i stwarza okazję do powstania społecznej w d z i ę c z n o ś c i. Owoc pracy jest owocem d l a ludzi. Im lepsza praca, tym większa wdzięczność.

Wszystkie te proste prawdy nabierały w czasach socjalizmu szczególnej wartości. Słyszeliśmy, że „polska praca jest chora". Bawiliśmy się dowcipami: „Co to jest, stoi przy drodze i nie kopie? – Polski automat do kopania w tyłek". Ale nasz śmiech był śmiechem przez łzy. Choroba pracy polegała na tym, że praca nie łączyła, ale dzieliła ludzi. Przede wszystkim jednak uniemożliwiała wdzięczność. Jej miejsce zajmowała pospolita z ł o ś ć – złość na planowanie, na kooperantów, na władzę, a w końcu złość na najbliższych z powodu lepszego miejsca, jakie udało im się zająć w kolejce po cukier.

W nurcie tradycji norwidowskiej mieści się także myśl o ojczyźnie Karola Wojtyły, a potem Jana Pawła II. Nie ma w niej już tych krytyk polskości, jakie są u Norwida. Mamy jednak bezustanne przypominanie etosu i kultury, która jest jego mieszkaniem. Słynne stały się słowa wypowiedziane w UNESCO (1980 r.): „Jestem synem narodu, który przetrwał najstraszliwsze doświadczenia dziejów, którego wielokrotnie sąsiedzi skazywali na śmierć – a pozostał przy życiu i pozostał sobą. Zachował własną tożsamość i zachował pośród rozbiorów i okupacji własną suwerenność jako naród – nie biorąc za podstawę przetrwania jakichkolwiek innych środków fizycznej potęgi jak tylko własna kultura, która się okazała w tym przypadku potęgą większą od tamtych potęg".

Na samotność wydaleni

Jeśli w przypadku dialogicznej koncepcji narodu-ojczyzny podstawą świadomości narodowej były wartości wypracowane w dialogu z „innymi" i skrystalizowane pod postacią k u l t u r y, to w przypadku, który teraz bierzemy pod uwagę, podstawę stanowią wartości dane człowiekowi przez n a t u r ę; dialog ma tu znaczenie drugorzędne i jest zazwyczaj dialogiem „ze swoimi". Z dwu słów: „ojczyzna" i „naród" na plan pierwszy wysuwa się „naród". Oto okazuje się, że „naród" jest skarbnicą nieprzemijających wartości, które ujawnią się, byleby mu „obcy" nie przeszkadzali. Wśród tych wartości pojawiają się również treści etniczne, takie jak „krew", którą „ojcowie przelewali", a także „przekazywali dzieciom".

Takie rozumienie „narodu" wywodzi się z czasów romantyzmu. Ma wielu patronów, m.in. Adama Mickiewicza (przynajmniej w niektórych jego wypowiedziach). W paryskich wykładach z literatury słowiańskiej Mickiewicz odpowiadał na pytanie, jaki ustrój i jakie prawa będzie miała Polska po odzyskaniu niepodległości: „...jak okazują dzieje Polski, lud ten dążył zawsze do zaprowadzenia rządu, do stworzenia społeczeństwa kierującego się wewnętrznym popędem i dobrą wolą... Dodam jeszcze, że najlepiej urobić sobie można wyobrażenia o stanie władz w naszym kraju, czytając niektóre karty dzieła Swedenborga, gdzie mówi o krainie duchów: »Jest to królestwo, gdzie nie masz praw pisanych – powiada

– to królestwo, gdzie duchy zawsze są w pogotowiu wymieniać wzajemne usługi, korzystać w każdej chwili z nowych, nieustannie się zmieniających związków i odnosić z nich pożytek«. I nie bez przyczyny filozof polityczny Królikowski powiedział śmiało, że w przeznaczeniu przyszłej Polski jest nie mieć praw pisanych. Gdyby tylko te słowa wyrzekł, już by miał zaszczytne miejsce wśród polskich pisarzy". Pogląd Mickiewicza jest polityczną interpretacją romantycznego „miej serce i patrzaj w serce". Tym, co Polak dziedziczy po ojcach, jest przede wszystkim „czyste serce".

Korzeni jest jednak więcej. Ostatnio często wspomina się Romana Dmowskiego i niektórych jego współpracowników. Są jednak również liczne znaki wpływów ideologii Bolesława Piaseckiego, założyciela Paksu. Ideologia Piaseckiego – zaakceptowana przez komunistów i osobiście przypieczętowana przez gen. Sierowa z NKWD – proponowała polskim katolikom włączenie się w „postępowy nurt wydarzeń" i daleko idącą współpracę z komunistami w zamian za pewne możliwości działania w sferze kultury. Współpraca ta miała polegać na „potrójnym zaangażowaniu": zaangażowaniu socjalistycznym, narodowym i religijnym. „Zaangażowanie" wiązało się z koniecznością odpowiedniego „przykrojenia" świadomości narodowej i wiary katolickiej do wymagań marksizmu i potrzeb politycznych partii. „Naród" nie mógł być rozumiany jako rzeczywistość dialogiczna, ponieważ prawo do dialogu z „innymi" miała wyłącznie partia, był więc tym bardziej traktowany „naturalistycznie". Podstawą polskiej tożsamości są przede wszystkim „dary natury", głównie „pochodzenie". Jeśli czasem „prawdziwy Polak" potrzebował potwierdzenia „tożsamości naturalnej", to dokonywało się to w sporze z „obcymi" – z Niemcami, którzy czyhali na ziemie zachodnie, z Żydami, którzy byli jawnymi lub ukrytymi syjonistami, z Ukraińcami, którzy chcieli zagarnąć... Krynicę. Był też polski „wróg wewnętrzny": na przykład „rząd londyński", który doprowadził do wybuchu Powstania Warszawskiego, i „wichrzyciele", którzy periodycznie naruszali pokój wewnętrzny „narodu budującego socjalizm". Spór ten ułatwiał życie komunistom wedle zasady „dziel i rządź".

Innym czynnikiem łączącym „piasecczyznę" z komunizmem była pogarda dla demokracji. Pierwsi mieli „instynkt państwowy" – instynkt mocnej władzy centralnej, drudzy – „dyktaturę proletariatu", ale wnioski praktyczne były wspólne: tępić „liberałów", gdziekolwiek się pojawią. Niezależnie od okoliczności, od „obcych" i „przeciwników", którzy mogli się zmieniać, niezależnie od stopnia lojalności wobec partii czy frakcji partyjnej, jedno wciąż się powtarzało: „czyste serce". Polacy to ludzie o „czystym sercu", którym nie potrzeba „praw pisanych", bo sami – patrząc w serce – wiedzą, kogo głaskać, a kogo bić.

Na straży „czystego serca" stał „polski katolicyzm". Ale i tu konieczne stało się jakieś okrojenie. Z katolicyzmu odpadła etyka społeczna, ponieważ życie społeczne zostało oddane w zarząd komunistów. Pozostało „serce", które – często z tym większym oddaniem – pielęgnowało „wartości chrześcijańskie". Które? Z tym było różnie, w zależności od sytuacji. Od pewnego jednak czasu – zwłaszcza po upadku komunizmu – na pierwszym miejscu znalazły się wartości „polskiej rodziny". To także mieściło się w wyjściowej koncepcji narodu jako „daru natury". Dalszą konsekwencją była „obrona życia nienarodzonych". W tym punkcie spotkały się inspiracja religijna z narodową i z duszpasterskimi wysiłkami Kościoła. Kościół widząc, że dawny „odstępca" stał się (głównie w sprawie „obrony życia" czy walki z pornografią) jego sprzymierzeńcem, przymknął oczy na inne aspekty jego „doktryny". Na tym tle doszło do zbliżenia, a nawet pewnego zapomnienia przewinień. Wiara w „czyste serce" przeważyła – zresztą mimo sygnałów ostrzegawczych. Dopiero ostatnio – zwłaszcza w związku ze sprawą „wejścia do Europy" i wyczynami środowisk związanych z Radiem Maryja – dochodzą do głosu istniejące już wcześniej fundamentalne różnice.

Patriotyzm „czystego serca" – serca, które poprzez „naturę" od Boga pochodzi – jest głęboko antyliberalny. Skąd się to bierze? Bierze się przynajmniej częściowo stąd, że ludzie głoszący ów patriotyzm w czasach komunistycznej próby raczej nie poświęcali życia „za naszą i waszą wolność", lecz zdrowo z władzą kolaborowali. Jeśli nawet ryzykowali, to nie w walce o wolność, ale też wtedy nie życie było stawką. Nie widziano ich również ani wśród strajkujących, ani w żadnych komitetach obrony robotników. Czy mają z tego powodu jakiś kompleks? Nawet jeśli mają, to dzielnie z nim walczą, sięgając między innymi do filozofii tomistycznej. To właśnie ona ma usprawiedliwiać ich antyliberalne nastawienie. Jednak, aby to się mogło stać, trzeba było tę filozofię poddać ideologicznej obróbce. To dziwne, ale w dzisiejszej Polsce tomizm – skądinąd filozofia wielkiego pojednania chrześcijaństwa z „pogańskim" światem arystotelików – stał się dla „narodowców" ideologią skłócenia, wrogości do współczesnego świata, a zwłaszcza do wszelkich odmian liberalizmu. Tomizm – jak wczoraj marksizm – demaskuje, sądzi, wydaje wyroki. Strzela się więc tym „tomizmem" w liberalizm bez dokonywania rozróżnień. Najlepiej ustrzelić każdego, a Pan Bóg już sam rozróżni, który był dobry, a który zły.

A co z pracą? Dla Norwida praca była tą dziedziną życia, w której najwyraźniej ukazywała się „siła połączalności" narodu, tworzącego w rozmowie z „innymi" swą kulturę. Choroba polskiej pracy w dobie socjalizmu na tym polegała, że przestała łączyć, a zaczęła dzielić. Stawała się monologiem. Miejsce pracy było najczęściej miejscem marnowania surowca, energii, czasu, ludzkich sił i talentów. Pozorne produkty tylko pozornie zaspokajały realne potrzeby. Fikcją stawała się również zapłata za pracę.

Podjęta po upadku komunizmu reforma pracy nie mogła się jednak obejść bez bólów; nie wszystko może się odbywać ze znieczuleniem. Jak zareagowało na reformę „patriotyczne czyste serce"? Zareagowało wedle „zaangażowania socjalistycznego" i wedle zakorzenionych uprzedzeń do liberalizmu. Nagle dowiedzieliśmy się, że to nie komunizm zniszczył polską gospodarkę, ale liberalni reformatorzy. Bezrobotny, emeryt i rencista stali się – obok nienarodzonego dziecka – symbolami zniszczeń, dokonywanych przez „liberałów" i wszystkich, którzy poszli z nimi na kompromis. Apokalipsa komunistycznego systemu pracy okazała się niczym wobec apokalipsy podjętej reformy pracy.

Postawmy jeszcze jedno pytanie: jak może wyglądać i jak rzeczywiście wygląda zaproponowany nam „polski etos narodowy"? Co mówi jego „sumienie"? Przed czym ostrzega, do czego zachęca?

Niewątpliwie wzywa do pielęgnacji „czystego serca" jako najcenniejszego daru natury i Boga. A co poza tym? Poza tym etos ten jest otoczony samymi niebezpieczeństwami. Główne niebezpieczeństwo płynie ze strony liberalizmu. Największą groźbą nie są jednak zdeklarowani liberałowie, ale ci, którzy szukają kompromisu z liberałami, choćby w sprawie aborcji. Z niebezpieczeństwem liberalizmu idzie w parze niebezpieczeństwo demokracji, która „dokonuje relatywizacji wartości". Jedno niebezpieczeństwo rodzi następne, na przykład niebezpieczne odczytanie narodowej przeszłości jako walki liberalizmu z tyranią. Nieprawda! Powstania nie były walką o „wolność naszą i waszą", ale walką o „niepodległość narodu". Istniejące niebezpieczeństwo kompromisu z liberałami i demokratami rodzi wciąż nowe podziały w politycznych ugrupowaniach narodowych. Następstwem są „koczowiska polemiczne, których ogniem niezgoda, a rzeczywistością dym wyrazów".

„Czyste serce" przeczuwa niebezpieczeństwa, ostrzega i mówi: „nie". Nie – reformom samorządowym, nie – reformie pracy, nie – reformie szkolnictwa, nie – Europie. Do tego należałoby dodać jeszcze jedno „nie", o którym jednak szerzej nie mówię – „nie" dla posoborowego, otwartego na Europę i świat Kościoła. Czym jest „polskość" osaczona przez te wszystkie „nie". Jest główną racją l e g i t y m i z a c j i n e g a c j i. Każde bowiem „nie" jest wypowiadane w imię polskości.

Czy w tym „nie" nie ma jednak jakiegoś „tak"?

Natrafiłem na „tak" przywódcy jednego z ugrupowań „narodowych" w tekście, w którym mówi on o integracji z Europą. Integracja jest wielkim niebezpieczeństwem. Skoro jednak nie można jej zapobiec i skoro głos polskiego Papieża brzmi proeuropejsko (a podobnie mówi Episkopat), jeśli na dodatek deklaruje się, że się jest katolikiem, trzeba się jakoś do tej Europy wybrać. Pamiętajmy jednak: nie pójdziemy tam z próżnymi rękami. Jest w nas przecież ogromna krzepa i są niepodważalne wartości. Z czym idziemy? Czytamy: „Nauczmy Europę, czym jest chrześcijański naród, który nie daje sobie narzucić finansowej niewoli i potrafi sam kierować swoimi sprawami, a przyczynimy się do załamania światowego globalizmu, tak samo jak złamaliśmy ekspansję Niemców, Mongołów, Szwedów, Turków czy Sowietów. To od Polski może się zacząć upadek Nowego Porządku Światowego". Co słowa te obiecują Europie? „Czyste polskie serce", które – zgodnie z Mickiewiczem – nie potrzebuje prawa stanowionego, obiecuje: my was „załamiemy", my doprowadzimy do „upadku" wasz „porządek" i tym sposobem wyzwolimy was „z finansowej niewoli". Komunizm został obalony, ale – jak widać – jego wzniosłe cele przejmuje ktoś inny.

Znicestwienie

Polska świadomość narodowa stanęła wobec nowego wyzwania. Zaczynamy wchodzić w strukturę Unii Europejskiej. Trzeba się wznieść na nowy poziom dialogu. Trzeba to zrobić, opierając się na historii – na tkwiącej w polskiej tradycji „połączalności sile", na tym, że „za waszą i naszą sprawę"... Ale postawiona w obliczu tego wyzwania polskość uległa dziś wyraźnemu rozszczepieniu. Z jednej strony rysuje się droga potwierdzenia polskości w wymiarze dialogicznym, z drugiej – negacja dialogu, a potwierdzenie wymiaru monologicznego i naturalistycznego. Z jednej strony polskość, która widzi w nowym wyzwaniu przedłużenie własnej historii i mówiąc mu „tak", mówi „tak" samej sobie; z drugiej – polskość, która w wyzwaniu tym węszy niebezpieczeństwo i mówi mu zdecydowane „nie". Z jednej strony polskość, która w globalizacji widzi szansę wzbogacenia form społecznej komunikacji i chce się w nią włączyć twórczością własnej pracy; z drugiej – polskość, która grozi światu, że doprowadzi do zniszczenia „nowego porządku". Z jednej strony polskość pojednania przeciwieństw: życia pod jednym dachem wielu narodowości, wielu wyznań i kultur; z drugiej – polskość nieuleczalnie skłócona, wyłaniająca ze swego łona wciąż nowe „koczowiska polemiczne". Z jednej strony polskość dynamicznej gospodarki, z drugiej – polskość permanentnie „chorej pracy". Z jednej strony polskość chyląca czoło przed ofiarą „za waszą wolność i naszą", z drugiej – polskość „ucieczki od wolności".

Jakimś dziwnym zbiegiem okoliczności tak się dzieje, że pierwsza polskość milczy o samej sobie; nie ma dziś dyskusji, w których polskość ukazałaby swe wielkie i godne szacunku oblicze, nie ma jasnej i wyraźnej samowiedzy polskości jako „połączalności siły". Natomiast druga polskość mówi. Mówi wiele i głośno.

Im bardziej widzi swą przegraną, tym głośniej krzyczy. Ale im głośniej krzyczy, tym bardziej jawna staje się jej głupota. Czyżby takie skojarzenie miało się utrwalić – co mądre, to nie polskie, a co głupie, to polskie? Czyżby młody mieszkaniec naszego kraju był skazany na widzenie prawdy o swym narodzie wyłącznie poprzez pryzmat słówka „nie", rzucanego w oczy wyzwaniom naszych czasów? A gdyby przypadkiem on sam zechciał wyzwaniu powiedzieć „tak", to czyż powinien uwierzyć, że przestał być Polakiem, a stał się „Europejczykiem"?

Norwid mówi: „Znicestwić narodu nikt nie podoła bez współdziałania obywateli tegoż narodu..." Norwidowskie „znicestwić" znaczy nie tylko „unicestwić", ale również „zmarnować", „zaprzepaścić", „opróżnić" i sprawić, że „spełznie na niczym". Rozmaitymi drogami biegnie marnotrawienie wielkich wartości. Wartości marnotrawią ich przeciwnicy, gdy dowodzą, że nie są one wartościami. Robią to jednak również zwolennicy wartości, gdy przemieniają je w karykaturę, w parodię, w pośmiewisko. W tę właśnie stronę idzie dziś „znicestwienie narodu". Nie przeciwnicy, lecz zwolennicy „znicestwiają naród". Nasze myślenie, przedstawiające się jako „narodowe", stało się rzadkim przykładem bezmyślności. Ono też – przedstawiające się jako „polska myśl narodowa" – znalazło się pośród tych „automatów", co to stoją przy drodze i... „myślą, że myślą".

Część III
ROZUM POSZUKUJE SIEBIE

Rozum poszukuje siebie

W przedmowie do swej książki: *Słowa i rzeczy* Michel Foucault cytuje za Borgesem fragment dawnej chińskiej encyklopedii, która podaje klasyfikację zwierząt. Czytamy tam, że „zwierzęta dzielą się na: a) należące do Cesarza; b) pachnące; c) obłaskawione; d) świnie mleczne; e) syreny; f) baśniowe; g) psy na wolności; h) zawarte w niniejszej klasyfikacji; i) które poruszają się jak szalone; j) niezliczone; k) narysowane delikatnym pędzelkiem na wielbłądziej skórze; l) *et cetera*; m) które przychodzą rozbić dzban; n) które z daleka są podobne do much". Stajemy bezradni wobec tej klasyfikacji. Na jakich kryteriach została oparta? Klasyfikacja ta pochodzi z innego świata. Przypuszczamy, że świat ten jest rozumny, aczkolwiek jest to jakaś inna „rozumność" niż nasza. Gdzie znajduje się klucz do niej? Czy taki klucz w ogóle istnieje? A może cała nasza „rozumność" jest naszym i tylko naszym przesądem? Pytania takie budzą rozum z „dogmatycznej drzemki" i zmuszają do podjęcia krytycznej refleksji nad sobą.

Jesteśmy dziś świadkami natężenia takiej krytyki. Płynie ona wieloma nurtami. Znamienne, że – w odróżnieniu od dawnych okresów sceptycyzmu – najważniejsze nurty krytyczne wcale nie zmierzają do wykluczenia rozumu i zastąpienia go czy to wiarą, czy rodzajem jakiegoś „wyższego", „mistycznego wczucia", lecz raczej ku temu, by rozum sam „zreformował" siebie, by poprzez głębsze poznanie własnych upadków i wzlotów uczynił się jeszcze bardziej „rozumnym". Krytyka rozumu nie jest dziś aktem rozpaczy nad rozumem, lecz aktem mniej lub bardziej ostrożnej wiary w rozum. Rozum powinien otworzyć się na rozmaite odmiany „racjonalności", bez zatracenia wewnętrznej jedności, albowiem... „choć mamy wiele racjonalności, to rozum jest jeden".

Wolfgang Welsch – autor obszernego studium o racjonalności i rozumie we współczesnej filozofii – sądzi, że wszystkie zarzuty kierowane przeciwko rozumowi dają się sprowadzić do dwóch podstawowych. Pierwszy zarzut – sformułowany przede wszystkim przez Martina Heideggera – stwierdza, iż rozum wyzbył się poznawczej „bezinteresowności": zamiast wspaniałomyślnie szukać prawdy dla samej prawdy, uległ pokusie „woli mocy", czyli panowania nad przyrodą i nad człowiekiem; rozum szuka prawdy dla władzy. Drugi zarzut – pochodzący głównie od francuskich egzystencjalistów – mówi, że rozum dokonał „uprzedmiotowienia" człowieka: przeniósł nań formę, za pomocą której opisywał rzeczy, aż zagubił świadomość różnicy między ludźmi i rzeczami. Obydwa te zarzuty są zakorzenione w myśli Edmunda Husserla, który za główny przejaw „kryzysu rozumu europejskiego" uważał oderwanie człowieka od bezpośredniego „świata życia". Mówi się więc, że rozum stworzył technikę i za jej pomocą radykalnie zmienił nie tylko otaczający świat, ale również nas samych. Rozum nas „spłaszczył", zmusił do uznawania za „rzeczywiste" tego, co wymyślił sam człowiek, a za „nierzeczywiste" tego, co wyszło spod ręki Boga. Wszystko, co wzniosłe i wspaniałe, znalazło się poza ludzkim polem widzenia. Rozum „oślepł na wartości". Jego osławiona „racjonalność" została sprowadzona do poziomu „użyteczności". Rozum zatracił świadomość własnych podstaw, nie zna celu działania, nie rozumie istotnego znaczenia idei prawdy. Rozum stał się „bezrozumny". Czy rozum jeszcze „myśli"? A może tylko „gra" w jakieś bezsensowne „gry" polityczne, ekonomiczne i inne? Kilka lat po Husserlu Martin Heidegger powiedział: „Najbardziej daje do myślenia to, że wciąż jeszcze nie myślimy".

Dla mieszkańców postkomunistycznej Europy, którzy w napięciu śledzą filozoficzne spory o los rozumu, jedno jest szczególnie zaskakujące: wśród zarzutów stawianych rozumowi brakuje wzmianki o z b r o d n i. Wszystkie zarzuty mówią w najlepszym razie o n i e s z c z ę ś c i a c h, w jakie człowiek popada z powodu rozumu, ale żaden nie mówi o zbrodni. (Napisałem: „w najlepszym razie", bo praca Welscha nawet nie wspomina o nieszczęściu; interesuje ją jedynie „rozsiew" racjonalności między obiegowymi klasyfikacjami świata). Zachodzi istotna różnica między nieszczęściem a zbrodnią. Nieszczęściem jest powódź, trzęsienie ziemi, długotrwała susza; nieszczęściem było to, co się przytrafiło Edypowi i Antygonie. Zbrodnią są natomiast morderstwa, zabójstwa, rozmaite formy zniewolenia, gwałty, kłamstwa, oszustwa. Nieszczęście nosi na sobie piętno fatalizmu: dopada nas bez świadomego udziału innych. Zbrodnia nosi piętno ludzkiej sprawczości, zależy od człowieka, który jest zbrodniarzem. Rodzi się istotne pytanie: czy to, co w wieku dwudziestym dotknęło Europę – dwie światowe wojny, dwa totalitaryzmy, Oświęcim i Kołyma – było nieszczęściem czy zbrodnią? Kto zawinił: fatalistyczny ciąg zdarzeń czy zły człowiek? Wciąż nie możemy wyjść poza tę sprzeczność. Jedni mówią: nie byłoby fatalistycznych „struktur", gdyby nie „źli ludzie". Inni mówią: nie byłoby „złych ludzi", gdyby nie złe „struktury". Czy niemożliwość wyjścia poza sprzeczność nie jest jeszcze jednym znakiem kryzysu rozumu? Czy właśnie nie to najbardziej daje dziś do myślenia, że o t y m nie myślimy?

Jak przedstawia się dotychczasowy wynik krytyki rozumu? W każdym razie jest on daleki od jednoznaczności. Najczęściej, jak wspomniałem, mówi się akceptująco o „pluralizmie racjonalności". Jest jeden rozum, ale wiele racjonalności – od racjonalności matematyki do racjonalności polityki czy sztuki w jej różnych odmianach. Zaliczany do tzw. postmodernistów Jean-François Lyotard ujmuje swą myśl w obrazie: oto na ogromnym morzu irracjonalności istnieją nieliczne „wyspy" i „archipelagi racjonalności". Między wyspami wędruje rozum, szukając wśród nich jedności. Ale jej nie znajduje. Cóż bowiem ma ze sobą wspólnego „racjonalność" komputera, uczucia zazdrości i lirycznej poezji? Mimo to rozum akceptuje każdą „racjonalność", każdą „klasyfikację zwierząt". Wizja taka wydaje się intrygująca. Uczy nas tolerancji, a nawet pewnego poczucia sprawiedliwości: niech rozum „oddaje sprawiedliwość" każdej racjonalności i niech się do niej nie wtrącają „racjonaliści" z innych wysp. Ale takie właśnie ujęcie budzi niepokój w mieszkańcach świata Oświęcimia i Kołymy. Jak potraktować „wyspę" totalitaryzmu? Czy trzeba ją uznać za jeden z przypadków „racjonalności", w której sprawy nie powinni się wtrącać mieszkańcy innych „archipelagów"? Gdyby rzeczywiście tak było, znaczyłoby to, że rozum w swym dążeniu do oddawania sprawiedliwości każdemu nie jest w stanie oddać sprawiedliwości najbardziej potrzebującemu.

Spróbujmy, nie roszcząc sobie pretensji do wyczerpania tematu, przyjrzeć się bliżej niektórym aspektom współczesnego poszukiwania rozumu przez rozum. Postarajmy się uwzględnić w naszych poszukiwaniach fakt obecności zbrodni. Fakt ten zmienia perspektywę patrzenia. Myślenie przestaje być rodzajem jeszcze jednej gry w jeszcze jednego pokera. Nabiera powagi pytania o prawdę i los człowieka.

Rozum wobec swych nieprzyjaciół

Dzieje europejskiego rozumu są przede wszystkim dziejami jego sporu z nieszczęściami, w jakie popada ludzkość. To znamienne: filozofia od samego początku wzdraga się przed rozprawianiem o „złu" i raczej unika słowa „zbrodnia", o wiele bliższe jest jej natomiast słowo „nieszczęście". „Nieszczęście" łatwiej poddaje się racjonalizacji niż „zło". Łatwiej też przychodzi jej mówić o „błędach" niż o „grzechach" czy „zbrodniach" – „grzechy" i „zbrodnie" oddaje mitologii, religii, teologii. Jest tak zapewne dlatego, że z każdym nieszczęściem jest związana jakaś niewiedza, którą – wedle przekonania filozofów – powinno się dać rozproszyć. Gdyby człowiek więcej wiedział, mógłby uniknąć nieszczęść; gdyby Edyp wiedział, kogo zabija, nie popełniłby „błędu" ojcobójstwa. Nieszczęściem człowieka jest to, że człowiek nie tylko nie wie, ale nie wie również tego, iż nie wie – przeważnie wydaje mu się, że wie. Zadanie rozumu polega na usunięciu niewiedzy z życia człowieka. Rozum dojrzewa w sporach z „nieprawdą", która wciąż przybiera nowe formy.

W tym punkcie uczynimy małą wycieczkę w historię filozofii. Spróbujmy przypomnieć sobie główne odmiany „nieprawdy", jakie wymieniają dzieje europejskiego myślenia. Wspomnimy o trzech: o z ł u d z e n i a c h, k ł a m s t w a c h i p r z e s ą d a c h. To one mają być integralną częścią nieszczęść, jakie gnębiły i gnębią europejskiego człowieka. Mogą jednak ulec „racjonalizującemu unicestwieniu". W walce z nimi rozum miał stawać się coraz bardziej rozumny. Żywił przy tym przekonanie, że doskonaląc siebie, doskonali całego człowieka, który jest przecież *homo sapiens*.

1. Walka ze złudzeniami

Złudzenie to był kiedyś główny problem Greków i filozofii Platona. Problem ten – jak nam przypomina Paul Ricoeur w swej *Sym-*

bolice zła – został najpierw sformułowany przez mitologię i sztukę, Platon wyłożył go w słynnej metaforze jaskini. Złudzenie jest przede wszystkim złudzeniem z m y s ł ó w. Zmysły „zwodzą" człowieka, przedstawiają mu świat inny od tego, jaki naprawdę jest. Oczywiście, znamy złudzenia wzrokowe, słuchowe, smakowe – zniekształcają one spostrzeganie rzeczy. Jakoś sobie z nimi radzimy, porównując dane jednego zmysłu z danymi drugiego zmysłu (a raczej: radziliśmy sobie, dopóki nie odkryliśmy złudzenia w „obrotach ciał niebieskich"). Ale największym złudzeniem człowieka jest i pozostanie inny człowiek. O tym złudzeniu opowiada mitologia, przypomina o nim grecki dramat. Z tego złudzenia wzięło się nieszczęście Edypa. Jego dramat jest dramatem ludzkiej tożsamości. Kim jest Edyp? Czy jest winny grzechu kazirodztwa, czy nie? Aby odpowiedzieć na to pytanie, Edyp musi wiedzieć, kim był mężczyzna, którego zabił, i kim była kobieta, którą pojął za żonę. Ale tego właśnie Edyp wiedzieć nie może. Nie może więc wiedzieć również tego, kim sam jest.

Co mamy począć, żyjąc wśród złudzeń? Czy można się od nich wyzwolić? Można – ale nie opierając się na zmysłach, lecz je porzucając. Mówi o tym filozofia Platona. Jesteśmy, jak mieszkańcy jaskini, skazani na oglądanie cieni rzeczywistości. Aby wyjść z cienia w świat prawdy, trzeba obudzić w sobie rozum. Każde złudzenie jest bowiem tak zbudowane, że przy odpowiednim nastawieniu można oddzielić w nim to, co jest „nieprawdą", od tego, co jest „prawdą". Prawdą złudzenia jest to, co „istotne". Myślenie, które przeprowadza mnie od „zjawiska" do „istoty", pozwala mi przebywać pośród tego, co „naprawdę jest". Nawet jeśli trójkąty, na które patrzę, są cieniami prawdziwych trójkątów, to twierdzenie Pitagorasa o trójkątach pozostanie prawdą.

Platon budzi rozum ze snu. Jest to szczególny rozum, który „idealizuje". Oznacza to, że rozum wciąż przechodzi od tego, co jest, do „wzoru" tego, co jest. Wzorem są „idee". Na szczycie drabiny idei stoi idea dobra – wzór wszelkich wzorów. Dzięki niej nasz świat przestaje być „płaski", przyjmuje postać hierarchii: coś w nim jest „dobre", „lepsze", „najlepsze", „piękne", „piękniejsze", „najpiękniejsze", „prawdziwe", „prawdziwsze", „najprawdziwsze", ale także „złe", „gorsze", „najgorsze" itd. Odkrywając hierarchię, możemy wedle niej urządzać nasze życie. Możemy sami być „lepsi" lub „gorsi". Możemy mieć „lepszych" lub „gorszych" władców, „lepsze" lub „gorsze" ustroje polityczne. Platon wyprowadził człowieka z opłotków fatalizmu. Gdy fatalizm jedynie opisywał nieszczęścia, Platon pokazał, jak ich uniknąć.

Walcząc ze złudzeniami, myśl grecka powołała do istnienia „potrójny" rozum: teoretyczny, „fronetyczny" i „pojetyczny". Rozum teoretyczny był władcą czystego, teoretycznego poznania, opowiadał o tym, co jest. Rozum „fronetyczny" rządził czynami ludzkimi, zwłaszcza tymi, które miały znaczenie polityczne. Rozum „pojetyczny" władał twórczością artystyczną – poetyckim wymiarem ludzkiej egzystencji. Trzy „rozumy" były mimo wszystko jednym rozumem, ponieważ miały swój udział w jednoczącej wszystko idei dobra. Przeczuwamy już jednak, co może stać się z rozumem, gdy zabraknie mu takiego uczestnictwa: wtedy trzy „rozumy" usamodzielnią się, każdy wytworzy swój ideał „racjonalności" i człowiek znów stanie wobec problemu tożsamości.

Dziedzictwo filozofii greckiej wciąż żyje między nami. Szczególnie żywa okazuje się wizja rozumu, który zamienił „zło" w „nieszczęście", a „nieszczęście" sprowadził do „złudzeń". Świat złudzeń jest do pokonania: u podłoża złudzeń rozciąga się bowiem „prawdziwa" rzeczywistość, którą można opisać za pomocą formuł matematycznych. W sporze z „nieszczęściem" chodzi jednak nie tylko o poznanie świata, ale również o konstruowanie świata – świata bez „fatum". Rozumnie skonstruowany świat jest współnym dziełem świadomości etycznej i artystycznej. Świat ten jest wolny od władzy fatum. Jest rządzony prawem, w którym nie ma ciemności. Szczytowym dziełem takiego rozumu jest ustrój państwa – „nomokracja" (władza prawa – tylko wrogowie mówili o „demokracji" jako władzy „ludu", czyli władzy najgorszych). Ideą przewodnią pracy rozumu stale pozostaje „prawda", ale prawda jest podwójna: ta, którą można poznać, i ta, którą można stworzyć. Obyśmy tylko potrafili zachować równowagę między jednym a drugim.

2. Walka z kłamstwem

Inną odmianą nieprawdy jest kłamstwo. Przejście od złudzenia do kłamstwa jest przejściem do nowej epoki. Przełomem była myśl Kopernika. Jeśli Kopernik ma rację, to nie tylko zmysły nie mają racji, ale również grecki rozum i chrześcijańskie objawienie są w błędzie. Myślicielem, który artykułuje zmianę, jest Kartezjusz, wprowadzający w swe myślenie hipotezę złośliwego geniusza – potężnego ducha, który „zawziął się, aby nas okłamywać". Dramat myślenia przestaje już być spokojnym wędrowaniem od przesłanki do wniosku, a zaczyna być pełną napięć rozprawą z kłamcą. Kłamstwo jest bardziej niebezpieczne od złudzeń. Nie tylko dlatego, że pochodzi od kłamcy, który wszelkimi sposobami dąży do zdobycia naszego zaufania, ale przede wszystkim dlatego, że kłamstwo zagnieżdża się w rozumie. Kłamstwu dobrze tam być i człowiekowi dobrze być z kłamstwem. Okazuje się, że rozum, który miał być ratunkiem u Platona, jest głównym źródłem zguby u Kartezjusza.

Czy kłamstwo jest nieszczęściem człowieka, czy złem? Złośliwy geniusz ma rysy chrześcijańskiego demona zła. Demon ów nie jest bezosobowym, ślepym fatum. Jest wcieleniem inteligencji. Uwodzi nie tych albo nie tylko tych, którzy nie mogą oprzeć się zmysłom, ale przede wszystkim tych, którzy przeszli odpowiednie ćwiczenia w szkoleniu umysłu. Inteligencja trafia do inteligencji. Każdy Faust ma swego Mefista. Demon zła „wyzyskuje" człowieka. Każdy człowiek chętnie kłamie w potrzebie, a kto kłamie w potrzebie, ten też łatwo ulega kłamstwu – nawet bez potrzeby. Ale ten, kto uległ kłamstwu, nie przyzna, że dał się okłamać, powie raczej, że uległ iluzji. Ulegać kłamstwu – to wstyd, ulegać iluzji – to rzecz ludzka. Przyjmujemy zatem: kłamstwo było i jest nieszczęściem. Filozofia Kartezjusza zaleca się nam jako metoda walki z nieszczęściem. Jasne i wyraźne poznanie ma rozpraszać „iluzje", z których wymazano piętno kłamstw.

Przypomnijmy czasy, w których narodził się ów pomysł. Europa krwawi z powodu wojen religijnych. Oto walczą przeciw sobie ludzie wyznający wiarę w tego samego Boga. Chrześcijaństwo uległo podziałowi. Tak niewiele było trzeba, by zmieniło się tak wiele. Jakiś „złośliwy demon" wcisnął pomiędzy ludzi krzywe zwierciadła i ludzie nie są już zdolni zobaczyć swoich prawdziwych twarzy, lecz twarze wykrzywione przez lustra. A potem robią to, do czego namawia ich sumienie: „nawracają się" i „prostują" nawzajem. Tak wybuchają gniewy, spory, wojny. Jakie to lustra wykrzywiają nasze twarze? Wykrzywiają je nagromadzone kłamstwa – kłamstwa filozofii, religii, ideologii, polityki. Nic nie pomoże wpatrywanie się w zjawiska, trzeba wpatrzyć się w rozum.

Kartezjusz trafił w sedno problemów rodzącej się nowożytności. Przewidział czas nowego znaczenia słowa, czas narodzin ideologii, propagandy, reklamy, rosnącej władzy środków przekazu. Kto ma w ręku tę władzę? Kartezjusz mówi: złośliwy geniusz. Kim on jest? Jest każdym z nas: każdy z nas bowiem częściowo jest okłamywany, a częściowo sam okłamuje. Każdy jest zarazem ofiarą i twórcą kłamstwa.

3. Walka z przesądami

Oświecenie odkryło jeszcze jedną odmianę wroga rozumu – przesąd. Rzuciło hasło „walki z przesądami". Czym jest „przesąd"? Przesąd ma w sobie coś ze złudzenia i coś z kłamstwa – jest „syntezą" jednego i drugiego. Przesąd zaczyna się w rozumie i tutaj występuje jako wiara w półprawdę, w kłamstwo. Następnie z rozumu przenika w głąb zmysłów i dyktuje im określony sposób patrzenia na świat. Nie koniec na tym. Z rozumu i zmysłów idzie dalej i wchodzi w głąb ludzkiej egzystencji, wyrażając się jako „sposób bycia" człowieka – przesąd może stać się jego drugą naturą.

W kontekście walki z przesądami na szczególną uwagę zasługuje myśl Hegla. W słynnej *Fenomenologii ducha* Hegel pokazuje, jak europejski człowiek w ciągu swych dziejów wyzwalał się z jednych przesądów, by natychmiast popaść w drugie. Przesądem głównym jest przesąd łączący panów z niewolnikami. Oba te słowa: „pan" i „niewolnik" są nierozłączne. Kto mówi: „pan", ten ma w domyśle „niewolnika"; kto mówi: „niewolnik", ma w domyśle „pana". Sama logika słów stwarza powiązania między ludźmi. Na czym polega przesąd zawarty w obu tych pojęciach? Na tym, że panu, który „panuje", wydaje się, że to on sprawił, iż inny człowiek stał się niewolnikiem, i na tym, że niewolnik podziela zdanie pana. Wszak wtedy, gdy wystąpili do walki przeciwko sobie, niewolnik stchórzył i oddał swą wolność w ręce pana. Pan darował mu życie, żądając w zamian wiernej służby dla siebie. Naprawdę jednak to nie pan czyni niewolnika niewolnikiem, ale niewolnik robi to sam, gdy godzi się na poddanie. On też jest właściwym „twórcą" pana. Sam jest więc winny swego losu. Niewolnik wciąż jednak dąży do wolności. Co powinien w pierwszym rzędzie uczynić? Powinien wyzwolić się z „przesądu", że to nie on jest winien; powinien stać się tym, kim naprawdę jest – panem sytuacji.

Wizja ludzkiego „nieszczęścia" jako „przesądu" zakorzeniła się głęboko w oświeceniowej i postoświeceniowej Europie. Kto żyw, walczył z „przesądami". Kant tropił „przesądy" wynikające z użycia rozumu poza obszarami kompetencji; francuscy encyklopedyści demaskowali „przesądy" władzy religijnej i świeckiej; Karol Marks śledził nowe „przesądy" łączące proletariat z burżuazją. Poprzez Marksa sprawa przeniknęła do ruchu komunistycznego, który zaczął budowę „świata bez przesądów", w szczególności bez „przesądu" własności prywatnej.

*

Patrząc na dzieje europejskiego rozumu od starożytności po współczesność, trzeba powiedzieć, że składają się na nie również dzieje jego wewnętrznego rozbicia. Platon, Kartezjusz, Hegel nie znali i nie tolerowali rozbicia. Ale już u Kanta widoczne stały się pęknięcia. Dokonała się separacja „rozumu metafizycznego" i „rozumu naukowego"; „rozum metafizyczny" został oskarżony o to, że obraca się poza sferą doświadczenia i bezustannie produkuje „przesądy". Z kolei „rozum naukowy" oddzielił się od „rozumu fronetycznego", władającego dziedziną działania, czyli etyką. Do tego doszło jeszcze jedno rozstanie – rozstanie „rozumu pojetycznego" z teoretycznym i „fronetycznym". W efekcie zarysowały się przed nami trzy rodzaje „racjonalności": racjonalność poznawcza, etyczna i estetyczna. Mamy trzy „encyklopedie" i trzy „klasyfikacje". Dziś sprawy jeszcze bardziej się pogmatwały: trzy „racjonalności" uległy rozbiciu od wewnątrz i każda ich część utworzyła „wyspę". Mamy wiele metod poznawczych, wiele etyk i moralności, wiele propozycji estetycznych, a wszystkie są w sporze ze wszystkimi. Staramy się je jakoś połączyć. Bezskutecznie. Tragicznym efektem rozbicia okazuje się szczególny „racjonalizm" Oświęcimia i Kołymy – „racjonalizm" bez prawa, bez etyki, bez estetyki.

„Rozum wymknął się rozumowi" i pofrunął w przestrzeń „poza dobrem i złem". Czy osiągnął szczyt suwerenności, czy szczyt bezmyślności? Czy precyzję widzenia, czy mrok ślepoty? Po tej wycieczce w historię filozofii powróćmy do dzisiejszego sporu o rozum.

Sprawa „wielkiego wyzyskiwacza"

Pomińmy tu totalitaryzm faszystowski, pozostańmy przy komunizmie. Co wniósł komunizm w walkę rozumu z nieszczęściami ludzkości?

Aby zrozumieć sukces i klęskę ruchu komunistycznego, trzeba umieścić go w dziejowym nurcie walki człowieka z nieszczęściem-złem, jakie go gnębi. Trzeba zapytać, co on wniósł do wizji nieszczęścia-zła jako ukrytego poza złudzeniami fatum; co wniósł do obrazu „złośliwego geniusza", który za pomocą kłamstwa ustawia ludzi przeciwko ludziom, aby nimi rządzić; co wniósł do koncepcji przesądu, który niewolników czyni panami, a panów niewolnikami. Czy rzeczywiście coś wniósł? Odpowiedź brzmi: komunizm odmalował przed oczyma ludzkiej wyobraźni szczególną, nową, a zarazem zakorzenioną w tradycji wizję nieszczęścia, którego symbolem stała się postać „wielkiego wyzyskiwacza" – właściciela środków produkcji, który podstępem i przemocą wtrąca człowieka w sytuację „alienacji", wyzyskując dla swych niecnych celów jego dobroć i siły, a w szczególności jego pracę. „Wielki wyzyskiwacz" jest mistrzem alienacji. Sprawia on, że człowiek żyje poza sobą – jest „obcy samemu sobie". Podstawą tego stanu jest to, bez czego człowiek nie tylko nie może żyć, ale nie może również być pełnym człowiekiem – jego praca. Człowiek nie może nie pracować. Pracując w systemie stworzonym przez „wyzyskiwacza", nie może nie ulec sile alienacji. Jego pracą rządzą bowiem twarde zasady własności prywatnej. Pracując „na cudzym", człowiek wyzbywa się siebie i sam staje się „cudzy".

Symbol „wielkiego wyzyskiwacza" skupił w sobie ogromną siłę perswazji. Przede wszystkim odwoływał się on do wyobraźni. Wyobraźnia bez przeszkód znajdowała wokół siebie liczne przykłady wyzysku i wyzyskiwaczy. Wyzyskiwaczem był każdy właściciel i każdy, kto miał udział we władzy. Z pomocą wyobraźni szła sztuka, zwłaszcza satyra; wystarczy wspomnieć liczne dzieła artystów sowieckich, które uczyły rozpoznawać wyzyskiwacza po zewnętrznym wyglądzie i stroju. Wyobraźnia sprawiała również, że w zasadzie każdy mógł poczuć się ofiarą wyzysku. Wystarczyło, że czegoś nie miał, a inni mieli. Symbolika „wielkiego wyzyskiwacza" położyła się głębokim cieniem na instytucji własności prywatnej. Prywatne posiadanie stało się grzechem wszelkich grzechów. Natomiast brak posiadania – cnotą wszelkich cnót.

Siła perswazji symbolu przenikała także w głąb najbardziej wyrafinowanych umysłów. Wehikułem okazała się idea a l i e n a c j i. Idea była na tyle jasna, by służyć do demaskacji winnych, i zarazem na tyle niejasna, by prowokować do bezustannych dookreśleń. Człowiek nie odnajduje siebie w swoim świecie. Czuje się w nim obco. Pędzi swój żywot poza swoją istotą. Idea alienacji była kanałem, poprzez który spływała na świat głęboko „humanistyczna" krytyka tego świata. Można śmiało powiedzieć: cały europejski rozum został włączony w dzieło demaskacji „wielkiego wyzyskiwacza" i jego „alienacji". Gdy Marks twierdził, że jego filozofia zawiera w sobie wszystko, co w tradycji filozoficznej jest twórcze i postępowe, to było w tym dużo racji. W komunizmie odżył mit walki ze złudzeniami, których źródłem jest historyczne fatum. Pojawiła się również krytyka dotychczasowych ideologii, będąca rozwinięciem kartezjańskiej walki z geniuszem kłamstwa.

I wreszcie dała o sobie znać krytyka relacji pana i niewolnika, której korzenie tkwiły u Hegla. Przede wszystkim jednak walczący z alienacją rozum odzyskiwał utraconą jedność. Jak kiedyś udział w platońskiej idei dobra, tak teraz udział w walce o wyzwolenie z wyzysku wznosił rozum ponad przeciwieństwa rozmaitych „racjonalizmów" i przywracał mu właściwą rangę najwyższego sędziego historii. To także była ogromna pokusa dla rozumu: zbudować całościową wizję świata, a potem wydać wyrok na świat.

Z wnętrza krytyki wyłaniał się ratunek. Ratunkiem świata miał być „rewolucjonista". Rewolucjonista to ktoś, kto ma odwagę użycia przemocy do dobrego celu. Rewolucjonista wznieci Rewolucję, która będzie wprawdzie zbrodnią, ale ostatnią zbrodnią w dziejach ludzkości, a więc jako zbrodnia ostatnia nie będzie już zbrodnią, lecz wyzwoleniem, tak jak ukrzyżowanie Chrystusa.

Dziś – po Kołymie – pytamy często: jak można było stać się komunistą? Należałoby raczej zapytać: jak można było nie stać się komunistą? Jak można było nie ulec sile perswazji obrazu, w którym oskarżenie przeciwko „wielkiemu wyzyskiwaczowi" wychodziło z ust dzieci zatrudnionych w fabrykach Manchesteru; spod piór filozofów i pisarzy takich jak Balzak czy Zola; z wnętrza dawnych reguł zakonnych, w których własność prywatna uznana była za grzech; z serc romantycznych „mistrzów podejrzeń", którzy tęsknili za powrotem do „natury", gdy ludzie nie umieli jeszcze używać słowa „mój – moje". Jak można było nie uwierzyć w Rewolucję, skoro miała ona być historycznym dziełem tej prawdy, która nie tylko opisuje świat, ale również go buduje?

A jednak znaleźli się tacy, którzy nie uwierzyli i byli przeciw. Najczęściej – choć nie zawsze – przeciwnikami byli dawni entuzjaści. Młody Hegel wraz z przyjaciółmi na wieść o wybuchu rewolucji francuskiej sadzi w Heidelbergu „drzewo wolności". Ale wkrótce staje się jej krytykiem. Drogę Hegla będą aż do naszych czasów przechodzić inni. Na czym polega ich krytyka? W istocie swej polega ona na powtórnym odczytaniu dziejów ludzkiego rozumu (jego walk i potyczek kolejno: ze złudzeniami starożytności, z kłamstwami czasów Reformacji, z przesądami okresu Oświecenia) i na zastosowaniu wypracowanych tam narzędzi do krytyki poprzedniej krytyki rozumu. Krytyka jest „krytyką krytyki". Jej głównym przedmiotem jest sam symbol „wielkiego wyzyskiwacza". Chodzi o odsłonięcie tragicznie prostej prawdy: ten, kto straszy i grozi wielkim wyzyskiem, sam jest wyzyskiwaczem. „Wielki wyzyskiwacz" wcielił się w swego przeciwnika. Okazał się jeszcze jednym kłamstwem historii – nowym dziełem złośliwego geniusza. Europejski rozum musi zniszczyć symbol, który kiedyś współtworzył.

Powstaje kluczowe pytanie: co było miejscem rozstania? Jakie doświadczenie zadecydowało, że „rozum" odłączył się od „rozumu" i sprzeciwił rozumowi? Miejscem rozejścia było spotkanie zbrodni. Ale zbrodnia nie była już samym tylko „nieszczęściem", jak trzęsienie ziemi – zbrodnia była „złem", jak Kainowe zabójstwo. Widok rosnącego zła działał jak uderzenie obuchem.

Jakie to może mieć znaczenie dla dziejów rozumu europejskiego?

Ludwik Wittgenstein, rozwiązując pewien problem z zakresu filozofii języka, napisał kiedyś: „Nie myśl, lecz patrz". Jest rozum i rozum, jest myślenie i myślenie. Jest myślenie, które chce zastąpić widzenie, i jest myślenie, które chce wyostrzyć widzenie. Może właśnie we wszystkich naszych sporach o odzyskanie rozumu przez rozum chodzi o rzecz prostą: o to, by przejść od rozumu, który t y l k o myśli, do rozumu, który t a k ż e widzi.

Szukając mistrzów naszej wiary

Tytuł tej książki brzmi jak wyzwanie: *Bóg nam nic nie jest dłużny. Krótka uwaga o religii Pascala i o duchu jansenizmu*[1]. Powstaje pytanie: dlaczego religia Pascala? Skąd to przypomnienie jansenistycznej tezy o stosunku Boga i człowieka? Bóg nie jest dłużnikiem ludzi. To wydaje się oczywiste, a jednak brzmi niepokojąco. Po co i dlaczego Kołakowski wprowadza nas w zawiłości myśli i polityki ówczesnych jezuitów, którzy zdają się sugerować, że jednak..., że mimo wszystko..., że Bóg ma jakieś „zobowiązania" wobec ludzi?

Ktoś mógłby powiedzieć: to sprawy interesujące same przez się; ktokolwiek jest ciekaw historii europejskiego myślenia, ten powinien „przerobić cały ów materiał". Ale Kołakowskiemu idzie o coś więcej. Wprawdzie przedstawia się jako historyk idei, ale historia okazuje się jedynie pretekstem do postawienia merytorycznych pytań. Książka ma adresata. Jest nim człowiek współczesny, który przeszedł przez doświadczenia totalitaryzmu i niesie w swej duszy pascalowski konflikt między zaufaniem do człowieka a zupełną niewiarą w człowieka. „Poznanie człowieka rodzi rozpacz" – napisał Pascal. Dodał jednak: „Człowiek jest trzciną, ale trzciną myślącą". Więc jak to jest: wierzyć czy nie wierzyć

---

[1] Wydawnictwo Znak, Kraków 1994.

w człowieka? Janseniści, z których Pascal wyrastał, nie wierzyli i całą swą ufność opierali na łasce Boga, której Bóg udziela tylko wybranym. Jezuici byli innego zdania, starali się przyznać człowiekowi jakiś samodzielny udział w czynieniu dobra. Nie mieli łatwego zadania, bowiem za Janseniuszem stał autorytet św. Augustyna, za nimi zaś snuł się cień herezji Pelagiusza. Zdaniem Kołakowskiego, konflikt jansenistyczno–jezuicki jest w jakiejś mierze nadal aktualny. Czy po wszystkim, czego doświadczyliśmy w naszym stuleciu, mamy podstawy do zaufania człowiekowi? Nasze poznanie człowieka rodzi rozpacz. Kto jednak popadł w rozpacz z powodu człowieka i zaufał wyłącznie Bogu, niech wie: Bóg nam nic nie jest dłużny. Po której stanąć stronie?

Przypominając dziś wiarę Pascala, Leszek Kołakowski – czy tego chce, czy nie chce – wchodzi w rolę mistrza wiary. Stawia nas wobec pytania: jaka wiara? Nie pytamy zatem: wiara czy niewiara, lecz pytamy o jakość wiary. Ale mistrz nie daje nam ostatecznej odpowiedzi. Pisze: „Sympatie i antypatie autora są rozdwojone, gdy zastanawia się nad konfliktem między modernizatorami a ich jansenistycznymi adwersarzami. »Tak marna jest dola ludzka, że światła, co go od jednego zła uwalniają, wtrącają go w inne«". Skoro nie ma ostatecznej odpowiedzi, to trzeba raz jeszcze zapytać: po co?

Jedyna sensowna odpowiedź brzmi: po to, by poprzez rozumienie wiary Pascala i wczucie się w zarysowane przeciwieństwa, zrozumieć lepiej własną wiarę i własną niewiarę. Wiara szuka rozumienia. Niewiara też. Nie ma innego sposobu na rozumienie własnej wiary i niewiary, jak konfrontowanie jej z wiarą i niewiarą innych. To tak jak z muzyką. Mamy przed oczyma partyturę, ale musimy zagrać, by się ostatecznie przekonać, jak brzmi muzyka. Trzeba przepuścić przez siebie rzekę niepokojów Pascala, by jej wody oczyściły dno i umożliwiły poznanie siebie.

Pascal dzieli nas na dwie części: tę, która ufa człowiekowi, i tę, która mu nie ufa. Każda z nich ma swoje argumenty. Na tym polega szczególna rola Kołakowskiego jako historyka idei, że ożywia w nas idee, a sam kryje się w cieniu. Czasem tylko wymknie mu się wyznanie, że „on też". Co to znaczy? Czy może to znaczyć, że i on nie pyta już o to, czy wiara, czy raczej niewiara, lecz o to, j a k a wiara?

Nędza człowieka

Duchem Pascala był duch jansenizmu – co do tego nie ma wątpliwości. I nie ma też wątpliwości co do tego, skąd się wziął jansenizm: ze św. Augustyna. Janseniusz wyznał, że przeczytał wszystkie dzieła św. Augustyna trzydzieści razy i nie napisał niczego takiego, czego by w nich nie znalazł. I nie ma też wątpliwości, że św. Augustyn ciągnął za sobą światopogląd manichejski, wedle którego świat jest nieuleczalnie zły. Wprawdzie św. Augustyn, przyjmując chrzest, przezwyciężył stanowisko manichejskie, ale wspomnienie zła i jego przemocy pozostało. Cokolwiek by się rzekło o tym „przezwyciężeniu", jedno jest pewne: ze wszystkich Ojców Kościoła św. Augustyn miał najgłębszą intuicję przewagi zła nad siłami ludzkimi. Mógł pierwszy powiedzieć: „Poznanie człowieka rodzi rozpacz". Tylko Bóg może nas uratować. Ale Bóg – jak widać już z samej obserwacji świata – daje łaskę tylko wybranym; cała reszta to *massa damnata*. Bóg jest Wspaniały. Wspaniali nie są do niczego zobowiązani. Kościół jest „świętym Ciałem Chrystusa". Ale i w Kościele jest „wielu wezwanych, ale mało wybranych".

Jansenizm „wyczyszcza" naukę św. Augustyna i tym samym jeszcze ją radykalizuje. Głównym problemem staje się problem łaski. Zdaniem jansenistów, Chrystus nie umarł za wszystkich. Bóg daje wybranym łaskę „nieodpartą". Łaska wpływa na wolność człowieka. Po otrzymaniu takiej łaski człowiek idzie za głosem Boga. Gdy otrzyma jedynie łaskę dostateczną, za głosem Boga nie idzie. Wtedy jednak nie Bóg, lecz on sam jest sobie winien. Jeśli jednak łaska nieodparta, zwana również „uprzednio skuteczną", wywołuje zawsze zamierzony skutek, to powstaje pytanie o wolność człowieka. Gdzie jest miejsce na wolność? Kto chce w tej sytuacji zachować wolność, musi zmienić jej „definicję", musi powiedzieć: wolność polega na „konieczności działania wedle łaski". Cóż to jednak ma być za wolność, jeśli wyklucza ona możliwość czynienia zła?

Niech mi będzie wolno przytoczyć tutaj dłuższy wywód Kołakowskiego, w którym pokazuje on, jak janseniści – w tym także Pascal – usiłują znaleźć argumenty za swym stanowiskiem, umieszczając się pośrodku: między kalwinizmem a molinizmem, na którym opierali się jezuici.

„Wedle »odrażającego poglądu« kalwinistów Bóg jakoby stworzył niektórych ludzi na zatracenie, a innych – dla zbawienia, kierując się wyłącznie swą absolutną wolą, nie zaś przedwiedzą o ich przyszłych zasługach. On spowodował upadek Adama i On posłał Jezusa Chrystusa na odkupienie tych, których zechciał zbawić. Ich właśnie obdarza miłością i zbawieniem, potępionych zaś opuszcza na zawsze, gdyż nie ma w Bogu różnicy między uczynieniem czegoś a dopuszczeniem. Tymczasem błąd molinistów polega na przypisywaniu Bogu warunkowej woli zbawienia wszystkich ludzi; Jezus Chrystus wszystkich bez wyjątku obdarzył swą odkupieńczą łaską i jest sprawą ludzkiej woli uczynić z tego daru właściwy użytek bądź odtrącić go. Moliniści tedy ludzką, nie zaś boską, wolę uznają za przyczynę zbawienia albo potępienia. Augustyniści zaś podkreślają kluczową różnicę między niewinnością człowieka w chwili stworzenia a jego stanem po upadku. To, co moliniści przedstawiają jako trwałą kondycję rodzaju ludzkiego, odnosi się jedynie do krótkiego czasu *ante lapsum*, gdy Bóg nie mógł sprawiedliwie potępić nikogo. Po Grzechu mógł On sprawiedliwie potępić każdego, jednak ocala niektórych »mocą Swej absolutnej woli opartej na całkowicie czystym i darmowym miłosierdziu«. Z woli Jezusa Jego zasługi miały przynieść zbawienie tylko tym ludziom. Potępieni giną wskutek własnych niecnych uczynków, predestynowanych zbawia łaska. Wśród tych pierwszych bywają »wezwani«, którzy jednak nie potrafią wytrwać w cnocie i umierają w grzechu śmiertelnym, gdyż Bóg odmówił im łaski wytrwałości, bez czego nie mogą mieć skutecznej woli ku dobru. Sposób, w jaki wybrani zostali oddzieleni od masy skazanej na zatratę, jest »nieprzeniknionym sekretem Boga«, »niezgłębioną tajemnicą«. A jednak to nieprawda, że wola człowieka jest bierna w procesie wiodącym ludzi ku ich wieczystemu przeznaczeniu; wole człowiecza i Boża postępują razem (*concourent*) obiema drogami, lecz ta druga dominuje (jest *maîtresse*), jest bowiem »źródłem, zasadą i przyczyną« pierwszej i działa niezawodnie. O ile wola pierwszego człowieka, wspierana przez łaskę, była na początku obojętna wobec dobra i zła, tak że mógł on użyć swej wolności na oba sposoby, o tyle wszyscy jego potomkowie odziedziczyli wolę skażoną ogromem jego zbrodni, toteż musi ona znajdować upodobanie w złu. Natomiast wola otrzymująca darmową pomoc Bożą niezawodnie wybiera Boga".

Oto dramat epoki. Co tkwi u jego podstaw? Oczywiście, dziejowo uwarunkowane spojrzenie na człowieka. Poznanie człowieka w jego ówczesnych dziełach rodzi rozpacz. Nie ma w człowieku siły, która mogłaby go ocalić. Zło jest potężne. I jest odrażające – tak odrażające, że odpycha spojrzenie Boga. Jeśli mimo to niektórzy będą zbawieni, wynika to ze specjalnej i nadzwyczajnej łaski Boga. Wybrani należą, oczywiście, do Kościoła – „jedynego, apostolskiego, świętego".

W tym miejscu zróbmy małą dygresję. W tle sporu o moc i niemoc człowieka w walce ze złem znajduje się określona, choć nie do końca nazwana, koncepcja zła. Koncepcja ta jest tak samo dziejowo uzależniona jak koncepcja człowieka i Boga. Wizja zła jest w jansenizmie – jak zresztą również w całej tradycyjnej teologii – związana z wadami i z grzechami konkretnych ludzi. Zło na tym świecie to przede wszystkim „zły człowiek". A „zły człowiek" to człowiek, który pozwala, aby rządziły nim „pożądliwość ciała i pycha żywota". Wszystkie nędze tego świata znajdują wyjaśnienie przez „złość ludzi". Za głód ubogich winę ponosi skąpstwo bogaczy, za krwawe wojny odpowiada pycha władców, za waśnie i niezgody – zazdrość i zawiść bliskich. Wszystkiemu zaś patronuje nienawiść. Mając taki obraz zła, jasna okazuje się droga ratunku. Aby polepszyć świat, trzeba umocnić cnotę. I tą drogą szli janseniści. Byli przekonani, że pracując nad własną świętością, ratują nie tylko siebie, ale cały świat, jak tych dziesięciu sprawiedliwych z Gomory.

Nie rozumieli nowego czasu i nowej twarzy, w jaką przyozdobiło się zło. Zło stało się częścią składową struktury władzy politycznej, systemu władzy. Daje o sobie znać „zło systemowe". „Nowe zło" (nie spierajmy się o dokładną datę jego pojawienia się) polega na tym, że nie wymaga od konkretnego człowieka, by „grzeszył" w sensie tradycyjnym, ale tak „ustawia" jego cnotę, że służy ona celom cnocie przeciwnym. Prawdomówność? Ależ tak! Prawdomówni są świetnym materiałem na policyjnych donosicieli. Posłuszeństwo? Oczywiście, tak! Posłuszni mogą pilnować obozów koncentracyjnych. Pracowitość? Ileż pożytku z pracowitych mają fabryki broni. Czasy nowożytne postawiły cnotę w wielce dwuznacznej sytuacji. Natomiast niecnota i niepobożność mogły stać się nosicielami humanistycznego postępu. Klasztory wychowywały świętych, z których jednak żaden nie stał się bohaterem walki o wolność, równość, braterstwo. Z kolei bohaterowie walki o wolność nie mogli za żadną cenę zmieścić się w ramach przygotowanych dla świętych obrazków.

Jak w tej sytuacji uwolnić świętych od zarzutu egoizmu w trosce o własną doskonałość, a bohaterów od zarzutu, że polepszając świat, zagubili siebie?

To nie Pascal, lecz Kartezjusz odkrywa nową przewrotność nowych czasów. Zakłada on, że światem rządzi złośliwy geniusz, który „zawziął się, aby nas we wszystkim okłamywać". To właśnie jego kłamstwa padają między ludzi i ustawiają cnotliwych przeciwko sobie. Kartezjusz znalazł też sposób na kłamstwo: wątpienie. Należy zwątpić we wszystko i zacząć od początku.

Janseniści nie byli jednak zdolni do wątpienia. Pewni swej wiary domagali się pewności od innych. Widać to po wymaganiach, jakie stawiali państwu. Warto je przypomnieć, bo one też są aktualne: „Jeśli wszyscy bez wyjątku jesteśmy niewolnikami diabła, jeśli po katastrofie w Ogrodzie Edeńskim nie pozostało w nas nic oprócz zła, jeśli każdy rodzący się w nas i przy nas (a nie dzięki Bożej inspiracji) czyn i każda myśl są nieuchronnie grzeszne – to naturalny wydaje się wniosek, że nieomylny sędzia i strażnik moralności, Kościół Apostolski, musi stosować bądź popierać sprawną machinę przymusu, jeśli nie w celu zwiększenia szans zbawienia (bo jest ono całkowicie w rękach Boga), to przynajmniej aby ograniczyć liczbę uczynków Boga obrażających. Innymi słowy, między teologią Augustyńską a mniej lub bardziej teokratycznymi roszczeniami Kościoła zdaje się istnieć jakaś przedustawna harmonia".

Powróćmy do Pascala.

Nie byłoby zapewne u Kołakowskiego problemu jansenizmu, gdyby nie Pascal. Pascal jest każdemu bliski. To racja, że Pascal wychodzi poza jansenizm. Mimo to przecież z jansenizmu wyrasta. Koncepcja łaski, którą zarysował, powtarzała koncepcję Janseniusza. Skoro tak, podobna musiała być również wizja zła, człowieka, Boga. Poprzez Pascala wieje ku nam powiew manicheizmu. Bo myśmy byli świadkami Oświęcimia, Kołymy, terroryzmu... Czy byliśmy tym zaskoczeni? Czy jesteśmy zaskoczeni dziś, gdy słyszymy o jeszcze jednym zamachu terrorystycznym? Jeśli nie czujemy się specjalnie zaskoczeni, to znaczy, że jesteśmy w duchu jansenistami. Powtarzamy sobie odkrycie Pascala: „Poznanie człowieka rodzi rozpacz".

Człowiek pelagianizmu

Teologów jezuickich oskarżono o sprzyjanie pelagianizmowi. Nie była to prawda. Pelagianizm był jawną herezją. Niemniej, odrzucając doktrynę Janseniusza i św. Augustyna, teologowie jezuiccy znaleźli się w niebezpiecznej sferze przyciągania pelagianizmu, mimo że pelagianistami nie byli. Zatrzymajmy się przez chwilę przy tej herezji, bo i ona jest dziś aktualna.

Pelagiusz głosił, że natura ludzka została wprawdzie przez Grzech „skażona", ale nie zniszczona – nadal może w sobie odnaleźć obraz i podobieństwo Boga. Grzech pierworodny nie był niczym więcej, jak tylko „złym przykładem", który pociągnął i pociąga ludzi. Ale Bóg spieszy człowiekowi z pomocą: daje przykazania, zachęty, rady, posyła nauczycieli, wśród których jest Jego Syn umiłowany. Pomoc ta ma jednak charakter zewnętrzny – nie wewnętrzny. Jak zły przykład, który przyszedł z zewnątrz, tak od zewnątrz płyną dobre przykłady. Działanie Boga jest wychowywaniem człowieka. Łaską nie jest jakaś pomoc wewnętrzna, wpływająca na wolność człowieka, lecz siła zaszczepiona człowiekowi w samym akcie stworzenia. Bóg w samym akcie stworzenia zaszczepia człowiekowi siły, dzięki którym może się zbawić. „Bóg uczynił mnie człowiekiem, sprawiedliwym czynię sam siebie". Najlepszym tego dowodem są sprawiedliwi poganie z Sokratesem na czele. Dla Boga bowiem – powiada Pelagiusz – „dać znaczy pozwolić, by było". Bóg działa, pozwalając, by człowiek działał wedle przyrodzonych mu sił. Wynika stąd, że poza Kościołem również jest możliwa cnota, a w Kościele niecnota, jak tego dowodzili nawróceni świeżo po edykcie mediolańskim poganie, czyniący sobie z chrześcijaństwa odskocznię do dworskiej kariery.

Pisząc o nowożytnej Europie, Kołakowski zauważa: „Pelagianizm pasował dobrze do postaw szlachty i wykształconych warstw miejskich, ludzi pragnących mieć swobodny, szeroki oddech i przestrzeń w życiu, lubiących różnorodność i zmianę, nie lękających się złowrogiego grzechu ciekawości i rozmiłowanych w dociekliwym badaniu rzeczy. Istniało coś więcej niż przypadkowa zbieżność między teoretyczną afirmacją wolności (w sensie naszej zdolności do nieprzymuszonego wyboru między rozmaitymi możliwościami) a »libertynizmem«, niekoniecznie pojmowanym jako rozwiązłość, lecz raczej jako sceptyczne upodobanie w konfrontacji różnych odpowiedzi na pytania filozoficzne, naukowe czy teologiczne, jako odrzucenie wszelkich barier narzuconych z góry naszej *libido sciendi*, jako pragnienie eksploatowania do końca naszej żądzy poznawczej. Wiara w wolną wolę była naturalną skłonnością teoretyczną ludzi, których życie nie zamykało się w ciasnych koleinach nieprzerwanego, monotonnego, zawsze takiego samego znoju – jak życie średniowiecznych chłopów i rzemieślników, lecz pozostawiało miejsce na indywidualną inicjatywę; ta wiara podkreślała osobistą odpowiedzialność moralną każdego człowieka za jego życie wieczne".

Tak, to prawda. Do tego dochodził jeszcze jeden czynnik: sukces w zwalczaniu zła. Zaczęła się era odkryć geograficznych, era wynalazków. Rozum potwierdzał swe możliwości. Oświecenie rzuciło hasło „walki z przesądami". Zaludniony demonami świat wracał do zdrowia. Narodził się kapitał i kapitalizm – przyszła radykalna zmiana systemu pracy. Rewolucja obaliła tyranię. Powstawały fundamenty państwa obywatelskiego. W powietrzu zawisło dramatyczne pytanie: czy to wszystko ma jakieś znaczenie dla Nieba? Czy bohaterowie nowej cywilizacji należą do „masy potępieńców" jak zwykli mordercy?

Co robi jansenista z nowym światem? Czasem zamyka oczy, żeby nie widzieć. Ale najczęściej wchodzi w rolę „mistrza podejrzeń" i szuka przysłowiowej „dziury w całym". Cóż z tego, że bohater poległ w walce o wolność, jeśli żył bez ślubu kościelnego? To banalne stwierdzenie kryło dramat. Trzeba było zapytać: czy termometr, którym „dobry chrześcijanin" mierzy chorobę świata, jest właściwym termometrem? I czy lekarstwa są właściwe? Bo oto nagle stało się: ludzie poczuli się lepsi od Boga – Boga, jakiego stawiali im przed oczami jansieniści.

Kołakowski tak charakteryzuje postawę ówczesnych jezuitów: „Byłoby nieuczciwością twierdzić (sugerują to pisma jansenistyczne), że jezuiccy moraliści nie brali na serio chrześcijaństwa i jego przykazań. Owszem, brali. Byli oni potężnym narzędziem, za pośrednictwem którego Kościół mógł działać w rozmaitych nowych sytuacjach kulturowych, gdzie giętkość okazywała się skuteczna, wymuszanie zaś surowych reguł, odziedziczonych po Kościele męczenników, było niemożliwe". Wyczuwamy jednak, że Kościołowi, a szczególnie teologom jezuickim, szło nie tylko o „akomodację" do świata. Byłoby to zbyt proste: świat idzie swoją drogą, a my tylko „dostosowujemy się" do niego. Szło również o podstawową prawdę o Bogu i człowieku: czy Chrystus umarł za wszystkich, czy tylko za wybranych? Czy patrząc na człowieka, można mieć jakąś nadzieję? Czy mogą mieć nadzieję również ci, którzy o Chrystusie nie słyszeli? Kołakowski pisze: „W pewnym sensie jezuici jeszcze mocniej niż augustynianie wierzyli w potęgę łaski; wprawdzie to do nas i do naszej woli należy uczynić łaskę skuteczną, ale nie jest to zadanie zbyt trudne, skoro Bóg tak hojnie obdziela nas swymi darami i nikogo nie zostawia bez pomocy. Tymczasem, zgodnie z doktryną Augustyna, Bóg rozdziela swą łaskę skąpo i wedle reguł całkowicie niepojętych".

Czy znaczy to, że mamy prawo do optymizmu? Tak sądzi wielu i rezygnując z osobistej cnoty, rzuca się w wir życia społecznego. Ale Kołakowski nie podziela pelagiańskiego optymizmu i wiedzie nas przez ogień wątpliwości. „Nasza podejrzliwość wobec pelagiańskiego wizerunku człowieka jest niewątpliwie uzasadniona po wszystkich widowiskowych katastrofach, jakie w naszym stuleciu sprowadziły na europejską cywilizację marzenia utopistów; wolno też w utopijnych dążeniach dostrzegać przejaw chorobliwej *hybris*. Przeświadczenie, iż w naturze ludzkiej nie ma wbudowanych trwale przeszkód zamykających jej drogę do niebiańskiej *civitas* na ziemi, jest niebezpieczną, potencjalnie nawet zgubną mrzonką, i aż nadto potwierdza to nasze doświadczenie. Rozliczne treści tego doświadczenia potwierdzają głęboką konserwatywną nieufność wobec uniwersalnych, utopijnych projektów oraz przekonanie o trwałym istnieniu zła w świecie, skutkiem czego wszelki postęp i ulepszenie spraw ludzkich muszą być okupione ceną niekiedy bardzo, a nieraz nawet nieznośnie wysoką".

W tym punkcie małe zastrzeżenie. Oczywiście, zgadzam się, że optymizm pelagiański może prowadzić do katastrofalnej nieostrożności w postępowaniu z ludźmi. Rozróżnijmy jednak utopię od utopii. Utopia demokratyczna czy liberalna mają niewątpliwie tło pelagiańskie. Ale dwie najbardziej krwawe z utopii – narodowy socjalizm i komunizm – są raczej pochodzenia manichejskiego. Można uznać za regułę: wszędzie, gdzie spojrzenie w głąb człowieka będzie rodzić rozpacz i tylko rozpacz, towarzyszyć mu będzie wołanie o „mocną władzę". Jeśli człowiek nie jest w stanie ocalić siebie, niech go ocali jego władza. I na odwrót: ile razy władza nie będzie mogła znaleźć dostatecznej racji swego istnienia, będzie wskazywać na nieuleczalne zło człowieka. Tak więc wydaje mi się, że jeśli idzie o utopie totalitarne, to nie jest to chyba sprawka pelagianizmu.

Rozdarcie

Powróćmy do punktu wyjścia: dlaczego Pascal? Rozumiemy to głębiej: w rozdarciu między jansenizmem a pelagianizmem oglądamy nasze własne rozdarcie. Jesteśmy szarpani przez dwie siły: rozpacz i radość zwycięzców. Na widok obozu śmierci napisano: „Ludzie ludziom zgotowali ten los". To wiodło do rozpaczy. W końcu jednak ludzie obalili przemoc. I to jest radość zwycięstwa. Człowiek to trzcina – ale „trzcina myśląca".

Dwie sprawy wydają mi się ważne: sprawa łaski i sprawa religii Pascala.

Gdy dobrze przyjrzeć się sporom o naturę łaski, widzimy źródło impasu, w jakim znalazły się wszystkie strony sporu: ten spór był sporem o władzę. Spierano się o władzę Boga nad światem, ale istotą władzy Boga jest to, że przedstawia istotę władzy w ogóle. Bóg jest wzorem człowieka, władza Boga jest wzorem władzy. Do tego wzoru miało się dostosować państwo, a przede wszystkim Kościół. Czyż Kościół w sposobie swego działania nie powinien wyrażać natury łaski, którą w sobie nosi? Czymże tedy jest łaska, żeby można ją było naśladować?

Władza władzy nierówna. Mamy rozmaite pojęcia władzy. Rozróżniamy: dominację i wzajemność. Ówczesny spór o łaskę miał w tle dominację jako wzorzec władzy. Bóg „dominuje" nad światem, nad człowiekiem. Jak „dominuje"? Tak jak przyczyna dominuje nad skutkiem. Oto kula bilardowa. Toczy się po płaszczyźnie. Dotyka drugą kulę i wprawia ją w ruch. Podobnie jest z Bogiem. Bóg jest Pierwszą Przyczyną – Pierwsza Przyczyna dominuje. Bóg jest Siłą – Siła działa na świat. Narzędziem działania jest „łaska" pojęta wedle modelu przyczynowego. Pytamy: jest skuteczna czy nie jest skuteczna? A jeśli jest skuteczna, to co z naszą wolnością? A jeśli nie jest skuteczna, to co z wszechmocą Boga? Możliwości odpowiedzi są ograniczone. W czasach Pascala wyczerpano wszystkie.

Ale biblijny Bóg nie mieścił się w scholastycznym modelu Przyczyny. Działał inaczej. Wybierał. Mówił. Objawiał się. Umierał. Najogólniej mówiąc: wzywał do wzajemności, do dialogu. Kto tu nad kim „dominuje": czy Bóg nad człowiekiem, czy człowiek nad Bogiem? „Boska wszechmoc i wolność stworzona wzrastają razem, a nie przeciwko sobie; Boska wszechmocna wolność nie czyni człowieka mniej wolnym, lecz stanowi warunek jego wolności; wszechmoc Boga nie uciska stworzenia, lecz buduje podstawy jego mocy" – pisał teolog Gisbert Greshake[2]. Tak, to prawda, bo gdzie jest wyższa wartość, tam jest większa wolność. Tylko stając wobec chleba, głodny „musi"; stając wobec Boga, człowiek wszystko „może" i niczego „nie musi".

Kołakowski sugeruje, że Kościół poszedł w stronę złotego środka między skrajnością jansenizmu i pelagianizmu, w stronę jakie-

---

[2] G. Greshake, *Gnade als konkrete Freiheit. Eine Untersuchung zur Gnadenlehre des Pelagius*, Grünewald, Mainz 1972.

goś „semipelagianizmu". Moim zdaniem, to coś innego – to pójście w nowym kierunku. Porzucamy ontologię dominacji. Nie bawimy się w nowe układy pionków, bo nowych układów już nie ma, lecz porzucamy całą szachownicę. Dawne przeciwności pozostają poza nami. Innymi słowy: oczyszczamy wiarę ze szczątków tradycji arystotelesowskiej i przywracamy jej biblijny, dialogiczny wymiar.

Czy rozumiemy, co ten krok znaczy? Czy ogarniamy jego konsekwencje? Czy widzimy, że oznacza to inną wizję Boga, inną wizję człowieka, inną wizję religii? Bóg umarł za wszystkich. Bóg chce, by wszyscy byli zbawieni. Podstawowym sposobem Jego działania jest Słowo. Słowo staje się ciałem i z wolnego wyboru ponosi śmierć za człowieka. Jest w tym jakaś Siła. Ale jaka? „Siła bezsiły"? Siła Dobra, które „rozprzestrzenia się samo przez się", a nie jak kule bilardowe?

Podstawowe rozstrzygnięcia w tej sprawie przygotowali teologowie przed Soborem Watykańskim II, ale pełnego znaczenia nabrały one dzięki Soborowi. Patrząc na całą historię zagadnienia łaski, możemy śmiało powiedzieć: stanęliśmy dziś u progu nowej epoki rozumienia chrześcijaństwa. Pociąga ono za sobą nowe określenie naszego stosunku do cywilizacji, do państwa, do innych religii, nowe rozumienie zadań Kościoła.

Na tym tle raz jeszcze wraca problem Pascala. Tak, wiemy o tym: u Pascala jest wiele nurtów. Można go czytać od rozmaitych stron. Znamienne jest to, że do Pascala sięgnął również Jan Paweł II, gdy w swej pierwszej encyklice *Redemptor hominis* pisał o godności człowieka: jakąż wartość musi mieć człowiek, że Bóg Syna swego jednorodzonego dał... W Chrystusie odnajdujemy nie tylko nędzę człowieka, ale i jego wielkość. Kołakowski napisał: „Mimo wszelkich jego [Pascala] zapewnień o szczęśliwości tych, co »znaleźli Boga«, religia Pascala przeznaczona była dla ludzi nieszczęśliwych i z natury rzeczy musiała unieszczęśliwiać ich jeszcze bardziej". W tym punkcie zgłaszam zastrzeżenie: Pascala nie zaliczę do religijnej „świadomości nieszczęśliwej", którą tak celnie opisywał Hegel. Widzę w nim – wciąż patrząc poprzez pryzmat godności – raczej tego, który w ciemnych czasach stawiał kamień węgielny nadziei.

Podglądanie Pana Boga

Człowiek, który żyje z czytania i komentowania znakomitych autorów i ich najznakomitszych dzieł, odkrywa w pewnym momencie, że coraz rzadziej natrafia na tekst, który by go do żywego poruszył. Zdałem sobie z tego sprawę przed laty, ślęcząc w wiedeńskim Instytucie Nauk o Człowieku nad... doprawdy już nie pamiętam nad czym. Wtedy właśnie wpadły mi do rąk prace z zakresu teologii, poświęcone historii pojęcia łaski. Ich autorami byli: G. Greshake, O. H. Pesch i A. Peters. Na bok poszły wszystkie inne lektury. Połykałem strona po stronie, tak jakbym miał w ręku doskonały „kryminał". Stało się to, co tak rzadko przydarza się zawodowemu „czytaczowi": natrafiłem na „żyłę złota".

Dziś odżyło we mnie wspomnienie tamtej przygody. Mam przed sobą dotyczącą tej samej problematyki książkę ks. Dariusza Oko, *Łaska i wolność*[1]. Autor nie tylko drąży ten sam temat, ale idzie nawet dalej niż moje ówczesne lektury: obejmuje przeszłość, sięgając całkiem świeżej współczesności. Mówi o przeszłości tylko po to, aby móc powiedzieć o współczesności – o problemie łaski u Karla Rahnera i Bernarda Lonergana, dwóch znakomitych przedstawicieli dwudziestowiecznej teologii. Obaj uprawiają teologię,

---

[1] Ks. Dariusz Oko, *Łaska i wolność. Łaska w Biblii, nauczaniu Kościoła i współczesnej teologii*, Wydawnictwo Naukowe Papieskiej Akademii Teologicznej, Kraków 1997.

posługując się tzw. metodą transcendentalną. Dariusz Oko ukazuje najpierw wszystkie zawirowania i ślepe zaułki, przez które przeszła i w których utknęła w przeszłości teologia łaski, by następnie pokazać, że transcendentalna teologia łaski wychodzi obronną ręką z tamtych niebezpieczeństw. W kluczowej sprawie stosunku wolności i łaski używa formuły: „wolność wyzwolona przez łaskę". Już na pierwsze wejrzenie da się wyczuć wagę tych słów. Łaska nie niszczy wolności, wolność nie odrzuca łaski – łaska w y z w a l a wolność. Takie ujęcie pociąga za sobą daleko idące konsekwencje. Czyż nie czujemy, że rzuca ono między innymi nowe światło na nasze dotychczasowe spory z liberalizmem?

Zapytajmy jednak: skąd się to bierze, że problem łaski jest tak fascynujący?

Jest to problem tych, którzy chcieliby „podglądnąć" Pana Boga w Jego działaniu na człowieka. Czyż to nie fascynujące zobaczyć, jak Bóg „radzi sobie" z wolnością stworzenia i rysuje proste linie po zawiłościach ludzkiego żywota? Jak się objawia człowiekowi? Jak go zbawia? Czyż to nie pouczające zrozumieć, jak zachowuje się człowiek poddany działaniu Boga? W teorii łaski – jak w soczewce – odbija się przynależna epoce „wiedza" o Bogu i samowiedza człowieka. Do tego dochodzi jeszcze wiedza o naturze działania, w szczególności działania człowieka na człowieka. Poprzez teorię łaski wchodzimy w krąg zagadnień dobra i zła, władzy i poddania, zniewolenia i wolności.

Jest jeszcze jeden motyw wejścia w ten temat: ćwiczenie umysłu. Doprawdy nie ma lepszej „ćwiczeniówki" dla umysłu niż podjęcie zawiłości i subtelności spekulacji teologicznych. Są to spekulacje, ale wielkie spekulacje. My współcześni, przyduszeni do ziemi potrzebami eksperymentu, nie czujemy smaku wielkiej spekulacji. A szkoda. Spekulacja to także przejaw zdolności ludzkiego rozumu. Warto czasem zobaczyć, ku jakim krajobrazom nas prowadzi.

Muszę otwarcie wyznać, że mimo fascynacji sporami o łaskę, wciąż wielu rzeczy nie rozumiem, wielu po prostu nie znam. Życia nie starczy, by przedrzeć się przez ogromną literaturę źródłową grecką i łacińską. Przyglądając się jednak bliżej swojej niewiedzy, odkrywam w niej jakiś logiczny wątek. Niewiedza krystalizuje się w kilka pytań, które zakreślają z grubsza jej horyzont. Mam wrażenie, że wiem, czego nie wiem. To już jest coś. Gdy przeczytałem pracę ks. Dariusza Oko, horyzont mojej niewiedzy zarysował mi się jeszcze wyraźniej. Pomyślałem sobie: dobrze będzie to wszystko opisać i tym sposobem określić nieco dokładniej „stan badań" nad tajemnicą łaski w moim własnym umyśle. Kto wie, może wyłoni się z tego jakaś pouczająca dyskusja?

Muszę dodać, że mój punkt widzenia na zagadnienie łaski nie jest punktem widzenia teologa. Temat łaski pojawił się u mnie w ramach refleksji nad filozofią dramatu. Pytałem: czym jest dramat religijny? Dramat religijny to przede wszystkim dramat łaski. Moje pytania i wątpliwości mają więc przede wszystkim filozoficzny charakter. Ich punktem wyjścia jest człowiek – wiedza o wielkości i nędzy człowieka kryjąca się w każdej teorii łaski. Chciałbym ją wydobyć na jaw i nieco bliżej określić. Staram się pytać: jak musi być zbudowany człowiek i jak muszą wyglądać jego stosunki z innym człowiekiem, by mógł być przestrzenią działania Bożej łaski? Oczywiście, odpowiedź na to pytanie kryje się w mroku niewiedzy. Nie zmienia to jednak w niczym faktu, że pozostaje ono siłą rządzącą moimi poszukiwaniami.

Początek sporu: Pelagiusz i św. Augustyn

Gdy wnikałem w spór między Pelagiuszem a Augustynem, miałem wrażenie, że każdy z nich ma ze swego punktu widzenia rację. Ponieważ jednak wypowiadali zdania przeciwne, któryś musiał chyba być w błędzie. Nie widziałem możliwości pojednania obu stanowisk. Inaczej sądzi o tym Dariusz Oko. Jego zdaniem, ani Pelagiusz nie był tak bardzo „pelagiański", jak sądzono, ani Augustyn tak bardzo „augustyński", jak zakładano. Spór zrodził przesadę, która doprowadziła do skrajności. W gruncie rzeczy obydwaj autorzy „chcieli tego samego, tylko inaczej". Muszę jednak zauważyć, że ks. Oko jest w ogóle „pojednawczy". Nie tylko w tym, także w przypadku innych sporów stara się szukać płaszczyzny ugody. Czy zawsze słusznie? Czy zawsze potrzebnie?

Poza wszystkim jednak wydało mi się, że tamten spór jest nadal aktualny. Jakbym nagle znalazł się w dzisiejszej Polsce. Oto po edykcie mediolańskim kończą się prześladowania chrześcijan, a bycie chrześcijaninem jest nawet dobrze widziane na dworze cesarza. Cóż się wtedy dzieje? Oczywiście, mnożą się nawrócenia dla kariery. Ilość chrześcijan przechodzi w bylejakość ich chrześcijaństwa. Widzi to Pelagiusz. Porównuje obraz, jaki ma przed oczyma, z obrazem „cnoty rzymskiej", jaki przekazała mu pamięć. Jak się to dzieje, że chrześcijanie, którzy opływają w łaski Boże, modlą się i rozważają słowa Objawienia, nie dorastają do pięt tym bohaterom świata greckiego i rzymskiego, którzy zbudowali tamtą cywilizację? Ale czy ludzie ci – choćby Sokrates – naprawdę byli pozbawieni łaski? A może nie? Pelagiusz uważa, że Bóg, stwarzając każdego człowieka, daje mu w momencie stworzenia wszystkie łaski, jakich ten potrzebuje do zbawienia. Jezus Chrystus nie wysługuje już potem żadnych dodatkowych łask. Dzieło zbawcze nie wyodrębnia się – ściśle biorąc – od dzieła stworzenia. Chrystus daje nam tylko „dobry przykład", który ma zrównoważyć „zły przykład" pozostawiony przez Adama. Jego dzieło to nie tyle dzieło zbawcy, co wychowawcy. Tak to widok głupoty, oportunizmu i obłudy panującej wśród chrześcijan prowadzi Pelagiusza – jednego z pierwszych „podglądaczy" Boga – do odkrycia łaski także w głębi pogańskich dusz. Śmiem stwierdzić, że odkrycie to do dziś się powtarza. Także dziś podobny widok sprawia, że niektórzy ludzie wierzący zamiast iść w niedzielę do kościoła, wolą pójść na wycieczkę i szukać Boga poza kościołem, gdzieś w górach i lasach.

A jakie racje stoją za św. Augustynem? Dariusz Oko pisze: „W teologii Augustyna łaska nie oznacza już całości zbawienia, ale jego aspekt, wydarzenie w duszy człowieka, w którym Bóg w bezpośredni, tajemniczy sposób dotyka wnętrza człowieka, uzdrawiając jego wolę, aby w ogóle mogła pragnąć dobra". Łaska staje się teraz wyczuwalnym w duszy dramatem łaski. Augustyn – nowy „podglądacz Boga" – patrzy w siebie, w swe wewnętrzne ciemności, i odkrywa, że Bóg jest jego „światłem" i jego „zbawieniem". To On sam „prowadzi go na szerokie pastwiska". Widzi też wyraźnie, że czym innym jest stworzenie, a czym innym objawienie i zbawienie. Prawdziwa łaska przychodzi na świat dzięki Chrystusowi i z Chrystusem. Chrystus jest kimś nieskończenie więcej niż tylko dobrym przykładem. Owocem tego odkrycia staje się dokładny opis różnic między stanem człowieka po stworzeniu, po pierwszym upadku i po odkupieniu. Szczególnego znaczenia nabiera grzech pierworodny. Głównym zadaniem łaski będzie teraz uwolnienie człowieka z tego grzechu.

Czy te dwa stanowiska da się pogodzić? Nie widzę takiej możliwości, choć bardzo chciałbym wierzyć, że istnieje. Z drugiej strony mam wrażenie, że pelagianizm i augustynizm stanowią w tradycji chrześcijańskiej swoisty paradygmat myślenia o łasce. Niezależnie od tego, co na temat łaski myśleli Pelagiusz i Augustyn, paradygmat jest ważny, tak jak dla rzeki ważne są oba jej brzegi. Gdyby takiego paradygmatu nie było, to trzeba by go wymyśleć.

Dwie sprawy – pozornie marginalne – wydają mi się nie do końca wyjaśnione.

Najpierw kryjąca się poza obiema koncepcjami łaski – Pelagiusza i Augustyna – koncepcja zła. Jeden i drugi ma przed oczyma jakąś wizję zła. To, co myślą o łasce, ma być odpowiedzią na zło epoki. Niewątpliwie pod tym względem bardziej doświadczony okazuje się Augustyn. Przeszedł przecież przez szkołę manicheizmu. Czy nie nosi w sobie śladów po tamtej szkole? Mówi, że w człowieku nie ma nic poza „kłamstwem i grzechem". Człowiek nie potrafi „sam z siebie" niczego dobrego dokonać. Łaska jest dla niego wszystkim. Ale Bóg nie każdemu udziela swej łaski. To przede wszystkim Kościół ratuje grzeszników od zguby, ale ilu ludzi należy do Kościoła? Nawet należący do Kościoła chrześcijanie nie mogą być pewni zbawienia. Ogromna większość ludzkości to *massa damnata*. Mówi się, że na augustyńskim obrazie zła zaciążyło jego osobiste doświadczenie. Pewnie tak, ale czy widok rozsypującej się cywilizacji nie odegrał tu jakiejś istotnej roli? Pelagiusz widział to samo, ale – jeśli wolno tak myśleć – wierzył w uzdrowienie przez „powrót do źródeł" człowieczeństwa. Człowiek wydobędzie z siebie dość sił, byleby uświadomił sobie, że w samym akcie stworzenia otrzymał od Boga wszelkie środki zbawienia. Gdy jeden szukał ratunku w Chrystusie, drugi szukał go w mocach leżących w samym człowieku.

Ale wszystko to jest jedynie domysłem. Nie natrafiłem bowiem na studium, które by odnosiło do siebie te dwie sprawy: obraz łaski i obraz zła. A przecież dwa te obrazy są jak dwie strony tego samego medalu.

Kwestia druga dotyczy stosunku łaski do idei fatum – idei „losu". Wszystkie znane mi opracowania zagadnienia łaski opisują spory toczące się we wnętrzu chrześcijaństwa, w szczególności spory wokół pelagianizmu i augustynizmu. Ale sprawa łaski to nie tylko wewnętrzna sprawa chrześcijaństwa, to także problem stosunku do „pogaństwa", a zwłaszcza do przenikającego „pogaństwo" przekonania, że życiem ludzkim rządzi tajemnicze fatum, które niejako z góry przeznacza człowieka do zwycięstwa lub klęski. Wiara w fatum znalazła artystyczny wyraz w dramacie greckim, natomiast codziennym jej przejawem było zapotrzebowanie na wróżbitów i astrologów, którzy posiedli umiejętność „wyłożenia" człowiekowi jego przeznaczeń. Fatum tym się bowiem charakteryzowało, że rozstrzygało o życiu człowieka poza jego plecami. Człowiek był jak piórko na rzece, miotany jej falami. Nawet gdyby poznał zamysły losu, nie byłby w stanie ujść jego władzy. Edyp poznał tajemnicę swego fatum, chciał od niego uciec, ale właśnie sama ucieczka od fatum doprowadziła go do środka pułapki. Czy idea łaski, jaką wniosło chrześcijaństwo, nie miała żadnego związku z wiarą w fatum? Czy jest do pomyślenia, by jej wyznacznikiem były wyłącznie spory wewnątrzkościelne?

W ogromnej literaturze poświęconej dziejom koncepcji łaski nie znalazłem głębszego opracowania tematu relacji łaski do fatum. Mimo to zróbmy porównanie. Czym różni się „łaska" od „fatum"? Z pewnością różnica nie na tym polega, że fatum jest „złe", a łaska „dobra" – że łaska to także fatum, tyle że „dobre fatum". O wiele bardziej polega ona na tym, że fatum działa poza plecami człowieka, a łaska działa na świadomość i poprzez świadomość człowieka. Podstawowa łaska to łaska objawienia i łaska zbawienia. Bóg się objawia. Oznacza to, że chce wejść do człowieka poprzez jego władze poznawcze. Bóg zbawia. Ale zbawia tylko tych, którzy chcą być zbawieni. Bóg odrzuca przemoc, budzi wolność i oczekuje wybrania. Gdy fatum wykluczało ze swego działania rozum i wolę, to łaska dokonuje pełnej akceptacji jednego i drugiego. Bóg łaski chce mieć do czynienia z innym człowiekiem niż bóstwa fatum. Kto inny jest podmiotem dramatu fatum, a kto inny podmiotem dramatu łaski.

Czy jednak w chrześcijańskich koncepcjach łaski nie zdarzały się powroty do idei fatum? Czy łaska nie była przedstawiana jako fatum, tyle że „dobre fatum"? „Dobre fatum" także chciałoby zbawić człowieka bez wciągania w tę sprawę rozumu i woli. Czy łaska nie była również przedstawiana jako „złe fatum"? Czy idea predestynacji do dobra i do zła nie była przedłużeniem idei fatum?

Cokolwiek by się rzekło o koncepcjach Pelagiusza i Augustyna, jedno jest pewne: obydwie są wyrazem przezwyciężenia pogańskiego fatalizmu. Tym, kto przyjmuje łaskę, jest osoba rozumna i wolna. Bóg nie „zachodzi" człowieka „od tyłu". Staje wobec niego „twarzą w twarz". Oświeca rozum, aby stawał się jeszcze bardziej rozumny, budzi wolę, by stawała się coraz bardziej wolna.

Nacisk ontologii

Mam poważne trudności z ogarnięciem tego wszystkiego, co w sprawie łaski powiedziało średniowiecze. Z pewnością wielkie myśli mieszały się z małymi, rzeczy słuszne z niesłusznymi. Z tej niezwykłej mieszaniny wielkości i małości musiało jednak wyłonić się coś wielce groźnego, skoro sprawa łaski stała się jednym z głównych powodów wybuchu Reformacji. Okazją bezpośrednią stał się słynny handel odpustami, czyli możliwość uzyskania „amnestii" od kary czyśćcowej w zamian za finansowe wsparcie papiestwa. Czyżby to, o czym teologowie twierdzili, że nie daje się „wysłużyć", można było „wykupić"? Dziś mówi się, że doszło do „uprzedmiotowienia", a nawet do „urzeczowienia" łaski. Natychmiast rodzi się pytanie: kto zawinił?

Pierwszym podejrzanym był św. Tomasz z Akwinu. Bliższe badania rozwiały jednak te podejrzenia. Dariusz Oko pisze nawet: „Dlatego też – według powszechnego zdania współczesnych specjalistów w tej dziedzinie – po przedarciu się przez zasłonę odmiennej terminologii trudno znaleźć w nauce o łasce i usprawiedliwieniu jakieś zasadnicze sprzeczności pomiędzy Tomaszem i Lutrem, który tak żarliwie utożsamiał się z Augustynem". Nie mam racjonalnego powodu, by kwestionować tę tezę. Podziwiam wnikliwość O. H. Pescha, który poświęcił temu zagadnieniu wzorowe studium – powołuje się na nie również ks. Oko. Zawsze jednak, ilekroć natrafiam na tego typu „wsteczne rehabilitacje" kogokolwiek, stawiam sobie pytanie: jeśli u Tomasza było tak bardzo inaczej, to dlaczego jego teoria nie zapobiegła katastrofie? Nie była znana? Nie sądzę. A może i ona była dwuznaczna? Może w niej także tkwiły zarodki uprzedmiotowienia? Zdarza się przecież, że dopiero konsekwencje, jakie wypływają z teorii, rzucają dodatkowe światło na jej sens i pomagają w głębszym jej rozumieniu. Myślę sobie, że gdyby Tomasz był Lutrem, to by Luter nie był potrzebny.

Rozważam inną hipotezę. Wydaje mi się, że każda teoria łaski jest zakorzeniona wszechstronnie i wielorako w kulturze swojego czasu. Splata się więc z panującą w danym czasie wizją zła i dobra, władzy i poddania, zniewolenia i wolności. Wiara w łaskę towarzyszy każdej modlitwie. Poprzez modlitwę łaska wchodzi w marzenia czasów – marzenia, które zawsze przecież są marzeniami wyzwolenia od zła. Średniowiecze stało pod wpływem dwu nurtów myślowych – platonizmu i arystotelizmu. Każdy z tych nurtów chciał zawłaszczyć dla siebie teorię łaski. „Wciskał" jej więc własną koncepcję Boga i człowieka. Oczy średniowiecznych „podglądaczy Boga" były od początku „uzbrojone" w odpowiednie lunety. Trzeba się przyjrzeć szkiełkom w tych lunetach. Co wydobywały na jaw, a co zachowywały w cieniu?

Jedna z lunet ma wypisane słowo: *habitus*. Łaska to jakby *habitus* w duszy człowieka. Wielu tak mówiło, powołując się na teorię cnót Arystotelesa. Ja bym jednak wolał odnieść to słowo bardziej do Platona niż do Arystotelesa, co nie znaczy, że odniesienie do Arystotelesa jest błędne. Chodzi mi jedynie o to, że sens słowa łączy się ściśle z przeżyciem dobra. A „dobro" znaczy jednak – Platon.

Zastanówmy się chwilę nad *habitus*. Słowo to pochodzi od czasownika *habeo* – „mam". *Habitus* jest więc tym, co „mam". Można powiedzieć: to moje „mienie". Nie idzie jednak o „mienie" zewnętrzne, lecz „mienie" wewnętrzne. „Mienie" odróżnia się od tego, czym „jestem". „Mienie" jest moją osobową wartością, moim „dobrem". Nie jest jednak – ściśle biorąc – moim „bytem". „Mienie" tym się charakteryzuje, że mogę je stracić. Mogę je jednak również odzyskać – oczywiście pod pewnymi warunkami. Całokształt posiadanego „mienia" stanowi „wewnętrzne dobro" człowieka. Zależy mi bardzo na tym, by połączyć ze sobą te dwa słówka: „mieć" i „dobro". Ilekroć używamy słówka „mieć", mamy na uwadze jakieś „dobro". Ilekroć używamy słówka „dobro", mamy pod ręką słówko „mieć". Najogólniej: zawsze „mam to", co przedstawia mi się jako „moje dobro". Jaki jest stosunek „mieć" do „być"? Są dwie koncepcje na ten temat. Jedna mówi: „najpierw być, potem mieć". Inna mówi: „najpierw mieć, a potem być". W filozofii człowieka bronię tej drugiej koncepcji. Proponuję pod rozwagę tezę: „człowiek j e s t naprawdę tym, co m a".

A oto przykład bardziej konkretny: nadzieja. Czym jest nadzieja? Jest moim *habitus*; ona jest moim wewnętrznym „mieniem", moim dobrem, dzięki któremu mogę stawić czoło złu. Skąd się bierze moja nadzieja? Doprawdy nie bardzo wiadomo. Jasne jest, że nie mogę wskazać konkretnej przyczyny nadziei; nadzieja nie jest jednym z ogniw w łańcuchu przyczynowości sprawczej. Nie mogę powiedzieć: „zrób to, a będziesz miał nadzieję". Nie mogę też powiedzieć, że nadzieja bierze się „ze mnie" – nie jestem sprawcą mojej nadziei. Franz Rosenzweig powiada, że nadzieja rodzi się „w śpiewie". Kto chce odzyskać nadzieję, niech się przyłączy do śpiewu. Nadzieja, jak iskra, przeskakuje od śpiewającego do śpiewającego. Rosenzweig o tyle ma rację, że zasadą nadziei jest jakieś u c z e s t n i c t w o. Uczestniczymy w śpiewie, w tańcu, we wspólnej modlitwie... Nasza nadzieja jest taka, jakie jest nasze uczestnictwo. Gdy „wypadamy" z uczestnictwa, tracimy nadzieję.

Z tej perspektywy patrząc, rozumiem – jak mi się wydaje – koncepcję „łaski niestworzonej", która jest człowiekowi koniecznie do zbawienia potrzebna. Człowiek nie zbawia się sam. Zbawia się dzięki temu, że Bóg mu się „udziela" poprzez jakąś tajemniczą „muzykę", a on – jak śpiewak lub tancerz – wchodzi „w Boże uczestnictwo". Dariusz Oko pisze: „Ta konieczna łaska jest w Tomaszowej (a także w ogóle w scholastycznej) koncepcji w swojej istocie, najbardziej pierwotnie i źródłowo »łaską niestworzoną« (*gratia increata*), czyli nie rzeczą, nie »czymś«, ale raczej relacją, sposobem zachowania się Boga wobec człowieka, jest rzeczywistością Bożą (I–II 110). Tak rozumiana łaska jest właściwie tożsama z Duchem Świętym, z odniesieniem miłości, które Bóg żywi do nas. Ale taka miłość nie może pozostać bez skutku w człowieku, ona go dogłębnie przemienia, wywołuje podobną miłość jako odpowiedź, przekształca osobowość człowieka we wszystkich jej wymiarach i pokładach. Te wszystkie przemiany dokonujące się w człowieku pod wpływem łaski niestworzonej nazwane są w teologii scholastycznej »łaską stworzoną« (*gratia creata*). Jednak nie można tego podziału rozumieć urzeczowiająco, na sposób dwóch rzeczywistości obecnych »w« Bogu i »w« człowieku. Łaska niestworzona i stworzona to dwie strony jednej rzeczywistości, dwa człony jednej relacji – miłości pomiędzy Stwórcą i stworzeniem".

O ile rozumiem odniesienie słowa *habitus* do tego, co jest uczestnictwem *w* łasce, o tyle zaczynam mieć wątpliwości, gdy do opisu „wewnętrznych przemian dokonujących się w człowieku" pod wpływem łaski stosuje się słowo „łaska s t w o r z o n a". Konsekwentnie, skoro słowo „stworzona" zostało użyte tak, a nie inaczej, to do tego, w czym człowiek uczestniczy, musi się odnieść słowa „łaska n i e s t w o r z o n a".

Do czego odnosi się pojęcie „stworzone – niestworzone"? Oczywiście, odnosi się do bytu. To byty dzielą się na „niestworzone" (Bóg) i „stworzone" (świat). Obydwa pojęcia są podstawowymi pojęciami ontologii. Stosując do łaski pojęcie „stworzenia", chcąc nie chcąc dokonujemy ontologizacji łaski. Kto raz dał się ponieść strumieniowi ontologizacji, temu nie będzie już łatwo wydostać się na brzeg. Będzie raczej zmuszony do uczynienia następnego kroku – do wyszukania wśród „kategorii bytu" tej, która najlepiej „pasuje" do łaski. I rzeczywiście. Okazuje się, że łaska to po prostu „jakość" – *qualitas* – duszy. Karl Rahner, który z niewiadomych mi powodów chce płacić cło ontologii tomistycznej, powie: to „forma", „*quasi*-forma" duszy. Ale czy jesteśmy zadowoleni? Czy takie odpowiedzi nie są tylko pozorem odpowiedzi? Czy z bogactwa doznań, przeżyć, intuicji wartości i dóbr, które są „odpowiedzią" na łaskę, nie pozostaje jedynie martwy szkielet?

Dariusz Oko, wykazując wiele troski o język, którym opisuje tajemnice łaski, mówi jednak: „...taka miłość nie może pozostać bez skutku w człowieku..." Owszem, mówi się niekiedy: „miłość i jej skutki". Ale czy słowo „skutek" jest tu na miejscu? Czy miłość jednego jest „przyczyną" miłości drugiego? A ileż to razy w życiu spotykamy „miłość bez wzajemności"? Czy taniec jest „skutkiem" muzyki? Czy śpiew jednego jest „skutkiem" śpiewu drugiego? Ktoś powie: słowo „skutek" jest właściwie tylko metaforą.

Zgoda. W takim razie jednak, jeśli już musimy używać metafor, używajmy ich z większą czujnością.

„Łaska stworzona" podlega dalszemu różnicowaniu. W pewnym momencie pojawia się szczególna jej odmiana, zwana „łaską uczynkową". Ta z kolei jako łaska „uprzedzająca" w y w o ł u j e akt woli, natomiast jako łaska wspomagająca t o w a r z y s z y działaniu woli. Powstaje pytanie: czy zarysowana koncepcja łaski uczynkowej nie jest dalszym krokiem w kierunku ontologizacji łaski? Czy nie traktuje działania łaski wedle modelu: „przyczyna sprawcza i jej skutek"? Spójrzmy na „łaskę uprzedzającą". Okazuje się, że ktokolwiek otrzyma taką łaskę, nie jest już w stanie się jej oprzeć. Decyduje pod wpływem łaski, choć jest przekonany, że decyduje sam, z własnej woli. Czy ontologizacja nie prowadzi do „fatalizacji" łaski? Czy łaska, jak „dobre fatum", nie chce uszczęśliwić człowieka poza jego człowieczeństwem? Czy to samo nie dotyczy również „łaski wspomagającej"? Czy i ona nie stała się „dobrym fatum ontologicznym", działającym „z ukrycia" i „w ukryciu" przed człowiekiem?

Przesuwając punkt ciężkości w teorii łaski na poziom ontologii, przyjmujemy na siebie jeszcze jedno obciążenie. Kto mówi: „przyczyna", „skutek", „działanie", ten ma na uwadze relacje mocy. Jest jakaś „siła przyczyny" i „bezsiła skutku". Skutek zawsze ulega przyczynie. Przyczyna dominuje nad skutkiem. Przenieśmy tę relację na stosunek człowieka i Boga. Co uzyskujemy? Uzyskujemy to, że problem łaski przestaje być problemem m i ł o ś c i, a staje się problemem w ł a d z y. Jaką władzę ma Bóg nad człowiekiem? Czy człowiek może się wymknąć spod władzy Boga? Jakie znaczenie ma w tej relacji wolność człowieka? Jak obronić wszechmoc Boga, nie naruszając wolności człowieka? Wydaje się, że nie ma trzeciego wyjścia: albo wszechmoc Boga, albo wolność człowieka. Ale ontologia nie zna idei wolności, ona jest z natury deterministyczna. Stąd gdy pytamy rzeczników takiej koncepcji, jak godzą wolność człowieka ze wszechmocą Boga, słyszymy odpowiedź: to tajemnica. Okazuje się więc w końcu, ile trzeba „wiedzieć" z ontologii, aby w sprawie istotnej naprawdę nic nie wiedzieć.

Mam wrażenie, że konsekwencje ontologizacji łaski dały o sobie znać nie tylko w dobie Reformacji, ale również w XVII stuleciu w sporach między molinistami oraz dominikanami z Domingo Báñezem na czele. Dariusz Oko trafnie streszcza myśl Báñeza: „Báñez i inni dominikanie, opierając się przede wszystkim na scholastycznym, teocentrycznym i metafizycznym obrazie świata, chcą zachować to, co w ich pojęciu jest konieczne dla uznania i zachowania całkowitej suwerenności Boga, widzą w łasce uczynkowej jedną z form działania Boga jako pierwszego poruszyciela wszystkiego. Łaska skuteczna jest fizyczną predeterminacją (*praedeterminatio physica*), poruszeniem woli w jej metafizycznym korzeniu i rdzeniu, które w sposób konieczny wywołuje pożądaną, dobrą decyzję woli, ale zachowuje wolność człowieka, ponieważ on w swojej świadomości przeżywa tę decyzję jako jego własną, jako wolną i niezależną. Jeżeli jednak decyzja człowieka jest zła, to oczywiście nie Bóg jest temu winny, tylko człowiek, który nie otrzymał łaski skutecznej, ale najwyżej wystarczającą. A łaskę skuteczną otrzymuje się na podstawie odwiecznych dekretów woli Bożej".

Co jest szczególnie godne uwagi w przytoczonym tekście? Oczywiście, najpierw owa „predeterminacja fizyczna". Czy nie jest ona dowodem już nie tylko ontologizacji łaski, ale wręcz jej „urzeczowienia"? Po wtóre: rozróżnienie łaski „skutecznej" od „wystarczającej". Łaska „wystarczająca" wystarcza do dobrego uczynku, ale dobrego uczynku nie powoduje i nie ma w tym winy Boga, lecz wyłącznie wina człowieka; natomiast łaska „skuteczna" zawsze powoduje dobry uczynek. Rodzi się pytanie: dlaczego więc Bóg nie daje wszystkim łaski skutecznej? Odpowiedzi nie ma. Po prostu takie są „odwieczne dekrety Boga". Ale jakiego Boga, czy Boga władzy, czy Boga miłości? I jeszcze jedno pytanie bez odpowiedzi: po co Bogu wtrącanie człowieka w nieprawdę? Czyż nie jest bowiem wtrąceniem w nieprawdę stworzenie sytuacji, w której człowiek „przeżywa decyzję jako swą własną, wolną i niezależną", podczas gdy naprawdę jest ona wynikiem łaski skutecznej i jej „predeterminacji"?

W efekcie jawi mi się taki obraz: teoria łaski została wplątana poprzez ontologię w dialektykę władzy i poddania. Na drugi plan schodzi tematyka zła. Na plan pierwszy wysuwa się przekonanie, że „wszystko zależy od władzy" – dobra władza uwalnia ludzkość od zła, które ją gnębi. „Władzą" jest Bóg, Kościół, w pewnych sytuacjach jest nią również „chrześcijańskie państwo". Czym koniec końców jest łaska? Jest przede wszystkim działaniem „dobrej władzy" – władzy bytu doskonalszego nad bytem mniej doskonałym. Tak oto mamy teorię władzy, a miała być teoria miłości, która „gładzi wszelki grzech".

Podejrzenie, że ontologia jest zamaskowaną teorią władzy, znajduje pośrednie potwierdzenie u Martina Heideggera w jego koncepcji „onto-teologii". To, co średniowiecze przedstawiło jako „teologię", było w istocie rzeczy „onto-teologią", czyli teologią wyrosłą z myślenia, które zapomniało o „prawdzie bycia". Z zapomnienia tego zrodziło się myślenie w obszarze „bytu jako bytu", poddane bez reszty „woli mocy", czyli woli panowania nad światem. Wiele dysputowano dotąd o znaczeniu koncepcji Heideggera dla idei Boga, jaką proponuje ontologia (Heideggerowska „ontyka"). Poza dyskusją pozostała natomiast sprawa łaski. Jeżeli jednak Heidegger ma rację, to jest nie do pomyślenia, by jej koncepcje – zwłaszcza te, które wiążą się z ontologią – wymknęły się wpływom „woli mocy".

Teologia transcendentalna: Rahner i Lonergan

Główny ciężar pracy ks. Dariusza Oko spoczywa na teologii transcendentalnej. Nurt myślenia transcendentalnego wyprowadza – zdaniem autora – koncepcję łaski z zawirowań, w jakie wtrąciły ją koncepcje „ontologizujące". Na czym polega myślenie transcendentalne w teologii? Skąd bierze się jego wyzwalające działanie?

Zacznijmy od wyjaśnienia pojęć. Pojęcie „transcendentalna" jest nazwą metody. Teologia transcendentalna to teologia, która pragnie posłużyć się „metodą transcendentalną". Metodą tą posługiwali się w filozofii między innymi Immanuel Kant, Edmund Husserl, a w pewnym okresie także Martin Heidegger. Każdy z nich wnosił do metody pewne modyfikacje, tak że dziś należałoby mówić nie tyle o metodzie, co o metodach transcendentalnych. Metoda transcendentalna była w swoim czasie ostro krytykowana przez fenomenologów. Rozłam, jaki w pewnym okresie dokonał się w środowisku uczniów Husserla, wyniknął głównie ze „sporu o metodę". Jedni trwali przy metodzie opisu fenomenologicznego, drudzy skierowali się w stronę hermeneutyki.

Metoda transcendentalna wychodzi ze stwierdzenia jakiejś faktyczności: coś jest nam dane. Dla Kanta dane jest matematyczne przyrodoznawstwo. Dla Husserla dany jest „świat". Podobnie dla Heideggera. Stwierdziwszy, że „coś jest nam dane", stawiamy podstawowe pytanie: „jak musi być zbudowana nasza świadomość, że jesteśmy w stanie odebrać to, co jest nam dane?" Pytanie dotyczy, jak widać, subiektywnych (podmiotowych) warunków możliwości doświadczenia tego, co dane. Kant pytał: jakie są subiektywne warunki możliwości matematycznego przyrodoznawstwa? Husserl pytał: jakie są subiektywne warunki możliwości doświadczenia tego, co nazywamy „światem". Heidegger pytał: jakie są subiektywne warunki możliwości naszego "bycia w świecie"? To, co dane, określa się zazwyczaj słowem *a posteriori*, czyli "związane z doświadczeniem", pochodne od doświadczenia. To, co nie jest dane, ale stanowi warunek odbioru tego, co dane, określa się słowem *a priori*, i jest wcześniejsze od doświadczenia, wręcz warunkujące zaistnienie doświadczenia dla nas – dla mnie, dla ciebie. Jeśli – upraszczając – dana jest jakaś muzyka, to subiektywnym warunkiem zaistnienia muzyki dla nas, jest... słuch.

Ci fenomenologowie, którzy oddalili się od Husserla, w zasadzie nie odrzucali metody transcendentalnej, protestowali tylko przeciwko uznaniu jej za podstawową metodę filozofii. Max Scheler i Roman Ingarden twierdzili, że metoda opisu "istoty zjawisk" musi nadal pozostać metodą podstawową. Scheler ironizował: cóż to za metoda badania świata, która zamiast uczyć nas wpatrywania się w świat, zmusza nas do wpatrywania się w... siebie. Stąd hermeneuci dążyli do pojednania obu metod: przyjęli, że rozumienie hermeneutyczne jest wędrówką po spirali – od świata do siebie i od siebie do świata. Podejrzewam, że metoda Rahnera i Lonergana ma więcej z hermeneutyki niż z klasycznego transcendentalizmu. Niemniej transcendentalizm wyciska na niej wyraźne piętno.

Pomysł Karla Rahnera na transcendentalizm wziął się z lektury Heideggera. Czym jest dla Rahnera to, co dane? Dane jest "samoudzielenie się Boga". Oddajmy głos Dariuszowi Oko: „...z łaską Chrystusa przychodzi do człowieka Królestwo Boże, przychodzi sam Bóg. Usprawiedliwiony bez żadnej swojej zasługi człowiek staje się naprawdę świątynią Boga, zamieszkuje w nim sam Duch Święty jako najwłaściwszy i największy dar. Ma on przez to udział w naturze Bożej, staje się nowym stworzeniem, dzieckiem Bożym, nawiązuje osobowy, personalny kontakt z samym Bogiem. To jest trwały dar, a zarazem zapowiedź daru najpełniejszego – życia z Bogiem we wspólnocie zbawionych. Właśnie tę nową rzeczywistość, to bycie Boga w bezpośredniej bliskości do człowieka, które Biblia i Kościół opisują przy pomocy wielu obrazowych pojęć, Rahner wyraża przy pomocy jednego pojęcia: »samoudzielenie się Boga«".

Po stwierdzeniu tego, co dane, przychodzi decydujące pytanie transcendentalizmu: jak musi być zbudowana ludzka świadomość, by człowiek mógł przyjąć udzielającego mu się Boga? Zazwyczaj mówimy: człowiek jest „otwarty" na Boga, jest *capax Dei*, nosi w sobie „pragnienie Boga". Rahner chce uściślić te odpowiedzi, wyrażając je w języku filozofii Heideggera, która – przynajmniej w jego czasach – miała najwięcej do powiedzenia o tajemnicy człowieka. Jakie więc subiektywne *a priori* musi uwarunkować *a posteriori* wiary?

Karl Rahner mówi: warunkiem jest „nadprzyrodzony egzystencjał". Pisze ks. Oko: „Nadprzyrodzony egzystencjał oznacza po prostu udział w nowej sytuacji zbawczej stworzonej przez Chrystusa, stworzonej przez Jego najświętsze, najczystsze, najlepsze, najpełniejsze bycie człowiekiem między ludźmi, przez Jego Krzyż, Jego Paschę; oznacza możliwość faktycznego usprawiedliwienia przez Boga przed Bogiem. Po Chrystusie sytuacja każdego człowieka jest inna, inna niż przed Chrystusem, inna niż gdyby był on tylko grzesznikiem oczekującym (lub nie) na Mesjasza. Jest on już innym człowiekiem, nawet jeśli jeszcze nie rozstrzygnął, jaką postawę wobec Chrystusa zajmie. Usprawiedliwienie, również jako jedynie potencjalne, trwale zmienia beznadziejną sytuację grzechu (choćby dlatego, że każda możliwość wymaga jakichś warunków swoich możliwości zarówno w odbierającym i przyjmującym), ponieważ Bóg »przebacza wtedy, kiedy daje siebie samego, ponieważ tylko na tym może polegać przebaczenie, które nie jest już więcej do prześcignięcia«. Teraz człowiek nie może już być takim samym jak poprzednio, czysto »naturalnie« takim samym grzesznikiem jak przedtem. Tę powszechną, nową sytuację oznacza nadprzyrodzony egzystencjał, podobnie jak powszechną sytuację winy oznacza grzech pierworodny. Ten egzystencjał nie jest jakąś filozoficzną ideą, jest jak najbardziej Chrystusowy, jest jak najściślej związany z Jego krzyżem, bo oznacza, że zbawienie nie przychodzi na zasadzie automatycznej reakcji przebaczenia Boga, do której On, z racji swojej dogłębnej, metafizycznej dobroci byłby niejako »zmuszony« – gdyby tylko człowiek tego zechciał; ale z racji ogromu winy zaciągniętej w wolny sposób przez człowieka, wobec której nawet tak wielka dobroć okazuje się bezsilna, zbawienie jest możliwe jedynie poprzez wspólnotę ze Zbawcą absolutnym".

Zatrzymajmy się chwilę przy pojęciu „egzystencjału". Jego znaczenie jest zakorzenione w pojęciu „egzystencji"; „egzystencja" zaś oznacza, że „człowiek" (*Dasein*) bezustannie „wychodzi z siebie" ku temu, co jest „poza nim", by „doświadczywszy zewnętrzności" wrócić do siebie. „Człowiekowi" (*Dasein*) zawsze „o coś chodzi" i to „że chodzi..." jest „egzystencją". Istnieje wiele sposobów wyjścia poza siebie. Każdy taki „sposób wyjścia" – i powrotu – nazywa Heidegger „egzystencjałem". „Egzystencjałem" podstawowym jest „troska"; w trosce „człowiekowi" (*Dasein*) chodzi każdorazowo o „własne bycie". Heidegger nie wyodrębnia jako szczególnego „egzystencjału" wychodzenia „człowieka" (*Dasein*) w stronę Boga. Czyni to za niego Rahner. Zarazem modyfikuje on myśl Heideggera: gdy u Heideggera wszystkie „egzystencjały" przynależą *Dasein* niejako na mocy jego istoty, to u Rahnera „egzystencjał nadprzyrodzony" jest darem Chrystusa – darem, który został darowany wszystkim, ale nie przynależy „naturze" *Dasein*. Także u jego podstaw można uchwycić obecność „troski": dzięki „nadprzyrodzonemu egzystencjałowi" człowiekowi „w jego byciu" chodzi o „zbawienie wieczne".

Spróbujmy na tym poprzestać. Kto chce bliżej wiedzieć, dlaczego i w jaki sposób rozstrzygnięcie Rahnera wyprowadza teologię łaski z zaułka, w który zaprowadziły ją dotychczasowe koncepcje, niech zajrzy do omawianej pracy Dariusza Oko. Znajdzie tam również cenne przedstawienie poglądów Bernarda Lonergana, który w odróżnieniu od Rahnera skoncentrował się przede wszystkim na subiektywnych sposobach „doświadczania" i „odbierania" łaski. Z mojego punktu widzenia – punktu widzenia filozofii dramatu – szczególnie cennym osiągnięciem teologii transcendentalnej jest przezwyciężenie koncepcji łaski jako „dobrego fatum". Łaska nie działa już „poza plecami człowieka". Nie zbawia go wbrew jego rozumowi i jego woli. Zbawienie musi zostać poprzedzone objawieniem. Gdyby było inaczej, gdyby zbawienie pomijało rozum i wolę człowieka, można by przyjąć, że w niebie znajdzie się tylko „nierozumna" i „niewolitywna" część człowieka, natomiast cała reszta – a więc to, co czyni człowieka człowiekiem – pozostanie przed niebieskimi wrotami.

Jest jednak pewien problem. Heideggerowskie *Dasein* – szczególnie rozumiana samoświadomość człowieka – jest opisywane w horyzoncie „prawdy bycia", *w* którym nie pojawia się pytanie o dobro i zło. *Dasein* jest „poza dobrem i złem". Jedynym jego problemem jest problem „bycia sobą". Tymczasem teksty Rahnera, Lonergana i omawiającego ich poglądy ks. Oko aż tętnią problematyką dobra i zła. Zmienia to w sposób zasadniczy dramaturgię bytu ludzkiego. Gdyby Bóg chciał „zbawić" *Dasein*, powinien je „wyzwolić" ze skończoności. Gdy Bóg zbawia człowieka, „wyzwala" go ze zła.

Jak z tego widać, inspirowana Heideggerem teologia transcendentalna ma swoje ograniczenia. Ograniczenie płynie z samej idei bycia. W obszarze otwieranym i określanym przez „horyzont bycia" nie ma miejsca na Boga, religię, dobro i zło, potępienie, zbawienie. Pozostaje tylko pytanie o „autentyzm". Wymogi teorii spełnia zarówno „prawdziwy święty", jak „prawdziwy grzesznik". To dużo, ale i mało. Jasne, że trzeba się starać o „autentyzm". W pewnym momencie trzeba jednak zapytać: w czym autentyzm? Heidegger nie daje na to żadnej odpowiedzi.

Sprawa wolności

Nie powiedziałem dotąd prawie nic o wolności. Uczyniłem to celowo: o wolności można mówić zobowiązująco tylko wtedy, gdy się uwzględni sytuację dramatyczną, w której „wydarza się" wolność. Tytuł pracy ks. Dariusza Oko brzmi: *Łaska i wolność*. Sytuacja dramatyczna wolności została określona przez łaskę. Mamy do wyboru dwie możliwości: albo łaska jest ograniczeniem wolności, albo wolność jest darem łaski. Omawiana praca pokazuje przejście – na gruncie teologii – od pierwszego do drugiego stanowiska.

Spróbujmy sformułować kilka zdań komentarza do tego przejścia.

Wydaje mi się, że im bardziej powiążemy myślenie teologiczne z ontologią, tym trudniej będzie nam bronić wolności przed naporem łaski. Nie ma innego wyjścia: wolność musi być pomyślana jako s i ł a przeciwstawiająca się innym s i ł o m. Oto mamy przed oczyma łańcuch przyczyn i skutków. Jak przerwać ten łańcuch? Można to zrobić, jedynie sięgając po większą siłę. Taką „większą siłą" ma być wolność. A co zrobić, gdy jednym z ogniw łańcucha jest właśnie wolność? Wtedy trzeba prosić o łaskę. Łaska stanie się wtedy siłą „ponad wszystkie siły". Poprzez łaskę „wszechmocny Bóg" pokazuje, kto „tu jest Panem" i... unicestwia wolność. Ontologia nie dopuszcza innej możliwości. Tu nigdy skutek nie może zawierać „więcej rzeczywistości" niż przyczyna.

Czy czegoś podobnego nie ma w ujęciu św. Tomasza? Święty Tomasz twierdzi, że człowiek nigdy „na tym świecie" nie staje wobec Najwyższego Dobra jako swego celu, lecz zawsze ma przed sobą dobra skończone. Dzięki temu właśnie jest wolny. Może wybierać między rozmaitymi środkami do celu. Gdyby stanął w obliczu celu, jakim jest Najwyższe Dobro, nie miałby wyboru. Inaczej – jak dowodzi Hannah Arendt w słynnym studium o woli – rozumiał tę sprawę św. Augustyn. Jego koncepcja wolności była taka, że człowiek może wybierać nie tylko między środkami do celu, ale może również ustanawiać cele swych dążeń. Aniołowie w niebie mieli przed oczyma absolutne Dobro, a jednak wybrali zło. Więcej jest prawdy o naturze ludzkiej wolności w obrazie upadłego anioła niż w obrazie zwierzęcia, które węsząc przebiera między lepszym i gorszym kawałkiem pokarmu. Pisałem kilkakrotnie, że „im większe dobro, tym większa wolność". Jedynie stając wobec wartości najniższych – chleba, napoju, snu – człowiek „traci wolność" i „musi" jeść, pić, spać. Gdy staje wobec wartości wyższych, coraz mniej „musi", a coraz bardziej „może". Jeżeli chcesz, to możesz. Stając wobec Boga, człowiek „niczego nie musi" lecz „wszystko może". Porównując wolność człowieka augustynizmu i wolność człowieka tomizmu, trzeba przyznać: o wiele łatwiej przychodzi łasce sprowadzić na dobrą drogę człowieka tomizmu niż człowieka augustynizmu.

Teologia transcendentalna zrywa z ontologizacją. Oznacza to, że wyprowadza wolność z dialektyki mocy i przemocy. Czyni z wolności podmiotowy warunek możliwości wyboru Boga, który sam jest darem Boga. Czy stwierdzenie takie – stwierdzenie dotyczące wolności – mieści się w ramach metody transcendentalnej? Wiemy, że Kant nie widział takiej możliwości, czyniąc z wolności jedynie „postulat rozumu praktycznego". Heidegger odkrywał jednak wolność, ale odkrywał ją poprzez doświadczenie trwogi i „nicestwienia". W pierwszym okresie bronił tezy, że wolność jest warunkiem „bycia w prawdzie". Potem – w drugim okresie – uznał, że to raczej prawda – „prześwit prawdy bycia" – jest warunkiem wolności. Wtedy jednak porzucił już transcendentalny sposób filozofowania. Koncepcja Rahnera, w której wolność pojawia się w ramach „uzdolnienia człowieka do samozbawienia" jako „uwolnienie wolności w kierunku Boga" leży – w moim odczuciu – bardzo blisko koncepcji „drugiego" Heideggera. Czy oznaczałoby to wyjście poza rygory transcendentalizmu?

Pamiętajmy, że metoda transcendentalna jest w pewnym sensie metodą „monologiczną". Mam przed sobą coś „zadanego" i pytam, jakie są subiektywne warunki doświadczenia tego, co „zadane". Szukam odpowiedzi w sobie. Szukam tak, jakby to były przede wszystkim moje warunki. Oczywiście, istnieje metoda generalizacji, w wyniku której to, co „moje", okazuje się także warunkiem każdej innej świadomości, jeśli taka istnieje. Do tego jednak, by pracować na podstawie tej metody, nie muszę wiedzieć, czy oprócz mnie są jeszcze inni ludzie na tym świecie. Nic więc dziwnego, że wszystkim transcendentalistom zarzuca się... solipsyzm. Nie chcę wchodzić w szczegóły, mam jednak poważne wątpliwości, czy traktując sprawę wolności na sposób transcendentalistyczny, nie dokonujemy niedopuszczalnej operacji na jej pojęciu. No bo co można o niej wtedy powiedzieć? Ano to: „może ja jestem wolny w stosunku do Boga, ale czy jestem wolny w stosunku do innych?" Czy moja wolność jest wolnością międzyludzką?

Tu dochodzę do klucza całego problemu – do nowego umiejscowienia kwestii wolności.

Martin Bieler w pracy pt.: *Wolność jako dar*[2] nawiązując do medytacji Angelusa Silesiusa, pisze: „Wolność jako wolność, to znaczy jako tajemnica, jest wolnością jedynie przez wolność i dla

---

[2] *Freiheit als Gabe*, 1991.

wolności". Wyobraźmy to sobie w miarę konkretnie: moja wolność jako moja tajemnica jest wolnością p o m i ę d z y innymi wolnościami, wolnością z ludźmi, obok ludzi, dla ludzi. Jest – jak pisze Bieler – przede wszystkim wolnością d l a innych. Święty Piotr usłyszał kiedyś: „Odtąd już ludzi łowić będziesz". Moja wolność dojrzewa, w miarę jak służy wyzwoleniu innych. Uświadamiam sobie kształt mojej wolności poprzez wolność, którą obdarowuję innych. Na „wolności d l a innych" ściele się jednak również wolność p r z e z innych, a ściślej wolność d z i ę k i innym. Jesteśmy wolni wolnością „odziedziczoną" – wolnością, jaką ofiarowała nam historia. Nasza wolność jest mierzona wolnością naszych „wzorów", naszych „bohaterów wolności". Służąc wyzwoleniu innych, nasza wolność sięga pamięcią w przeszłość, gdzie znajduje inspirację dla siebie. Konkretna ludzka wolność jest „owocem rodzenia". Ona jest przede wszystkim „wyzwoleniem", które „rodzi się", rośnie i dojrzewa w bezustannej wymianie między tym „d l a kogo" i tym „d z i ę k i komu".

Uznając, że wolność jest przede wszystkim wartością międzyludzką, odkrywamy jednocześnie, że jest ona określana przez doświadczenie dobra i zła, wartości i antywartości. Wolność ujawnia się konkretnie jako świadomość tego, czego człowiek „nie musi". Człowiek n i e m u s i okłamywać drugiego człowieka, n i e m u s i go okradać, n i e m u s i zdradzać, n i e m u s i zabijać. Jeśli mimo wszystko to robi, to znaczy, że jest „zniewalany" albo przez ślepotę, albo przez mroczne siły pożądliwości. Na ogół człowiek wie jednak wtedy, że „mógłby inaczej". Z takiego postawienia sprawy wynika, że nie każdy czyn człowieka jest wolny. A nawet nie o to chodzi, żeby był wolny. Człowiek znajduje się wciąż pod przymusem głodu i chłodu. Ma wiele przyzwyczajeń, które ułatwiają mu życie. Chodzi przede wszystkim o to, czy człowiek jest wolny na poziomie dobra i zła – na poziomie, który wyłania się, gdy obok niego stanie inny człowiek. Grecka koncepcja fatum głosiła, że właśnie na tym poziomie człowiek zawsze pada ofiarą mrocznych sił – jak Edyp, który zabija swego ojca i poślubia własną matkę. Edyp n i e m o ż e inaczej, bo takie jest jego p r z e z n a c z e n i e. Chrześcijanin m o ż e inaczej, ponieważ j e s t w o l n y – a tą „wolnością" obdarzył go Chrystus".

Czym w tym kontekście jest łaska? Oczywiście, nie jest ona „mocą" ani „przemocą", nie jest „przyczyną", która staje się ogniwem przerywającym łańcuch przyczyn i skutków. Nie jest też „jakością" ani „formą". Niekiedy nazywa się ją „światłem", niekiedy – „lckarstwem". Światło służy zaślepionym, lekarstwo służy słabym. Zazwyczaj staje przed człowiekiem jako *gratia*, czyli „wdzięk", który zapowiada nową „przygodę życia" – łaska „objawia" i „usprawiedliwia", łaska odsłania człowiekowi jego miejsce i jego drogę wśród ludzi. Łaska otwiera na s e n s. Kto doznał łaski, wie, że dobrze jest łowić ryby, które zaspokajają głód człowieka, ale jeszcze lepiej „łowić" ludzi – istoty, które „nie samym chlebem żyją, ale również słowem wychodzącym z ust Boga". Łaska wznosi człowieka na nowy „poziom życia". Nie niszczy wolności, lecz umożliwia jej istnienie „na nowym poziomie". Dzięki wolności, która stała się „darem łaski", człowiek może być „sobą u siebie". Łaska „kusi" nie tylko tym, że „dobrze jest nie kłamać", ale i tym, że „wspaniale jest" w y b r a ć życie w prawdzie. W niej i poprzez nią sama wolność staje się najwspanialszą, bo najbardziej ludzką „pokusą" człowieka.

Aby odsłonić przynajmniej małą cząstkę możliwości, jaką otwiera przed człowiekiem „łaska wyzwolenia", trzeba jednak zrezygnować z języka ontologii, a częściowo nawet z języka transcendentalizmu, i sięgnąć po język filozofii dialogu oraz zawartej w niej filozofii dobra i filozofii wartości. Cóż to znaczy? Czy znaczy to, że proponuję „podglądaczom Boga" jeszcze jedną lunetę? Ktoś mógłby powiedzieć, że zastępuję jedne przesądy innymi przesądami. W końcu każda luneta raczej przysłania tajemnicę łaski, niż ją odsłania. Nie jestem jednak tego całkiem pewny. Myślę, że istnieją jednak gorsze i lepsze lunety. I na tym chyba polega postęp w teologii, że dopuszcza „wymianę lunet". Choć, oczywiście, wiem, że lunety doskonałej nie ma i nie będzie. Na tym bowiem polega urok łaski, że zawsze jest zaskoczeniem i powodem do najgłębszego zdumienia.

Coś z tego zdumienia przekazuje również praca ks. Dariusza Oko. Opowiada ona o rozmaitych koncepcjach łaski, o sporach i podziałach między wierzącymi, o spekulatywnych możliwościach umysłu ludzkiego unoszonego na skrzydłach wiary. Konsekwentny i rytmicznie prowadzony wywód jest przesycony nutą pojednania. Doskonale rozumiem tę nutę, nawet jeśli czasem moja dialektyczna natura wolałaby zachować sprzeczność i podtrzymać spór. Nuta ta jest dziś szczególnie ważna. Jest to bowiem nuta współczesnego Kościoła. Po wiekach napięć i kłótni, między innymi w sprawach wolności i łaski, nadszedł czas łaski pojednania. To czas wielki i zobowiązujący. Praca ks. Oko jest tego ważnym świadectwem.

Światło *Gwiazdy Zbawienia*

Doprawdy trudno przewidzieć, jakie konsekwencje dla myśli chrześcijańskiej będzie miało dokonujące się na naszych oczach jej spotkanie z żydowską filozofią dialogu. Niedawno ukazał się dawno oczekiwany, polski przekład fundamentalnego dzieła Franza Rosenzweiga: *Gwiazda Zbawienia*[1]. Wcześniej otrzymaliśmy inne dzieło o podobnym znaczeniu: *Całość i nieskończoność* Emmanuela Lévinasa[2]. Apogeum filozoficznej twórczości Franza Rosenzweiga przypada na lata pierwszej wojny i okres powojenny. Emmanuel Lévinas osiąga szczyt swojej twórczości po drugiej wojnie światowej. Obydwa dzieła pozostają więc w ścisłym związku z doświadczeniami wojny. Filozofia dialogu rodzi się w czasach, w których międzyludzki dialog rozwijał się za pomocą armat. Rodzi się jako odejście od przemocy i powrót do biblijnych źródeł człowieczeństwa. Czasem nie sposób uchwycić granicę przebiegającą w niej między filozofią, teologią i refleksyjną wiarą religijną.

Myśl Rosenzweiga i Lévinasa jest dla nas ważna z wielu powodów. Wspomniałem już o doświadczeniu wojny. Rosenzweig

---

[1] Tłum. Tadeusz Gadacz, Wydawnictwo Znak, Kraków 1998.
[2] *Całość i nieskończoność. Esej o zewnętrzności*, tłum. Małgorzata Kowalska, Wydawnictwo Naukowe PWN, Warszawa 1998.

poszedł na wojnę jako autor znakomitej rozprawy o koncepcji państwa u Hegla, po czym znalazł się w okopach frontu macedońskiego, gdzie doświadczył, czym naprawdę może stać się państwo. Lévinas zdobył uznanie jako mistrz interpretacji „europejskiego rozumu" w filozofii Edmunda Husserla i Martina Heideggera, po czym w tragedii Holocaustu zobaczył nową twarz tego rozumu. Cóż są warte wspaniałe konstrukcje myślowe, jeśli nie otwierają dróg rozumieniu i porozumieniu człowieka z człowiekiem? Myśl chrześcijańska także otarła się o wojnę. Tak się jednak złożyło, że otarcie to nie wywarło na niej większego wrażenia. Pokażcie mi choć jedną naprawdę godną uznania pracę teologiczną lub filozoficzną na temat: „Bóg po totalitaryzmie"! Czyż to normalne, by nawet w przypadku skrajnego zagrożenia nie schodzić na ziemię z trzeciego stopnia abstrakcji? Czy myśl chrześcijańska nie przegapiała czegoś, co dla człowieka istotne? Niepokój tryskający z tych pytań tym bardziej zmusza do otwarcia na tamtą myśl i na jej poczucie odpowiedzialności.

Chodzi jednak nie tylko o zobowiązania zakorzenione w wydarzeniach dziejących się tuż obok nas. Także zobowiązania wobec dawnej historii nie są bez znaczenia. Myśl dialogiczna wywodzi się z Biblii. Czym dla filozofii greckiej była grecka mitologia, tym dla myśli dialogicznej jest Biblia. Biblia jest tekstem religijnym. Nie nakłada on jednak na wyznawców (Żydów) obowiązków „misyjnych". Wręcz przeciwnie, zadaniem myśli żydowskiej jest przede wszystkim troska o wierność samej sobie. Nie ma tam mowy o „porozumieniu" z pogaństwem, o jakimś „chrzcie" czy raczej „obrzezaniu" Sokratesa lub Arystotelesa. Inaczej w chrześcijaństwie, gdzie od początku troska o tożsamość wiązała się i spierała z troską o misje. Misjonarz zwyciężył ortodoksę. Gdy ortodoksa uciekał przed dotykiem poganina, misjonarz wchodził do jaskini lwa, szukał podobieństw, odkrywał więzi, starał się budować wspólnotę. A gdy tylko było to możliwe, pogańskie kategorie myślowe czynił swoimi. Dziś dobrze czujemy dziedzictwo pogańskie we wnętrzu chrześcijaństwa, gorzej natomiast rozumiemy dziedzictwo ś c i ś l e chrześcijańskie. Co w myśli chrześcijańskiej jest naprawdę chrześcijańskie, a co jest pożyczką zaciągniętą od pogan? (Pamiętamy kłopoty, jakie miał Etienne Gilson z określeniem sensu pojęcia „filozofii chrześcijańskiej". Wydawało się, że filozofia im bardziej jest chrześcijańska, tym mniej jest filozofią, a im bardziej jest filozofią, tym mniej jest chrześcijańska). W przypadku myśli żydowskiej sprawa była jawna: poganin i Żyd to dwa odrębne światy. Patrząc dziś na twórczość Lévinasa czy Rosenzweiga, widzimy lepiej te światy. Lepiej też rysują się nam niebezpieczeństwa tkwiące w zawieranych kompromisach. Myśli chrześcijańskiej potrzebny jest powrót do źródła i oczyszczenie w Objawieniu.

Słowo „oczyszczenie" jest tu bardzo na miejscu. „Oczyszczenie" rzeczywiście oznacza powrót do źródła, a także zrzucenie zasłony, która przysłania oczy i przytępia wrażliwość na świat. Spróbujmy trzymać się tego słowa, gdy staje przed nami zadanie zrozumienia *Gwiazdy Zbawienia*. Nie chcę w tym przypadku postępować tak, jak to zazwyczaj się robi: przedstawić główną ideę dzieła i pokazać jej promieniowanie. To, co w tej sprawie konieczne, można znaleźć we Wstępie Tadeusza Gadacza, który jest dziś w Polsce jednym z najlepszych znawców myśli dialogicznej. Chcę natomiast skupić uwagę na szczegółach – będą to ważne szczegóły, niemniej szczegóły. Chcę je pokazać tak, by „dawały do myślenia". Pragnę pobudzić Czytelnika do tego, by wchodząc w zakamarki myśli dialogicznej, sam rozpoczął z nią dialog.

Miejsce dla wiary

Rosenzweig mógłby powtórzyć słynne słowa Immanuela Kanta: „Trzeba obalić rozum, by zrobić miejsce dla wiary". Jego sytuacja filozoficzna była diametralnie różna od naszej. Dziś Jan Paweł II widzi potrzebę obrony rozumu, zagrożonego irracjonalizmem rozmaitych „wiar"; wtedy rozum był wszędzie i we wszystkim, nie pozostawiając miejsca dla wiary. Takie w każdym razie było dziedzictwo Hegla. Hegel sądził, że cała jego filozofia jest komentarzem do Prologu św. Jana ewangelisty: „Na początku był Logos". Skoro tak, to podstawową nauką o bycie jest logika – nauka o „Logosie". Różnica między religią a filozofią na tym tylko – zdaniem Hegla – polega, że w religii prawda mieszka pod postacią wyobrażenia, natomiast w filozofii pod postacią pojęcia. Religia jest filozofią dla maluczkich. Filozofia jest religią uczonych. Tym, czego jedni i drudzy poszukują – jedni w religii, drudzy w filozofii – jest prawda. Z całego bogactwa propozycji religijnych najważniejszą, a właściwie jedyną jest Objawienie. „Szukajcie prawdy, a prawda was wyzwoli". Sama prawda i tylko prawda. Nie to jest istotne, że Bóg jest prawdą, ale to, że prawda jest Bogiem. Jeśli sama prawda wyzwala, to zbawienie nie jest jakąś odrębną kategorią religijną, lecz sprowadza się do Objawienia.

Rosenzweig nazywa to „idealizmem". Dzieje tak rozumianego „idealizmu" zaczęły się na Wyspach Jońskich, a kończą w Jenie, gdzie pracuje Hegel. Rosenzweig stawia czoło historii „od Wysp Jońskich po Jenę". Pisze: „Wszelka filozofia pytała o »istotę«. To dzięki temu pytaniu różni się ona od niefilozoficznego myślenia zdrowego ludzkiego rozsądku. Ten bowiem nie pyta, czym rzecz »właściwie« jest. Wystarczy mu, że wie, iż krzesło jest krzesłem. Nie pyta, czy nie jest ono właściwie czymś całkowicie innym. A właśnie o to pyta filozofia, kiedy pyta o istotę. Świat nie może przecież być światem, Bóg Bogiem, a człowiek człowiekiem, lecz każdy z nich musi »właściwie« być zupełnie czymś innym. Gdyby nie byli oni czymś innym, lecz rzeczywiście tylko tym, czym są, to przecież – nie daj Boże – filozofia w końcu byłaby zbędna! Przynajmniej taka filozofia, która chciałaby stale wydobywać to »coś całkiem innego«".

Przezwyciężyć „idealizm" znaczy zatem: pozwolić na to, by to, co jest, było tym, czym jest – zgodzić się na niesprowadzalną do niczego innego „faktyczność". „Na pytanie o istotę istnieją tylko tautologiczne odpowiedzi: Bóg jest tylko boski, człowiek ludzki, świat światowy. Można drążyć w każdej z tych istot szyb dowolnie głęboki, lecz zawsze odnajdziemy w nim tylko ją samą".

Spotkanie z „faktycznością" miało dla Rosenzweiga dramatyczny charakter. Dopełniło się, jak wspomniałem, w czasie wojny w okopach frontu macedońskiego. To przede wszystkim tam odsłonił się absurd rozumu, który chciał sprowadzić „wszystko" do rozumu wcielonego w instytucje państwa. Przeciwko takiemu roszczeniu zaprotestowała „faktyczność" konkretnego, postawionego w okopie, ludzkiego Ja. Czytamy: „Człowiek jak robak może skryć się w fałdach nagiej ziemi przed nadlatującym pociskiem nieubłaganej śmierci: może tam odczuć z nieuniknioną siłą to, czego nigdy nie odczuł: że jego ja, gdyby umarł, byłoby tylko bezosobowym to, i dlatego całym krzykiem, który tkwi jeszcze w jego gardle, może wykrzyczeć swe ja przeciw nieubłaganości zagrażającej mu także tym niewyobrażalnym unicestwieniem – filozofia uśmiecha się do całej tej nędzy swym pustym uśmiechem i wyciągniętym palcem wskazującym pokazuje stworzeniu, którego członki drżą z lęku o ten jego świat, na tamten świat, o jakim wcale nie chce ono nic wiedzieć. Gdyż człowiek wcale nie chce uciec od jakichkolwiek więzów; chce pozostać, chce – żyć".

Gdy filozofia „idealizmu" zaczyna się od „podziwu wobec otaczającego nas świata", filozofia „faktyczności" zaczyna się od spotkania ze śmiercią. Dopóki trwa śmierć, nie ma czasu na podziw. Prawdę rzekłszy, nie istnieje również zapotrzebowanie na filozoficzne „objawienie". Cóż mi z tego, że się dowiem, iż tylko ciało umiera, natomiast dusza jest nieśmiertelna. Nie chodzi o ciało, nie chodzi o duszę, chodzi o Ja – konkretne, niepowtarzalne, jedyne. Na Wyspach Jońskich i w Jenie można było podziwiać wschody i zachody słońca i czekać, aż bogowie objawią człowiekowi coś jeszcze piękniejszego. W okopach frontu trzeba zapytać o zbawienie.

Kilkadziesiąt lat po ukazaniu się *Gwiazdy Zbawienia*, Martin Heidegger – wielki filozof „prześwitów", które „objawiają" – powiedział w wywiadzie (opublikowanym już po jego śmierci): „Tylko Bóg może nas uratować". Czy w bezradności tego stwierdzenia nie kryła się tęsknota za zbawieniem? Ale czy filozofii wolno tęsknić za czymś takim? Czy jej zadaniem nie jest tylko to jedno: objawiać, objawiać i jeszcze raz – budząc ze snu rozum i używając rozumu – objawiać?

Poganin w nas

Nasz chrześcijański stosunek do świata pogańskiego był – jak już wspomniałem – stosunkiem „misyjnym". Od czasów św. Pawła chodziło o to, by u podstaw pogańskich wiar w wielorakie bóstwa wykryć wiarę w prawdziwego Boga. Prawdziwy Bóg jest, co prawda, nieprzeniknioną tajemnicą, ale z tajemnicy tej można jednak coś uszczknąć, oglądając otaczające nas *mirabilia*. Czyż platoński Demiurg nie był podobny do Stwórcy świata? A arystotelesowski Pierwszy Poruszyciel albo Czysty Akt? A *Nous* Parmenidesa? Dzięki mniej lub bardziej doskonałym analogiom w dziełach teologów chrześcijańskich zadomowiły się na dobre owoce pogańskiego myślenia. Dla wiary żydowskiej coś takiego pachniało na odległość idolatrią. Bóg Abrahama i Izaaka musiał być radykalnie inny.

Nie znaczy to jednak, że myśl pogańska musi zostać unicestwiona. Właśnie dlatego, że judaizm nie jest misyjny – Żydem staje się człowiek przez urodzenie, a nie przez nawrócenie – można było podjąć zadanie zrozumienia tego, czym pogaństwo naprawdę jest, a nie tylko tego, czym jest dla mnie, dla ciebie, dla nas. Więc czym ono jest? Najpierw i przede wszystkim jest wymiarem naszej własnej natury. To każdy z nas nosi w sobie „swego poganina".

Pogaństwo to najpierw świadomość „separacji". Jestem zdany tylko na siebie. Bóg jest odcięty od świata, świat jest zamknięty w sobie, człowiek jest odcięty nie tylko od Boga i świata, ale również od innego człowieka. Stephan Mosés, znakomity znawca myśli Rosenzweiga, pisze: „Tym, czego brakuje światu pogańskiemu, to człowieka jako bytu otwartego na słowo, zdolnego do wejścia w dialog z Bogiem i do powierzenia Mu swej egzystencji na tym świecie". Pogaństwo to, po wtóre, świat wiary w fatum. W ostateczności to fatum – niedobry los – rządzi z ukrycia życiem ludzi. W obliczu fatum słowo jest bezsilne. Oczywiście, sztuka i filozofia pogańska szukają sposobów na przezwyciężenie fatum. Jednym z nich jest próba zamiany „złego fatum" w „fatum pomyślne", innym jest budowa systemu politycznego, w którym stosunki społeczne byłyby tak jasne, że nie pozostawiałyby miejsca na fatum. Próby te nie były jednak niczym innym, jak potwierdzeniem obecności fatalistycznej świadomości w świecie pogańskim. Czy były skuteczne? Zazwyczaj tylko do pewnego stopnia. Dopiero wiara w „słowo wybrania" oznacza przezwyciężenie fatum. Musi to być jednak wielka i mocna wiara, jak wiara Abrahama, jak wiara Hioba. Dzięki niej ujawnia się wiążąca potęga słowa.

Pogańską odpowiedzią na tragizm losu stał się „spektakl" – widok tragicznego bohatera. Bohater padał w końcu ofiarą fatum, ale na ile był ofiarą, na tyle był też bohaterem. Jego zbawieniem stało się jego piękno. Gdy nie można było nie umrzeć, trzeba było przynajmniej umierać pięknie. Dzięki udziałowi w pięknie, człowiek stawał się sobą. Ale była to „sobość" szczególna. Pisze Rosenzweig: „To bowiem jest znakiem wyróżniającym Sobość, pieczęcią jej wielkości, ale także znamieniem jej słabości: ona milczy. Tragiczny bohater posiada tylko jedną mowę, która doskonale mu odpowiada: właśnie milczenie. Tak jest od samego początku. Właśnie dlatego tragiczność stworzyła sobie formę sztuki dramatu, aby móc przedstawić milczenie. W opowiadającej poezji milczenie jest regułą. W przeciwieństwie do niej poezja dramatyczna zna tylko mowę i dopiero poprzez nią milczenie staje się wymowne. Kiedy bohater milczy, zrywa mosty, które łączą go z Bogiem i światem, i wznosi się z urodzajnej krainy osobowości, która odgranicza się od innych i indywidualizuje w mowie, w lodowatą samotność Sobości. Sobość nie zna niczego poza sobą, jest absolutnie samotna. Jak ma ona okazać tę swoją samotność, ten nieugięty upór w sobie samej, niż milcząc właśnie?"

Milcząca dumnie Sobość jest godna najwyższego podziwu. Od podziwu zaczyna się grecka metafizyka, podziwem ma się również zakończyć grecki dramat. Podziw to odpowiedź świadomości człowieka na spotkanie z dziełem sztuki. Jak świat jest dziełem sztuki ontologicznej, tak bohater tragiczny jest dziełem sztuki dramatycznej. Czy taki sam podziw może być również fundamentem wiary? Podziw nie jest z pewnością wrogiem wiary. Rzeczywistym fundamentem wiary staje się jednak dopiero wdzięczność – wdzięczność za zbawienie. Dlatego wybraniec Boga – zbawiony człowiek wiary – nie milczy, lecz nawet w piecu ognistym „opowiada chwałę Pana".

Rozmaicie można mierzyć odległość dzielącą poganina-artystę i Żyda-człowieka wiary. Za jedną z możliwych miar można uznać odległość istniejącą między podziwem a wdzięcznością. W swej istocie odległość ta nie jest odległością między dwoma punktami na tym samym poziomie, lecz odległością między dwoma punktami, z których jeden znajduje się bliżej powierzchni, a drugi tkwi gdzieś w głębi człowieka.

Pytanie o religię

Religia jest „więzią" istniejącą między „rzeczywistościami", które doskonale mogą się bez siebie obejść. Bóg może istnieć bez stworzenia, a stworzenie bez Boga. Na tym polega ontologiczna „separacja" Boga, świata, człowieka. Jeśli mimo to między Bogiem, człowiekiem i światem istnieje „więź", to tylko dlatego, że wcześniej istniała „separacja". Ktoś może jednak powiedzieć: Bóg wciąż „musi" podtrzymywać świat w istnieniu. Nieprawda, to tylko jedna z teorii. Gdyby „musiał", nie byłby Stwórcą doskonałym. Doskonały Stwórca stwarza byty doskonale samoistne. A poza tym nawet gdyby je „podtrzymywał", nie byłoby to równoznaczne z religią. Sam akt stworzenia nie buduje jeszcze religii. Aby była religia, musi nastąpić objawienie, a przede wszystkim zbawienie.

Misyjne nastawienie chrześcijaństwa pociąga za sobą niebezpieczeństwo religijnego synkretyzmu. Wtedy wszystko jest podobne do wszystkiego i wszystko ze wszystkim się łączy. Aby opisać istotę więzi religijnej, scholastyka sięgała często do pojęcia przyczynowości. Religia – „więź" – to w końcu szczególny przypadek przyczynowości, zachodzący między Bogiem a człowiekiem. Przypadek ten można nazwać „łaską". Bóg daje łaskę wiary, pomaga w pełnieniu dobrych uczynków i tym samym staje się „przyczyną" ludzkiego zbawienia. Zbawienie jest „skutkiem" działania Boga. Oczywiście, istnieje problem, jaki udział w zbawieniu ma sam człowiek i co się dzieje z wolnością człowieka, ale problem ten można rozwiązać w późniejszym etapie lub ewentualnie uznać za nierozwiązywalną „tajemnicę". Istotnym osiągnięciem koncepcji pozostaje swoiste „upowszechnienie" religii. Jeśli religia daje się sprowadzić do więzi przyczynowych, nie ma „separacji" i „wszystko" jest religią. Lamenty Hioba, że Bóg go opuścił, okazują się bezpodstawne.

Gdzie jednak nie ma troski misyjnej, istnieje głębokie przeświadczenie o wyjątkowości wiary. Nie „wszystko" musi być religią. Religią pozostaje jedynie więź wybrania, jakie „wydarza się" między Bogiem a człowiekiem. Wybranie jest czymś samym dla siebie i nie może być pojęte przez coś innego. Przede wszystkim nie jest ono relacją przyczynowości. Ono samo dla siebie jest przyczyną i skutkiem. Nie jest ono również związkiem logicznym, przewidywalnym i opisywalnym za pomocą kategorii rozumu. Wybrania nie da się przewidzieć. Ale dopiero dzięki wybraniu możliwa jest religia. Religia religii nierówna. Nie można na jednym poziomie stawiać niewolnika i wolnego. Nie można na powrót topić łaski w naturze. Niedobrze się dzieje, gdy łaska przekreśla naturę, ale jeszcze gorzej jest, gdy natura przekreśla łaskę.

Dla myśli żydowskiej religia narodziła się w dniu, w którym Abraham usłyszał na pustyni głos wybrania. Mogła się narodzić już wcześniej, w raju, niedługo po upadku, ale Adam uciekł od wybrania. Oto jak Rosenzweig interpretuje obydwie sceny, odsłaniając przy okazji rodowód „religii":

„»Gdzie Ty jesteś?« Jest to wprost pytanie o Ty. Nie o istotę Ty. W tej chwili nie ma go jeszcze w polu widzenia. Na razie można pytać tylko o »gdzie«. Gdzie w ogóle jest Ty? To pytanie o Ty jest jedynym, co o nim już wiadomo. Ale Ja to pytanie wystarcza do odkrycia samego siebie. Ja nie potrzebuje widzieć Ty. Pytając o nie i przez »gdzie« tego pytania poświadczając, że wierzy w istnienie Ty, nawet gdy Ty nie staje mu przed oczyma, odzywa się ono i wypowiada jako Ja. Ja odkrywa siebie w chwili, w której przez pytanie »gdzie« tego Ty stwierdza istnienie Ty". Rosenzweig wypowiada tu pogląd, który stanie się fundamentalnym przekonaniem całej dialogiki: nie można „ustanowić" żadnego Ty, nie „ustanawiając" zarazem własnego Ja. Albo inaczej: przekreślenie możliwości Ty jest zarazem przekreśleniem możliwości Ja. Nawet Bóg nie może wyłamać się od tej zasady.

Komentuje Stephan Mosés: „Jak widzieliśmy, Objawienie wyjaśnia się wyłącznie poprzez formy dialogu. Z tego punktu widzenia należałoby powiedzieć: Bóg może powiedzieć Ja jedynie o tyle, o ile człowiek powie do niego Ty, to znaczy o ile podda on swoje Ja pod zewnętrzność, która mu je nada. Ale z drugiej strony Ja człowieka nie konstytuuje się, jeśli nie zostało wcześniej zapytane jako Ty. Wszystko to nie oznacza banalnie, że Ja definiuje się wyłącznie przez to, co nim nie jest, lecz że Ja nie jest Ja, jeśli bardziej pierwotnie nie jest Ty dla kogoś innego. Ja jest odpowiedzią na pytanie: »Gdzie jesteś?«".

Jaka jest odpowiedź Adama? Pisze Rosenzweig: „Pytanie o Ty pozostaje tylko pytaniem. Człowiek się skrywa, nie odpowiada, pozostaje niemy, pozostaje Sobością, taką, jaką znamy. Odpowiedzi, jakie zeń w końcu Bóg wydobywa, nie są żadnymi odpowiedziami. Żadne Ja, żadne »ja jestem«, »ja to uczyniłem« nie odpowiada na Boskie pytanie o Ty, lecz zamiast Ja z odpowiadających ust wydobywa się On-Ona-Ono. Człowiek uprzedmiotowia samego siebie w »mężczyznę«: kobieta to zrobiła, to ona, ta całkowicie uprzedmiotowiona w kobietę, »dana« mężczyźnie; ona zaś zrzuca winę na ostateczne Ono, którym był wąż". Można powiedzieć: Adam wskazuje na ciąg przyczynowy. Ale takie właśnie wskazanie jest wybiegiem. Adam, aby nie przyjąć odpowiedzialności, wyrzeka się wolności.

Dlatego religia, czyli „więź", zaczyna się dopiero wraz z Abrahamem. Czytamy: „Człowiek, który na Boże: »Gdzie ty jesteś?«, milczał jeszcze jako uparta i skryta Sobość, teraz, zawołany dwukrotnie swym imieniem, z najwyższą, nie dającą się przemilczeć określonością, odpowiada w pełni otwarty, w pełni gotowy, w pełni – duszą: »Oto jestem«. (...) Tu jest Ja. Jednostkowe ludzkie Ja. Jeszcze doznające, jeszcze zaledwie tylko otwarte, jeszcze puste, bez treści, bez istoty, czysta gotowość, czyste posłuszeństwo, samo nasłuchiwanie. W to po-słuszne słuchanie jako pierwsza treść pada przykazanie. Wezwanie do słuchania, zawołanie własnym imieniem i pieczęć mówiących ust Bożych – wszystko to tylko wstęp, pobrzmiewający przed każdym przykazaniem, w całej rozciągłości wypowiedziany tylko przed jednym przykazaniem, które jest nie tyle najwyższe, co w istocie jedyne, jest sensem i istotą wszelkich przykazań, jakie mogą wyjść z ust Bożych. Jakie jest to przykazanie nad przykazaniami? Odpowiedź na to pytanie jest powszechnie znana. Miliony języków świadczą o niej wieczorem i o poranku: »Będziesz miłował Pana, Boga twojego, z całego swego serca, z całej duszy swojej, ze wszystkich swych sił«. Będziesz miłował – jakiż paradoks jest w tych słowach! Czy miłość może być nakazana? Czy miłość nie jest czymś, co przypada nam w udziale, co nas ogarnia, a jeśli jest wolna, czy nie jest tylko wolnym darem? A tu zostaje przykazana? Z pewnością miłości nie można przykazać. Żadna trzecia osoba nie zdoła jej nakazać i do niej zmusić. Żaden trzeci tego nie zdoła, ale zdoła ten Jeden. Przykazanie miłości może wyjść tylko z ust kochającego. Tylko kochający może w sposób rzeczywisty mówić: Kochaj mnie. I mówi. W jego ustach przykazanie miłości nie brzmi obco, lecz jest głosem samej miłości. Miłość kochającego nie ma żadnego innego słowa niż przykazanie dla wyrażenia siebie".

I znów trzeba nam oczyścić wyobraźnię. Religia zaczyna się od wezwania. Wezwanie jest wezwaniem po imieniu. Nie człowiek buduje więź, więź buduje Bóg. A buduje wybierając. Wybór pada na Abrahama. Co robi Abraham? Abraham nie ucieka, nie kryje się, nie zasłania. Odpowiada: „Oto jestem". Odpowiedź także oznacza wybór. Abraham wybiera Tego, kto go wybrał. Jego wybór jest odpowiedzią na miarę wyboru Boga. Na początku religii jest wybór.

Do tego dołącza się przykazanie. Czym ono jest? Popełniamy niewybaczalny błąd, gdy wyobrażamy sobie, że przykazanie jest czymś podobnym do rozkazu lub nakazu. To nie jest tak, że oficer staje przed regimentem i rozkazuje. Przykazanie nie jest jednak również prośbą ani tym bardziej groźbą. Przykazanie jest istotną mową miłości. Tylko miłość rozumie mowę przykazań i tylko ona potrafi się nią posługiwać. Ale właśnie dlatego mowa ta przenika głębiej niż każda inna mowa. Wiąże tak, jak nic nie wiąże. „Kochaj, bo kocham". Jakim słowem oddać to wiązanie? Każde słowo więdnie jak kwiat przy ogniu.

Czym w tej perspektywie jest objawienie? Przede wszystkim nie jest tematem podsuniętym samemu tylko myśleniu. Nie jest również tym, co dałoby się zamknąć do końca w najgłębszym nawet doświadczeniu egzystencjalnym. Objawienie to strumień, w którym można ożyć. Stephan Mosés zauważa: „...Objawienie jest tym ruchem, przez który Bóg udziela swojego własnego bytu doświadczeniu, jakie człowiek o nim posiada". Objawienie nie „informuje". Objawienie „rodzi" i „odradza". Człowiek staje się sobą dzięki Innemu; im bardziej dzięki Innemu, tym bardziej sobą, i im bardziej sobą, tym bardziej dzięki Innemu.

Dramat Boga i człowieka

Człowiek jest istotą dramatyczną, ale prawdziwym dramatem jest dla niego dopiero dramat z Bogiem. Dramat ten ma trzy akty: Stworzenie, Objawienie, Zbawienie. Bóg stwarza świat i człowieka, aby móc się objawić, Bóg się objawia, aby móc zbawić. Trzy akty dramatu następują po sobie w ten sposób, że każdy następny ujawnia sens poprzedzającego. Stworzenie uzyskuje sens w Objawieniu, a Objawienie w Zbawieniu. Udział Boga i człowieka w takim dramacie wymaga, by Bóg i człowiek byli „osobami". Tylko „osoba" może być uczestnikiem dramatu. Uczestnik to ktoś więcej niż tylko „obserwator" lub „rekwizyt". Dramat buduje i dramat niszczy. Słowa te z pewnością odnoszą się do człowieka. Czy jednak mogą się odnieść do Boga?

Spróbujmy zarysować wizję Boga w myśli Rosenzweiga.

Najpierw powiemy dwa słowa w sprawie bóstw pogańskich. Rosenzweig powiada: „żywi bogowie". Żywi, bo nieśmiertelni, rozgrywający swe dramaty w sferze, do której nie sięga śmierć. „Są nieśmiertelni. Śmierć leży poniżej nich. Nie pokonali jej, ale ona nie odważy się do nich przystąpić. Pozwalają jej panować w jej królestwie, choć wysyłają kogoś ze swego nieśmiertelnego kręgu, aby rządził owym królestwem. Jest to więc najbardziej nieograniczone, a właściwie jedyne panowanie w ścisłym sensie, które spełniają. Wprawdzie wtrącają się do świata żywych, ale w nim nie panują. Są żywymi bogami, ale nie bogami żywych. Do tego bowiem potrzebne jest rzeczywiste wyjście z siebie, a to nie odpowiadałoby tej »beztroskiej« żywej naturze bogów Olimpu. Powstrzymaniu śmierci od swego nieśmiertelnego świata poświęcają jedynie pewną metodyczną uwagę. Poza tym bogowie żyją pośród siebie".

Oczywiście, jak już wspomniałem, tacy bogowie nie stwarzają „religii". Nie można bowiem uznać za „religię" jedynie chwilowych i przypadkowych interwencji bóstw w świat śmiertelnych. Nie budują też religii ofiary składane takim bogom. Oparciem dla ofiary jest zasada sprawiedliwości wymiennej: coś za coś. Ale zasięg ważności tej zasady okazuje się nader ograniczony. Bogowie nie są zresztą wolni od przemocy fatum. Nieskończona wolność bóstwa natrafia w losie na nieskończoną granicę wolności. Jedno wiąże drugie. Związanie to okazuje się prawdziwą naturą pogańskiego bóstwa.

Kim jest Bóg żydowski? Pisze Rosenzweig: „Pan Bóg jest dla swego narodu jednocześnie Bogiem odpłaty i Bogiem miłości. Wzywany jest jednym tchem jako »nasz Bóg« i jako »Król świata« albo – w jeszcze węższym zakresie tego samego przeciwieństwa – jako »nasz Ojciec« i »nasz Król«. Chce, by Mu służono »z bojaźnią«, i raduje się, jeśli Jego dzieci przezwyciężyły lęk przed Jego cudownymi znakami. Tam, gdzie Pismo mówi o Jego »wyniosłym majestacie«, tam wkrótce, w bezpośrednio następnym wersie mówi już o Jego »uniżeniu«. Domaga się On widzialnych znaków ofiar, modlitw składanych w Jego imię i umartwień dokonywanych przed Jego obliczem. I prawie równocześnie gardzi nimi i chce być czczony tylko przez bezimienne dzieła miłości bliźniego i sprawiedliwości, tak że nikt nie widzi, iż dokonywane są one ze względu na Niego i dzięki tajemniczemu żarowi serca. Wybrał On swój naród, lecz by ukarać go za wszystkie jego grzechy. Chce, aby zgięło się przed Nim każde kolano, a przecież mieszka w świątyni chwały Izraela. Izrael wstawia się przed Nim za grzechy narodów i zostaje dotknięty chorobami, aby one otrzymały uzdrowienie. Stoją przed Bogiem obydwaj: Izrael Jego sługa i królowie narodów, i zaciska się węzeł cierpienia i winy, miłości i sądu, grzechu i pojednania, nie do rozplątania dla ludzkich rąk".

Bóg przekracza przepaść „separacji". Staje się Stwórcą, Objawicielem, Zbawcą. Wchodzi w dramat z człowiekiem i światem.

Czy wejście to mówi coś o Jego tajemniczej naturze? Mówi, że bardziej niż „Bytem" Bóg jest „Czynem". Mówi o tajemniczym „stawaniu się Boga". Stawanie się Boga? Czy to nie wymaga czasu? Ale czy Bóg istnieje w czasie?

Myśl, że Bóg jest raczej „Czynem" niż „Bytem", wciąż powraca w dziejach myśli religijnej. Zazwyczaj jest odrzucana jako absurdalna. Jak może istnieć „czyn" bez tego, kto jest sprawcą czynu. *Agere sequitur esse* – mówili scholastycy; działanie następuje po zaistnieniu. Myśl ta traci jednak pozory absurdu, gdy uwzględnimy, że nie chodzi tu o abstrakcyjny byt, ale o osobę. Z pewnością woda musi najpierw zaistnieć, aby potem popłynąć. Ale osoba? Czy osoba najpierw jest sprawiedliwa, a potem spełnia sprawiedliwe uczynki, czy może sprawiedliwe uczynki czynią ją sprawiedliwą? Czy ktoś najpierw jest złodziejem, a potem kradnie, czy najpierw kradnie i dopiero to czyni go złodziejem? W przypadku Boga nie chodzi jednak o taki czy inny przymiot, lecz o coś więcej. Chodzi o samo Dobro. Dobro jest transcendentne. Ono jest i zarazem nie jest. Jest „poza bytem i niebytem". Dobro staje się w czynie i dzięki czynowi. Czyniąc dobro, osoba sama staje się dobra. Kto więc mówi, że Bóg jest Czynem, chce zapewne dać do zrozumienia, że w Nim nie „byt" i jego „interesy", lecz Dobro poprzedza wszystko inne.

Inny problem to problem czasu. Bóg jest wieczny. Oznacza to, że nie dotyka Go następstwo czasów, ale i to, że nie istnieje ponad czasem. Wieczność to mimo wszystko kategoria czasowa. Czytamy u Rosenzweiga: „Czas i godzina – tylko przed Bogiem są one bezsilne. Gdyż tylko dla Niego Zbawienie jest rzeczywiście tak stare jak Stworzenie i Objawienie. A zatem w mierze, w jakiej jest On nie tylko Zbawcą, lecz także zbawianym, a więc Zbawienie jest dla Niego samozbawieniem, każde wyobrażenie czasowego stawania się, które niesłusznie przypisuje Mu zuchwała mistyka i napuszona niewiara, odbija się od Jego wieczności. Nie On sam potrzebuje czasu dla siebie, lecz jako Zbawca świata i człowieka, i nie dlatego, że On go potrzebuje, lecz dlatego, że potrzebuje go człowiek i świat. Dla Boga bowiem przyszłość nie jest antycypacją. On jest wieczny i jedynym, co wieczne, wiecznym w najwyższym stopniu. »Ja jestem« jest w Jego ustach jak »Ja będę« i dopiero w tym »Ja będę« znajduje swoje wyjaśnienie".

Otwiera się jeszcze jeden problem: wzajemność Boga i człowieka. Ten, kto zbawia innego, zbawia siebie. Ten, kto się objawia innemu, objawia się również sobie. Ten, kto stwarza innego, stwarza również siebie. Czyżby Bóg potrzebował człowieka, aby stać się naprawdę Bogiem? Czy nie ma bóstwa bez udziału w człowieczeństwie? Czy nie ma człowieczeństwa bez udziału w bóstwie? Czy taki jest sens zasady dialogicznej przeniesionej na stosunki człowieka z niebem? Czy tym sposobem Bóg nie popada w zależność od człowieka?

Pytania te nie znajdują ostatecznej odpowiedzi. Krążą wokół nich spekulacje filozofów i teologów, kłębią się wizje mistyków. Odpowiedź byłaby chyba możliwa pod jednym warunkiem: gdybyśmy wiedzieli, czym jest miłość. Jak się to dzieje, że dwie istoty, które mogą istnieć całkowicie samodzielnie, mimo to bez siebie obejść się nie mogą? Tego jednak nie wiemy. To, co najbliższe, okazuje się tym, co najdalsze.

Wiara jako uobecnianie

Bóg jest Stwórcą świata. Oznacza to, że był u jego początków i będzie u jego końca. Nie jest jednak twórcą historii. Twórcą historii jest człowiek – istota doskonale odseparowana od Boga. Człowiek zaczął tworzyć historię, gdy znalazł się poza bramami

Raju. Ale Bóg może także wejść w historię człowieka. Pod jednym warunkiem: że zostanie przez człowieka zaproszony. Bóg będzie „między ludźmi" o tyle, o ile ludzie zechcą mieć Boga między sobą. Pisze Rosenzweig: „Wiara duszy wyznaje w swej wierności miłość Boga i nadaje jej trwały byt. Jeśli mnie wyznacie, to będę Bogiem, i nie inaczej – tak mistrzowie Kabały pozwalają mówić Bogu miłości".

Czy tylko mistrzowie Kabały? Czy przekonanie to nie leży także u podstaw chrześcijańskiej wiary w Eucharystię?

Upadek Ikara

„Któż nie zna historii Ikara? Aby wyjść z labiryntu, unosi się w powietrze zaopatrzony w jedną parę skrzydeł. Ale wbrew radom zbliża się zanadto do słońca. Wosk jego skrzydeł topi się, upada i tonie w morzu. Wyobraźmy sobie jednak, że młody Ikar wychodzi cało z przygody: spada z powrotem do labiryntu, straszliwie potłuczony, ale żywy. Wyobraźmy sobie w dalszym ciągu, co po takiej przygodzie dzieje się w jego duszy. Ikar musi zacząć żyć normalnie po tym, jak kiedyś uwierzył, że jest w stanie dosięgnąć słońca – dobra absolutnego. Jak się pozbiera po takim zawodzie?

Dziś znajdujemy się w podobnej sytuacji. W ciągu dwóch stuleci wierzyliśmy, że – aby wyrwać się z labiryntu nędzy – potrafimy radykalnie zmienić człowieka i społeczeństwo, czy to dzięki filozofii Postępu, która od czasu Condorceta obiecywała usunąć wojny, choroby, nędzę, czy to dzięki ideologiom, obiecującym promienną przyszłość. Teraz dociera do nas brutalna prawda – przez ludzkie nieszczęścia na Wschodzie, a u nas poprzez powrót ubóstwa, analfabetyzmu, wojny, epidemii – że nadzieje te były próżne. Z powrotem spadamy na ziemię, gdzie trzeba nam powtórnie przyswoić sobie naszą ludzką kondycję. Lecz po drodze zgubiliśmy klucz rozumienia. I oto widzimy świat nędzy – już go nie rozpoznajemy, nie znajdujemy w nim sensu. Zachodni człowiek końca tego wieku jest wnukiem Ikara. Pyta, na jaki świat spadł".

Tak zaczyna się niezwykle interesująca książka o kondycji człowieka zachodniego: *Współczesna troska*, napisana przez Chantal Millon-Delsol[1]. Autorka jest profesorem filozofii politycznej Uniwersytetu Marne-la-Valle, autorką wielu prac poświęconych zagadnieniom społecznym[2]. Nie wiem, jakie przyjęcie miała *Współczesna troska* w ojczyźnie autorki. Dla mnie stała się jedną z najważniejszych propozycji ostatnich lat. Brałem ją do ręki po to, aby z jednej strony dać się wyprowadzić z naszego postkomunistycznego zaścianka, a z drugiej – pozwolić wprowadzić się w krąg problemów, przed którymi stoją intelektualiści tzw. „normalnego świata". O tym, jakie problemy dźwiga na karku człowiek, który wychodzi ze świata sowietyzmu, wszyscy z grubsza wiemy. Ale co przeżywa człowiek, który żyje w centrum nowoczesności – człowiek, ku któremu zbliżamy się, wchodząc do jednoczącej się Europy – tego nie wiemy. Od pierwszych zdań tej książki rysuje się jednak podobieństwo: i my, i oni znów znaleźliśmy się w labiryncie, z którego mieliśmy się wyrwać.

Myślę, że praca Chantal Delsol powinna ukazać się w polskim przekładzie. Jednak zanim się to stanie, chciałbym przedstawić garść refleksji na jej temat.

Autorka myśli „z głębi metafory". Ikar upada tam, skąd uciekł. Dopada go fizyczna i duchowa nędza, o której sądził, że już nie istnieje. Wbrew Heraklitowi wszedł po raz drugi do tej samej rzeki. Rzeka się nie zmieniła, ale on się zmienił. Miał nadzieję, że nie zazna już dawnej biedy. Ale bieda jest. Spotkał go „zawód", „porażka". Ikar jest „porażony" i „zrażony". Mówimy czasem, że ktoś „zraził się" do kogoś – mężczyzna do kobiet, kobieta do mężczyzn.

---

[1] *Le Souci contemporain*, Edition Complex, Bruxelles 1996.
[2] Jedna z nich ukazała się w Polsce. Zob.: Chantal Millon-Delsol, *Zasada pomocniczości*, Wydawnictwo Znak, Kraków 1995.

Jak Ikar, tak i wnuk Ikara, człowiek współczesny, jest istotą „porażoną" i „zrażoną". Jego świadomość kręci się wokół samej siebie. Metafora „upadku" nie jest obca współczesnej filozofii. Posłużył się nią Heidegger i uczynił jednym z najważniejszych kluczy do zrozumienia „struktury" *Dasein*. Ale u Heideggera upadek jest raczej „upadaniem" – ciągłym lotem w dół bez dna. Dół bez dna znaczy, że czeka na nas nicość. U Chantal Delsol upadek jest dosłowny. Dno istnieje i jest dane. To nie nicość „otacza" upadłego, otacza go jakiś „nadmiar" – nadmiar nędzy, której być nie powinno, a jest. Czytamy: „Człowiek epoki ideologii był pijany przestrzenią, gotowy na wszystko. Człowiek współczesny żyje w przestrzeni obmurowanej. Pierwszy jest aktorem, który czeka na Godota na scenie pustego teatru: nic nie jest konieczne ani określone, wszystko jest możliwe. Drugi spadł z powrotem pomiędzy prawdziwe gruzy Sarajewa, pyta, dlaczego tu jest wojna i co zrobić z oczywistością, w której duch grzęźnie".

Pod koniec książki, jako wynik żmudnych opisów upadku, ujawni się jeszcze jedna różnica w stosunku do Heideggera. Upadły Ikar odkryje, że w tym, na co – jak mu się wydawało – został skazany, kryje się coś, co mu zostało „powierzone". Nawet ten ból, który odczuwa, nie jest – ot tak, po prostu – bólem, lecz „bólem powierzonym". A on sam jest nie tylko ofiarą, ale i powiernikiem ofiar. To zmienia jego duszę. Co zrobi na tej ziemi jego zmieniona dusza? Tego oczywiście nikt do końca nie może przewidzieć.

Powracająca nędza

Ideologia postępu zaszczepiła zachodniemu człowiekowi przekonanie, że jest możliwe przezwyciężenie podstawowych struktur egzystencjalnych, *w* jakie zamknęła go tradycja. Zmieniając formy współżycia społecznego, człowiek może zmienić siebie. Dotychczas człowiek europejski organizował swój los wokół czterech głównych osi: ekonomii, polityki, moralności i religii. Jako człowiek ekonomii szukał sposobów zaspokojenia ludzkich potrzeb za pomocą środków, których zawsze było za mało; żył rozdarty między świadomością ogromnych potrzeb i niedostatkiem dóbr, które mogłyby je zaspokoić. Jako człowiek polityki działał rozdarty między autorytetem władzy a pragnieniem wolności. Jako człowiek moralności starał się rozwiązywać sprzeczności między rozmaitymi odmianami dobra i zła. Jako człowiek religii przeżywał ból rozdarcia między skończonością a nieskończonością. Dawny europejski człowiek wyssał z piersi matki wiarę, że jego labirynt jest wieczny. Wprawdzie mówił o wolności, ale była to wolność z góry skazana na ograniczenie – na wybór między mniejszym a większym niedostatkiem, mniejszą lub większą wolnością, mniejszym lub większym złem, na wybór między rozmaitymi skończonościami. Taka jest „kondycja" człowieka. Tego przekroczyć się nie da.

Ideologia postępu podważyła to myślenie. Nie w tym jednak sensie, iż pokazała, jak osiągnąć dostatek, wyzwolić zniewolonych, j urzeczywistnić dobro lub sięgnąć w nieskończoność, ale w tym sensie, że uwolniła człowieka od wiary, iż jego życie musi się obracać wokół tych czterech (i tylko czterech) osi. Nie chodziło o to, jak się zachować w labiryncie, ale jak unieważnić labirynt. Przemiana miała charakter egzystencjalny. Labirynt jeszcze trwał, ale Ikar miał inne marzenia. „Człowiek niegdysiejszy znajdował sens swej egzystencji w samym wnętrzu antynomii. Szukał dobra na przekór odwiecznej niedoskonałości i beznadziejnych, powtarzających się periodycznie upadków w barbarzyństwo. Szukał Boga pośrodku zwątpień. Rysował możliwą wolność w łonie konfliktu politycznego, a w tej nie rozstrzygniętej nigdy walce nabierał sensu jego status obywatela. Człowiek nowożytny, rozwijając – że tak powiem – swe pełne tupetu roszczenia, odnalazł sens swej egzystencji w nadziei unicestwienia na zawsze antynomii, pośród których snuli swe dyskursy jego przodkowie".

W jaki sposób dokonało się unieważnienie labiryntu? Argument brzmiał: to, co zaczęło się w czasie, może też zniknąć wraz z czasem. Egzystencjalne struktury, które były jednocześnie „figurami sensu" ludzkiego losu, mają charakter „historyczny". Oznacza to, że są zależne od okoliczności, relatywne. Zmienią się, kiedy odmienią się okoliczności. Aby przezwyciężyć antynomię potrzeby i niedostatku, należy zadbać o jednakowy dostatek dla wszystkich, do czego dążyli uczniowie Marksa; inni z kolei proponowali dostosowanie potrzeb do możliwości ich zaspokojenia. Aby przezwyciężyć antynomię władzy i wolności, należy doprowadzić do utożsamienia rządzących i rządzonych, co dokonuje się poprzez umowę społeczną. „Demokracja bezpośrednia Rousseau nie zmierza do niczego innego jak do unicestwienia instancji rządzenia, jeśli bowiem wszyscy rządzą, w rzeczywistości nie rządzi nikt". Aby doprowadzić do przezwyciężenia antynomii dobra i zła, trzeba dokonać relatywizacji jednego i drugiego; różnica dobra i zła zaczęła się w czasie i zależy od struktur społecznych. Dziś sam podmiot ma rozstrzygać o tym, co jest dobre, a co złe: „...dobro utożsamia się już z góry z tym, co wybrał podmiot". Antynomia religijna zniknęła przez „śmierć" Boga i nadzieję pojawienia się ludzi jako „bogów". „Religia żyje z antynomii między skończością a nieskończonością. Ale to właśnie nieskończoność była tym, co obiecywali prorocy nowożytności".

Po tej próbie wzlotu nastąpił upadek w pospolitość. Polega on na powrocie do tego samego. Nędza okazała się mocniejsza, wieczna. Unieważnione „figury egzystencji" powróciły razem ze swoimi bólami. Ale nie powróciły zwyczajnie, tak jak wraca zwycięzca, ale z szyderstwem na ustach. Oficjalnie bowiem społeczeństwa nadal żyją przekonaniem, że są na drodze ku słońcu. Tylko nieoficjalnie, jakby z podziemia, jawi się im przed oczyma ta sama nędza tego samego labiryntu. Są obrazy, do których ludzie lgną i przylepiają się jak muchy do miodu. I są obrazy, na które wolą nie patrzeć. Nasi współcześni, przyklejeni do utopii, przymykają oczy na to, co powraca.

Chantal Delsol nazywa to „czarnym rynkiem" idei. Na „czarnym rynku" idei panują: podstęp, krzywda, przemoc. Nie nastąpiło zapowiadane „zniesienie" ekonomii, nastąpił za to powrót nierównowagi między potrzebami a dostatkiem, czyli wybuch nowych ognisk nędzy. W sferze politycznej pojawili nowi demagodzy i fanatycy. Próba „unieważnienia" różnicy między dobrem a złem doprowadziła do zastąpienia dobra pojęciem „wartości", czyli „dobrem subiektywnym", wyprowadzanym każdorazowo z jednostkowego osądu lub zwykłego kaprysu. Za plecami pewności o „śmierci Boga" rozkwitają sekty, które są surogatem religii. „Ekonomia czarnego rynku rodzi bezlitosną walkę bogactwa przeciwko ubóstwu. Podziemna polityka rodzi nagą przemoc konfliktów władzy. Podziemna moralność pielęgnuje piękne sentymenty i jednocześnie daje dowody arbitralnej nietolerancji. Okultystyczne religie są fanatyczne i manipulują jednostkami jak prostymi maszynami, zaprogramowanymi do posłuszeństwa". Ale na powierzchni życia społecznego wciąż mówi się o rozwoju, postępie, świetlanej przyszłości. Na ból odpowiada się iluzją.

Chantal Delsol nie jest pierwszą, która mówi o rozdarciu europejskiej świadomości. O rozdartym świecie pisał kiedyś Hegel, dowodząc jednak, że z rozdarcia rodzą się kolejne etapy pojednania ducha z samym sobą. Także Marks widział rozdarcie: z jednej strony świat burżuazji ze swoją zakłamaną moralnością, z drugiej – wyzyskiwany proletariat, który „nie ma nic do stracenia prócz własnych kajdan". Można jeszcze wymienić Nietzschego z jego teorią „resentymentu", czyli sposobu poniżania zwycięzców przez zwyciężonych. Wszyscy oni patrzyli jednak na „rozdarcie" z góry, stojąc na twardym gruncie pojednania, które zaplanowali. Ale przez to właśnie stali się współtwórcami iluzji: kazali nam wierzyć, że jest coś, czego naprawdę nie ma. Delsol nie idzie tamtymi tropami. Nie zna syntezy. Unika pospiesznych uogólnień. Patrzy na porażonego Ikara. Ikar się z r a z i ł, jak mężczyzna porzucony przez ukochaną, jak kobieta porzucona przez ukochanego. Czy ten, kto już raz „się zraził", odkryje, że w samym tym „zrażeniu" tkwi zadatek odrodzenia?

Dobro bez prawdy

Czego lęka się potomek Ikara, który znów znalazł się w labiryncie? To może brzmieć niepokojąco, ale tak właśnie jest: lęka się prawdy. Dlaczego? Czy nie wierzy, że prawda go wyzwoli? Nie w tym rzecz. Istota sprawy polega na tym, że ci, którzy go zniewalali, zawsze robili to w imię jakiejś „prawdy". Dziś potomek Ikara drży. Gdy słyszy, że ktoś znów mówi: „prawda", węszy niewolę. Czy to nie tragiczne: dzisiaj uwierzyć, że się „idzie za prawdą", a jutro na mocy tej wiary stać się więźniem lub co gorsza strażnikiem na Kołymie? Czy trzeba się dziwić, że wczorajsza „ofiara prawdy" dmucha na zimne? Ale czy to ją ratuje od nowego zniewolenia?

„Jednym ze szczególnych rysów charakterystycznych dla naszych czasów jest strach przed prawdą. Stawiamy na dobro, ale nie ufamy prawdzie. Etyka trwa mimo odsunięcia religii, systemów świata, ideologii, które są strukturami prawdy. Człowiek współczesny nie wie, czy świat jest nieskończony, czy istnieje życie po śmierci lub czy społeczeństwo ludzkie może lub nie może mieć nadziei na ziemską doskonałość. Pod tym względem ogromnie różni się on od swych przodków, którzy chełpili się pewnymi, choć różnymi odpowiedziami na wszystkie te pytania. On się o to nie troszczy. W końcu nawet go to nie interesuje. Interesuje go, jak uwolnić ziemię od jej potworów, a w najlepszym przypadku to, by samemu nie stać się potworem. Innymi słowy, on nie boi się fałszu, lecz boi się zła".

Swoista „bezsilność prawdy" ukazuje się również od innej strony. Upadek systemów totalitarnych wcale nie był następstwem odkrycia ich fałszu, ale ich zbrodni. „Nie widzieliśmy uczniów nazizmu, którzy by wyznali, że opierali swe rozumowania na przewrotnych prawdach; nie widzieliśmy marksistowskich intelektualistów, którzy by zwątpili w niewinność proletariatu; nie widzieliśmy nikogo, by stawał się sędzią utopii. Wstrząs nie miał charakteru intelektualnego ani racjonalnego, lecz wyłącznie moralny. Przyglądając się następstwom własnej wizji świata urzeczywistnionej w niektórych społeczeństwach, sami gorliwcy wskazali na zło. Nie na błąd, ale na zło. Dziś dawni gorliwcy, gdy widzą, jak krok po kroku odsłaniają się ukryte dotąd konsekwencje tego, czego kiedyś tak bardzo bronili, czują, że serce podchodzi im do gardła. Ale to nie rozum się w nich buntuje, buntuje się uczucie".

Tak więc przegrana totalitaryzmu okazuje się wielką wygraną emocji nad rozumem. Dramat rozumu na tym polegał, że albo ulegał on złudzeniu, iż nie ma przemocy, albo że przemoc jest konieczna. Tylko moralne emocje były suwerenne, wolne. Czyżby raz jeszcze to, co racjonalne, musiało przegrać z tym, co irracjonalne? Czyżby autorka opowiadała się za irracjonalizmem? Nie. Chodzi tylko o to, że także rozum został spętany ideologią i przeczył sobie samemu, gdy emocje ujawniły, że to właśnie one są „mądrzejsze od mądrości i rozumniejsze od rozumu".

Człowiek współczesny otarł się bezpośrednio o „zło absolutne". Zło absolutne to niekoniecznie to zło, które zadaje człowiekowi największy ból. Jest to zło, które tak kusi i wciąga, że zrywa wszelkie życiodajne związki człowieka z tradycją, z bliskim człowiekiem, z Bogiem. Zło absolutne uświadamia człowiekowi, że nie ma niczego takiego, czego by nie był w stanie zniszczyć. Może zdradzić ojczyznę, zabić brata i ukrzyżować Boga. To przeraża, ale i fascynuje. Zło absolutne wprzęga w swe zamierzenia rozum, który mówi, że „nie ma innego wyjścia". Tak oto znów jesteś w labiryncie. Zarazem jednak na zasadzie jakiejś niepojętej do końca logiki widok absolutnego zła każe człowiekowi odwracać serce ku dobru. Człowiek – istota przekorna – czuje niejasno, że jest w stanie „zło dobrem zwyciężyć". Ale skąd to wie? Tego właśnie nie wie.

Sytuacja upadłego Ikara rodzi nowy rodzaj moralności. Jaki? Ikar zwątpił w rozum i jego prawdę, nie ma już nadziei na osiągnięcie największego dobra, pozostało mu tylko odczuwanie wartości, które są jednak subiektywne i nie stanowią trwałego pomostu do „świata obiektywnego". Pośród tych wartości wartością podstawową, wokół której wszystko się obraca, jest on sam – ten, kto nie może „się spełnić". Wszystkie osi, wokół których kręci się życie, stały się nieważne, ważna jest jedynie oś samego siebie.

Autorka mówi: „moralność uprzejmości" (*la morale de la complaisance*). Potomkowie Ikara, gdy odkryli, że znów są w labiryncie, uznali, że sama uprzejmość, jaką nawzajem siebie darzą, już jest moralnością. Czy trzeba czegoś więcej? A nawet jeśli trzeba, to czy coś więcej jest możliwe? Pojęcie uprzejmości nabiera treści w miarę opisu. Ale wówczas wobec takiej postawy rośnie też krytycyzm autorki. „Uprzejmość wskazuje na dyspozycję, by zawsze szukać tego, co się podoba. Wyniesiona do poziomu zasady, zakłada bezustanne utożsamianie dobra z tym, co się podoba. Uprzejmość jest łatwością przystosowania, uznania dla tego, co wypada. Życzliwość dla wszystkiego, co przychodzi. Wskazuje na pobłażliwość daną z góry lub otrzymywaną bez trudu, przed wszelkim osądem. Ona akceptuje z góry. Zapomina o sobie. Może stać się usłużnością". „Etyka uprzejmości jest otwarciem na wszelkie możliwości, które *a priori* usprawiedliwia. Nie zamyka żadnych drzwi. Wskazuje to na najwyższą cnotę naszych czasów – na »zdolność otwarcia«".

Za chwilę zacznie się krytyka tej moralności. Zanim jednak przytoczę jej zrąb, chciałbym wygłosić jej pochwałę. Pamiętamy Nietzschego. Jak zachował się słaby człowiek po doznanej klęsce? Odpowiedział resentymentem. Skulił się w sobie, zamknął, by po jakimś czasie urzeczywistnić swój odwet jako poniżenie zwycięzcy: tylko przegrani są godni szacunku, natomiast ci, co wygrali, są źli i godni pogardy. Pamiętamy Norwida. Jak zachowało się pokolenie, które przeszło przez klęskę Wiosny Ludów? Szukało pociechy w zarozumiałości, hardość podawało za odwagę, wybierało filozofię cynizmu, a „wyobraźnia schorowana religii postać wzięła na się". Tutaj, pod piórem Chantal Delsol, wszystko wygląda skromniej. Jeśli nie możemy przezwyciężyć śmierci, jeśli nie możemy uwolnić siebie od chorób, jeśli nie jesteśmy w stanie zapobiegać najbardziej bezsensownym wojnom, czystkom etnicznym i terroryzmowi – bądźmy przynajmniej dla siebie uprzejmi. Uprzejmość to troska o drobne, codzienne i bliskie wartości. Może to nie wszystko, ale na początek dobre i to. Napisano, że garnuszek wody podany spragnionemu nie pozostanie bez nagrody. Dodam nawet więcej: uprzejmość to sposób bycia charakteryzujący wolne społeczeństwa. Totalitaryzm niszczył uprzejmość. Jego żywiołem była pogarda. Totalitaryzm zamykał ludzi w sobie, natomiast wolność sprawia, że stają się oni dla siebie otwarci. Potomkowie Ikara, na ile są dla siebie uprzejmi, na tyle są też wolni.

Wiadomo jednak, że moralność uprzejmości nie wystarcza. Jest powierzchowna, krótkowzroczna. Kończy się, gdy natrafi na nieuprzejmość, na „złe wychowanie", na zwykłą bezczelność. Z pewnością to nie ona była moralnością Matki Teresy, co jednak nie znaczy, że Matka Teresa była nieuprzejma. Sentymentalizm uprzejmości powoduje, że wcale nie jest wolna od pokus fanatyzmu. Natomiast dystans, na jaki trzyma rozum, sprawia, że często jej osądy stają się po prostu wewnętrznie sprzeczne. Dostrzegamy to wokół siebie gołym okiem: „...człowiek współczesny (...) powinien utożsamiać Kościół z jego inkwizycją, ale nigdy realny socjalizm z jego gułagami; powinien być z góry podejrzliwym w stosunku do zysku i władzy pieniądza; powinien być nieufny w stosunku do cnoty, pod którą kryją się pełne hipokryzji wady, jeszcze bardziej niebezpieczne niż błędy błądzących; powinien nienawidzić kolonizatorów, chyba że są dawnymi ofiarami". A z drugiej strony: „powinien usprawiedliwiać wszelkie zachowania i wszelkie sposoby bycia; powinien żądać wszędzie równości i powinien walczyć o coraz większą wolność dla coraz młodszych jednostek".

Świat współczesny jest przesycony sprzecznościami, w które zapędza ludzi ich własna uprzejmość. Jak być uprzejmym wobec zbrodniarza, wobec terrorysty? „Pan pozwoli pierwszy, proszę bardzo" – mówi uprzejmość, przepuszczając bliźniego przez bramę komory śmierci.

Ubóstwienie prawa

Nie jestem, oczywiście, w stanie pokazać tutaj wszystkich nurtów, którymi płynie „współczesna troska" opisana przez Chantal Delsol. Jest ich wiele. Książka nie przedstawia systemu gotowych rozwiązań, jest raczej inspiracją do przemyśleń. Jej sugestie są owocem wrażliwości na bóle potomków Ikara, którzy po upadku stanęli wobec starych problemów. Bieg myśli określają bliżej tytuły rozdziałów: *„Kondycja" pozbawiona sensu, Objawienie diabła, Pilna potrzeba antropologii, Zapanować inaczej nad światem*. Autorka podejmuje zagadnienie demokracji (*Czy można wyjść poza demokrację?*), zagadnienie lęku polityków przed podjęciem decyzji i spychania jej na anonimowych „ekspertów", kryzysu religii (*Bóg na wygnaniu*), powrotu świata rządzonego przez przypadek, potrzeby czuwania itp. Całość jest ogarnięta t r o s k ą – myśleniem, które płynie z troski. W myśleniu tym nie ma ani śladu histerii. Nawet jeśli tu i ówdzie pojawi się jakaś przesada, to tylko po to, by służyć rozumieniu.

Z bogactwa spraw poruszanych w tej książce chciałbym na koniec wybrać jeszcze jedną. Chodzi mi o „ubóstwienie prawa", które – jak się okazuje – towarzyszy rozwojowi demokracji.

Tam, gdzie obumarło doświadczenie „obiektywnego dobra", a jego miejsce zajęły subiektywistycznie i relatywistycznie pojęte „wartości", gdzie moralność zamknęła się w obszarze bezpośredniej „uprzejmości", a „uprzejmość" ta napotyka raz po raz na zadania, które ją przerastają, tam stanowione prawo zaczyna nabierać „boskiego" znaczenia. Kiedyś próbowano wywieść całe prawo pozytywne z prawa Boskiego. Dziś odwrotnie, oczekuje się, że boskość wyłoni się z wnętrza prawa stanowionego i zamieni je w nowożytny dekalog.

Na czym polega i jak przebiega fenomen „ubóstwienia"?

Autorka proponuje przyjrzeć się bliżej pojęciu ludzkiej godności. Kiedyś godność nazywała się „honorem" i miała charakter indywidualny; często, aby ją osiągnąć, trzeba było dokonać nadludzkiego wysiłku. Dziś godność określa się przez uprawnienia, które posiada lub o które walczy człowiek. „Człowiek niegdysiejszy konkretyzował swą godność poprzez etykę; człowiek współczesny przez zdobywanie praw. Pierwszy zdobywał honor poprzez wysiłek utożsamienia samego siebie z zewnętrznym wzorcem; drugi domaga się szacunku poprzez rewindykacje uprawnień". Godność człowieka współczesnego staje się dotykalna w walce o takie uprawnienia jak emerytura, darmowe nauczanie, minimalna płaca. Możemy dodać: kiedyś podstawą godności człowieka była łaskawość Boga, dziś racją jest „łaskawość" prawa, przyznającego „uprawnienia". Ale stąd bierze się też głęboka różnica. Kiedyś godność człowieka była niezależna od ziemskich okoliczności, ludzka pogarda nie przekreślała tego, co było zakorzenione w Bogu, dziś niepewny i zdesperowany człowiek musi się wciąż dobijać o swą godność.

Innym przejawem „ubóstwienia" jest mnożenie uprawnień. „Wszystko, czego człowiek współczesny potrzebuje lub na co ma ochotę, wszystko, co wydaje mu się godne pragnień lub życzeń, staje się bez refleksji przedmiotem prawa, którego się domaga. Ktoś przywołuje prawa człowieka, gdy nie chce okazać dowodu osobistego, gdy oburza się na wiadomość o wydaleniu z kraju przestępcy obcokrajowca, gdy chce zmusić państwo do zajęcia się pracą pokątną, usprawiedliwić zajęcie własności prywatnej przez bezdomnych, wznowić poszukiwania terrorystów. Nie tylko pragnienia i kaprysy domagają się praw, lecz również ekspresje instynktownej uczuciowości lub powierzchownego wzburzenia". Do tego dołącza się dążenie do „unieśmiertelnienia" prawa. Polega ono na tym, że prawo raz uzyskane, nie może już być odebrane. Jak godność, którą przyznaje Bóg.

Ubóstwienie staje się jeszcze wyraźniejsze, gdy przyjrzymy się bliżej szczególnemu procesowi przejścia od tego co nie-zakazane do tego, co legitymizowane. Powstało przekonanie, że wszystko to, co nie jest wyraźnie przez prawo zakazane, jest tym samym usprawiedliwione. Tolerancja stała się równoznaczna z zachętą. „Tymczasem można zezwolić, w imię wolności indywidualnej, na jakieś zachowanie, ale – z racji zgubnych i obiektywnie sprawdzalnych konsekwencji – bez jednoczesnego usprawiedliwienia go lub ułatwienia: czy to przez rozporządzenia fiskalne, czy przez jakąś pomoc pozytywną. Nasi współcześni sądzą jednak, że wszelkie zachowania tolerowane powinny być tym samym legitymizowane, a nawet wspierane przez pomoc ze środków publicznych. (...) Taki typ patrzenia jest następstwem zamazania obrazu «dobra» obiektywnego, czyli generalnego odrzucenia możliwości hierarchizowania czynów, a także związanego z tym prześlizgnięcia się od tolerancji istotowej, opartej na równej godności osób, do tolerancji proceduralnej, relatywistycznej, opartej na równej wartości wszelkich sposobów życia. Możemy w imię ideału tolerancji oburzać się, widząc, że niektórzy traktują homoseksualistów, jakby byli pariasami, i jednocześnie sądzić, że społeczeństwo, które legitymizuje te zachowania na równi z innymi, niszczy własną przyszłość, i w konsekwencji odrzucać legalizację małżeństwa gejów i nie akceptować ich pragnienia posiadania dziecka. Ale wielu współczesnych oburza się na ten typ propozycji, ponieważ opiera tolerancję na równej wartości każdego zachowania. a nie na szacunku dla jednostki niezależnie od jej zachowań. (...) Można tolerować eutanazję pasywną, ale gdy ta stanie się uprawnieniem, u naszych drzwi staną niewyobrażalne nadużycia".

    Po kryzysie religii i kryzysie moralności prawo stało się po części religią i po części moralnością. Dąży się do tego, by jego przepisy pokryły cały obszar ludzkich zachowań. Z drugiej jednak strony prawo to „wisi w próżni". Cóż bowiem jest jego celem głównym? Celem tym jest ochrona godności człowieka. Ale kim jest człowiek? Tego nie wie. „Kto nie wie, kim jest człowiek, nie może obiecywać człowiekowi niczego oprócz pustych mamideł".

Zmaganie się z upadkiem

Co to znaczy znaleźć się ponownie w labiryncie, z którego się uciekło? Co to znaczy „być porażonym" świadomością, że naprawdę nic się nie zmieniło i nie zmieni? Człowiek, który latał, musi się nauczyć chodzić; człowiek, który się wspinał, musi nawyknąć do płaskości; człowiek, który poczuł pod skrzydłami wolność, musi pogodzić się z granicami. Jego duszę rozdziera świadomość nieprzezwyciężalnego przeciwieństwa między dobrem a złem. Im więcej cierpi z powodu zła, tym bardziej tęskni za dobrem; im wyraźniej ukazuje mu się dobro, tym bardziej cierpi z powodu zła. Może więc lepiej byłoby nie patrzeć i nie widzieć?

Staliśmy się ostrożni i nie stawiamy prostych diagnoz. Nie mówimy już, że będzie całkiem dobrze, jeśli pozbędziemy się prywatnej własności, przepędzimy tyranów, zniesiemy niewolnictwo, poprawimy formę życia społecznego, prześwietlimy na wylot świadomość człowieka, by go ostrzec przed samym sobą. Nie twierdzimy też, że ateiści odkryją Boga, gdy usłyszą grę na organach. Choć z drugiej strony wiemy, że wszystkie te przedsięwzięcia nie były i nie są całkiem bez sensu. Coś się w końcu zmieniło. Przedłużone zostało życie człowieka, w wielu krajach zniknęło widmo głodu, mimo rozmaitych teoretycznych i praktycznych kłopotów zasada poszanowania praw człowieka przynosi dobre owoce. To jednak nie przekreśla naszej troski. Kto choć raz zerknął w słońce, dla tego nawet półmrok już staje się ciemnością. Stąd biorą się nasze poszukiwania klucza – takiego klucza, który by otworzył przed nami kryjówkę demonów.

Pytanie o zło wciąż wraca. Stawia je także Chantal Delsol. Nawet więcej: ma ona odwagę mówić o „złu absolutnym". W tym punkcie jest szczególnie blisko tych, którzy wciąż żyją w cieniu Oświęcimia, Kołymy i Sarajewa. Wydaje mi się, że myśl europejska, związana tradycją Oświecenia, zbyt szybko i łatwo prześlizgnęła się obok problemu zła. Zło stało się dla niej wyrazem szwankującego rozumu. Tak było nie tylko w przypadku dawnej tyranii, ale również całkiem świeżego nazizmu i komunizmu. Dlaczego naziści i komuniści byli tak okrutni? Bo byli głupi – tak twierdzi Oświecenie. I z pewnością w jakiejś mierze ma rację. Chantal Delsol wyczuwa jednak, że taka odpowiedź już nie wystarcza. Rozum Oświecenia dotarł do własnej granicy. On już w sprawie zła niczego cennego nie powie. Trzeba więc porozglądać się za innym rozumem. Urok omawianej książki polega – przynajmniej dla mnie – na tym, że na każdej stronie, w każdym akapicie, często w każdej pojedynczej refleksji wyczuwamy mrówczą pracę rozumu, który na powrót szuka siebie.

Autorka mówi: „obiektywne dobro". Najczęściej przeciwstawia „dobro" całemu światu „wartości", które są subiektywne i względne. Choć z drugiej strony uważa, że z subiektywnego przeżywania wartości wyrasta całkiem „obiektywne" poszanowanie praw człowieka. Nie wiem, czy mam rację, ale ilekroć autorka mówi o „wartościach", jest lekko poirytowana. Rozumiem to doskonale. Ile pustej retoryki kryje się we francuskiej filozofii wartości! Jakie w końcu owoce filozofia ta przyniosła w samej Francji? Czy zdołała zapobiec kolaboracji władz Vichy z nazizmem? Czy otwarła oczy intelektualistów na zbrodnie komunizmu? Czy była czymś więcej niż przedłużeniem „edukacji sentymentalnej"? A jednak, jak się okazuje, nie wszystko zostało stracone. „Obiektywne dobro" stało się nam bliższe. Czy bliższe poprzez uczucie, czy poprzez nową odmianę rozumu, o tym przyjdzie nam jeszcze dysputować.

Tak więc potomkowie Ikara wciąż stoją przed jakąś szansą. Nie muszą patrzeć w niebo, by widzieć, co jest dobre. Niech raczej popatrzą na twarze bliźnich, którzy obok nich i z nimi kręcą się w labiryncie. Nie należy porzucać bliźniego w jego nieszczęściu, nawet wtedy, gdy wzywa ku sobie „dobro jako takie". Należy szukać obok siebie dobra konkretnego, zagrożonego konkretnym złem. Wszystko bowiem wskazuje na to, że dobro nie jest najpierw ani we mnie, ani w tobie, lecz między nami i dopiero potem, jeśli zostanie wybrane i przyswojone, może pojawić się w nas i przez nas.

Aby jednak to się stało, potrzeba jednego: c z u w a n i a. Czuwanie jest drugą stroną świadomości powierzenia. Miejsce, na które jesteśmy s k a z a n i, w gruncie rzeczy zostało nam p o w i e r z o n e. Przed potomkami Ikara otwierają się nowe „dzieje duszy": przejść od świadomości skazania do świadomości powierzenia. A potem czuwać: tak to bowiem jest, że zawsze czuwamy tylko przy tym, co nam zostało powierzone.

„Nie możemy już tylko czekać jak ideolog. Ponieważ w tym znaczeniu nie ma na co czekać: z naszych racjonalnych projektów nie wytryśnie żadna promienna przyszłość. Właśnie dlatego, że coś takiego realizujemy, dopada nas zniechęcenie. Trzeba się nam znów nauczyć cierpliwości nadziei przez czuwanie w niepewności. I uwierzyć na nowo w to, co nieprzewidywalne, nie będące jednak utopią. Nowa ta postawa angażuje naszą kondycję bytu fundamentalnie niedokończonego. Dług, jaki kryje się w sercu odpowiedzialności wobec świata, nie jest chwilowy, lecz konstytutywny. Czuwanie jest stanem ducha, który wciąż pielęgnuje, choć nigdy do końca nie leczy – ono nie jest w stanie niczego wykorzenić: ono niestrudzenie odpiera. Także po to, by skończyć z utopią i zastąpić ją czuwaniem, potrzeba uznać naszą istotną skończoność. Nasz dom, nawet jeśli go mamy i jest szczęśliwy, zamieszkany, zorganizowany, jest zawsze podobny do labiryntu w tym znaczeniu, że nic nie jest w nim z góry zagwarantowane. A na nowo objawione intymne przekonanie o naszej skończoności, wysuwa na pierwszy plan roztropność – tę samą jakość, której w swym labiryncie tak bardzo potrzebuje Ikar".

Spis treści

Wstęp 5

Część I
WIARA NIE Z TEGO ŚWIATA, ALE NA TYM ŚWIECIE

Wiara w godzinie przełomu 11
Na drodze do Emaus, czyli Papież i jego krytycy 30
Tożsamość i czas 47
Mit samopoświęcającego się Bóstwa 62
Odkrywanie Ewangelii 76
Życie wewnętrzne Boga 82
O Duchu Świętym 95

Część II
INTEGRYZM I AUTENTYZM

Duszpasterze: charyzmatycy i sekciarze 113
O kapłaństwie i złym świecie 120
„Wiedział, co jest w człowieku" 125
Wokół katolickiego maksymalizmu 130
Sarmacki wkład do integryzmu 140
Małe prawdy i duże kłamstwo, czyli przyczynek do teorii języka politycznego 152
Między samoudręką a trwogą 166
Drogi i bezdroża sekularyzacji 180
Wielce pouczająca historia 190
Znicestwienie Polski 204

Część III
ROZUM POSZUKUJE SIEBIE

Rozum poszukuje siebie 221
Szukając mistrzów naszej wiary 236
Podglądanie Pana Boga 251
Światło *Gwiazdy Zbawienia* 277
Upadek Ikara 295

Społeczny Instytut Wydawniczy Znak, Kraków 2000. Wydanie I. Dodruk.
Druk i oprawa: Drukarnia GS, ul. Zabłocie 41, Kraków.